KB201762

프로이트가 바라본 세상

프로이트가 바라본 세상

인간과 세상의 심연을 파헤친 프로이트의 아포리즘

지그문트 프로이트 지음 | 석필 편역

창해

저는 1980년대에 조직심리학을 공부했지만, 인간의 마음이나 정신을 다루는 일반 심리학에 대해선 거의 문외한입니다. 그런데도 젊었을 적에 '심리학'이란 글자가 박힌 책들을 쪼끔은 읽었으니 심리학의 거두 중 거두인 프로이트의 연구에 대해서 조금은 알아봐야 하지 않나? 하는 압박감을 근 50여 년 느껴오다가 나이가 70이 넘어서야 수박 겉핥기식으로나마 이렇게 프로이트를 공부해 보았습니다.

그렇다고 전문적으로 인간의 정신질환, 꿈 해석을 통한 정신 상태 파악 등을 위해서는 아닙니다. 저는 인간이 어느 정도까지 생각할 수 있나? 무슨 생각을 했길래 프로이트라는 사람이 그렇게 유명해질 수 있었나? 같은 의문에 대해 인문학적, 철학적 힌트를 얻고 프로이트가 발휘했던 창의성의 비밀을 해변의 모래알 한 톨 만큼이라도 알고 싶었던 겁니다.

하지만 저의 무지 때문인지 프로이트 주장의 약 70~80% 정도 만 수긍이 되는 것 같습니다. 특히 꿈과 종교에 대해선 저도 할 말이 좀 있습니다. 공부를 많이 해서 고도의 전문성이 있었던 프로이트처럼 과학적으로 증명할 수는 없다는 것이 저에게 걸림이 되지만 말입니다.

여기서 프로이트가 미개한 인간들이나 가치를 둔다고 조롱한 전(前) 과학적, 예언적, 게다가 종교적이기까지 한 저의 기이한 꿈에 대해 얘기해 보고자 합니다. 독자 여러분이 믿든 안 믿든 100%

사실임을 천명하는 바입니다.

　제가 대학원에 다니다가 27살에 미국에 간 적이 있었습니다. 그런데 어느 날 인상이 그리 좋아 보이지 않는 40대 우리 동포 남성을 만났는데, 직업이 목사라는 겁니다. 저는 중고등학교를 미션스쿨을 다녀 기독교가 낯설지 않았지만, 그때는 우리나라 전통종교에 더 가까워져 있던 상태였습니다. 하여튼 어쩌다가 그 양반이 새로 개척한 교회에 다니기 시작하고 얼마 되지 않은 어느 날 밤에 꿈을 꾸었습니다.

　저는 사람들이 끝도 없이 늘어선 줄 한복판에 끼어 어딘가로 가고 있었습니다. 그때 저하곤 별로 친하지 않은, 학교에서 마주치면 인사는 하지만 가까이 있지 않으면 전혀 생각나지 않는 대학원 동기생 K가 느닷없이 나타나 분가루를 바른 것 같은 아주 창백한 얼굴로 내게 다가서는 겁니다. 그는 내 팔을 잡아당기며 "A형, 나하고 같이 갑시다!"라고 말하는데, 내 앞과 뒤에 선 사람들이 "절대로 따라가지 마시오!" 하고 만류하는 것이었습니다.

　그래도 K가 막무가내로 저를 잡아당겨서 난감해 있을 때, 이 말을 해야 한다는 충동이 들었습니다. 하지만 꿈속인데도 이 말을 하기가 얼마나 창피하던지요. 결국 외치듯 말하고 말았지요.

"K형, 나 예수 믿어요."

그러자 K가 화들짝 놀라며 내 몸에서 손을 떼고는 "아, 그래요? 미안합니다." 하고 도망치듯 멀어지는 것이 아니겠습니까.

식은땀을 흘리며 잠에서 깨어났는데, 그로부터 사나흘 뒤 친구로부터 편지가 왔습니다. K가 밤에 술에 취한 채로 개울물이 겨우 발목까지 올라오는 실개천을 건너다가 엎어져 일어나지 못하고 질식사했다는 소식이 실려 있더군요.

이런 일도 있습니다. 저의 아버지가 수술받고 회복 잘하시다가 강을 건너는 꿈을 꾸고 깨어나셔서 저에게 "꿈이 너무 생생하고 이상하다. 오늘 내가 갈 것 같다"고 하셨었는데, 정말 그날 세상을 떠나셨습니다.

이러한 저의 꿈 경험은 프로이트의 이론으로 설명되지 않습니다. 아니, 그런 꿈도 과거에 겪은 어떤 무서운 경험이 재현될지도 모른다는 불안감이 상징적으로 표현된 것이라 말할지 모르겠습니다. 심하면 억눌려 있던 성적 욕망이 꿈을 통해 나타난 것이라 할 수도 있겠군요.

하지만 제가 경험한 이러한 꿈만으로도, 프로이트는 생전에 그렇게 과감하게 선언할 정도로 꿈의 비밀을 충분히 파악했다고 볼 수는 없다고 생각합니다. 게다가 종교에 대해 신랄한 비판을 가한 것도 마음에 들지 않습니다. 솔직히 말해서 그도 종교에 대해 제대로 알지 못한 채 경솔하고 오만한 말을 한 것 아닌가 하는 생각이 들기도 합니다.

하지만 저는 프로이트를 존경합니다. 그의 생각을 전적으로 신뢰하기 때문이 아니라 세상으로부터 비난받을 것이 뻔한 주장을 한 그 용기, 그리고 엄청난 분량의 저작물을 통해 알 수 있는 불굴의 노력이 부럽기 때문입니다.

프로이트의 글과 말 중에는 사람에 따라 인정하기 어렵고 불쾌한 내용이 있을 수 있습니다. 그렇다고 그런 것들 때문에 그에 대해 공부하지 않는 것은 바람직하지 않다고 봅니다. 세상은 어차피 스스로 인정할 만한 것과 그럴 수 없는 것, 좋아하는 것과 싫어하는 것이 뒤섞여 있습니다. 그래서 인간은 불확실성 속을 헤치며 살아간다고 말들 하는 거지요.

프로이트는 보통 사람들보다는 뛰어난 창의성으로 그 불확실성이란 세파와 싸워서 이기며 한평생을 산 분이 틀림없습니다. 그래서 우리는 그분을 배워야 하는 겁니다.

제가 그랬던 것처럼 난해해서 아예 프로이트에게 가까이하지 않았었지만 지금이라도 그분에 대해 대충이나마 윤곽이라도 잡고 싶으신 분들, 그 과정에서 창의적인 마인드가 생성되길 기대하는 분들에게 이 책이 나름대로 역할이 되었으면 하는 바람입니다.

창의적인 아이디어는 창의성과 전혀 관련 없는 것 같은 분야에서 발현되기도 합니다.

편역자 석필

차례

제1부

프로이트의 삶과 정신분석

Freud

"프로이트의 후계자들은
그가 과학적 연구를 수행했다고 생각하겠지만
실제로 그는 예술 작품을 창작한 것과 같다."
—해롤드 블룸

※일러두기 : 제1장은 2024년 5월에 검색한 영문 위키피디아 'Sigmund Freud' 내
용을 중심으로 작성되었습니다.

프로이트의
삶과 정신분석

지그문트 프로이트(Sigmund Freud, 1856~1939, 본명은 지기스문트 슐로모 프로이트Sigismund Schlomo Freud)는 오스트리아의 신경정신과 의사이자 정신분석학의 창시자이다. 정신분석학은 환자와 분석가 간의 대화를 통해 정신 내부의 갈등에서 비롯된 것으로 여겨지는 병리 현상을 평가하고, 이를 통해 도출된 독창적인 '마음과 인간 행위' 이론을 적용하여 치료하는 학문이다.

프로이트는 오스트리아 제국 시절 프라이베르크(지금은 체코의 프리보르Příbor)에서 태어났다. 부모는 모두 유대인이었다. 1881년 빈(Vienna)대학교 의과대학을 졸업하면서 의학 학위(MD)를 받았다. 1885년 교수 자격을 취득하기 위한 과정을 이수하자마자 신경병리학 강사로 임명되었고, 1902년엔 겸임교수가 되었다. 1886년 빈에 개인 의원을 개원하여 환자들을 치료하는 생활을 하다가, 1938년 3월 독일이 오스트리아를 병합하자 나치 정권의 탄압을 피해 영국으로 망명했다. 그 뒤 1년 만인 1939년에 생을 마감하였다.

프로이트는 정신분석학을 창시하면서 '자유 연상(free association)'과 같은 치료 기법을 개발하고 전이(轉移, transference, 환자가 치료사에게 자신의 과거 경험, 감정, 기대 등을 무의식적으로 투사하는 과정)를 발견하여 그것이 분석 과정에서 중심적인 역할을 한다는 이론을 확립했다. 그는 유아기 형태를 포함, 성(性)에 대한 재정의를 통해 오이디푸스 콤플렉스를 정신분석 이론의 핵심 개념으로 공식화 했다. 또한 꿈을 소망 성취로 분석, 증상 형성(symptom formation)과 억압의 근본적인 메커니즘에 대한 임상적 분석 모델을 제공했다. 이러한 기초 위에서 프로이트는 무의식 이론을 정교화하고 이드 (id), 자아(ego), 초자아(super-ego)로 구성된 정신 구조 모델을 개발 했다. 그는 리비도(libido)라는 성적 에너지가 정신 과정과 구조에 연료를 공급하여 에로틱한 애착을 형성한다고 주장했다. 또한 강 박적 반복, 증오, 공격성, 신경증적 죄책감의 원천인 죽음 충동이 라는 개념을 도입했다. 후기 저작물에선 종교와 문화에 대한 광 범위한 해석과 비판을 제시했다.

정신분석은 진단 및 임상 분야에서는 전반적으로 쇠퇴하는 추 세지만 심리학, 정신의학, 심리치료 및 인문학 전반에서 여전히 영향력을 발휘하고 있다. 한편 정신분석의 치료 효과, 과학적 지 위, 그리고 그것이 페미니즘 운동에 도움이 되는지 또는 방해되 는지 등에 대해 광범위하고 매우 논쟁적인 토론이 계속해서 일어 나고 있다. 그럼에도 불구하고 프로이트의 사상은 현대 서양의 사고와 대중문화에 깊은 영향을 미쳤다. 1940년, 시인 W. H. 오든은 프로이트에 대한 헌시에서 "우리가 서로 다른 삶을 살아가는 데 영향을 미치는 하나의 여론을 만들어냈다"라고 그의 공적을 칭송했다.

01
프로이트의 생애

지그문트 프로이트는 1856년 오스트리아 제국의 모라비아 마을 프라이베르크에서 태어났다. 부모는 아슈케나지 유대인(Ashkenazi Jews, 주로 유럽에 거주하는 유대인)으로 갈라시아(Galacia, 스페인 서북부에 위치한 자치구) 출신이었다. 양모 상인이었던 아버지 야콥 프로이트(Jakob Freud)는 첫 번째 결혼에서 엠마누엘(Emanuel)과 필립(Philipp)이라는 두 아들을 낳았다. 야콥의 가족은 전통적으로 하시딤(Hasidim, 18세기 우크라니아에서 일어난 유대인 영적부흥운동)을 추종했지만, 야콥은 그 전통에서 거리를 두면서도 토라(Torah《구약

프로이트가 태어난 자물쇠 상인의 집.

성서》의 첫 다섯 편으로, 《창세기》·《출애굽기》·《레위기》·《민수기》·《신명
기》를 말한다) 연구로 이름을 날렸다. 그는 스무 살 연하이자 세 번
째 아내인 아말리아 나탄손(Amalia Nathansohn)과 1855년 7월 29일
저명한 랍비인 아이작 노아 만하이머(Isaac Noah Mannheimer)의 주례
로 결혼식을 올렸다. 그녀가 바로 지그문트 프로이트의 어머니가
된다. 아들 지그문트가 태어났을 때 경제적으로 어려움을 겪고 있
었던 그들은 '슐로서가세(Schlossergasse) 117'에 있는 자물쇠 상인의
집에 월세방을 얻어 살고 있었다. 태어나던 당시 지그문트는 머리
에 양막(caul)을 쓰고 있었는데, 어머니는 이를 아들의 미래에 대한
긍정적인 징조로 여겼다.

프로이트가 17살 때 어머니 아말리아와
찍은 사진(1872년).

1859년 야콥 프로이트는 아
내와 두 자녀(프로이트의 여동
생 안나는 1858년에 태어났고,
1857년에 태어난 동생 율리어스
는 유아기에 사망했다)를 데리고
프라이베르크를 떠나 독일 라
이프치히로 이주했다가, 1년
만인 1860년에는 빈으로 가서
딸 넷과 아들 하나를 낳았다.

로사(1860년생), 마리(1861년생), 아돌핀(1862년생), 파울라(1864년생), 알렉산더(1866년생). 1865년에 아홉 살이 된 지그문트는 초등과정과 중등과정을 동시에 가르치는 명문 교육기관 레오폴트슈테터(Leopoldstädter Kommunal-Realgymnasium, 지금은 지그문트 프로이트 짐나지움Sigmund-Freud-Gymnasium)에 입학했다. 뛰어난 학생이었던 그는 1873년 마투라(Matura, 중고등 과정을 이수하고 치르는 시험)를 최우수 성적으로 패스했다. 그는 문학을 좋아했고 독일어, 프랑스어, 이탈리아어, 스페인어, 영어, 히브리어, 라틴어, 그리스어에 능통했다.

지그문트 프로이트는 17세에 빈대학교에 입학했다. 원래는 법학을 공부할 계획이었던 그는 의학부에 들어가 프란츠 브렌타노(Franz Brentano)에게 철학을, 에른스트 브뤼케(Ernst Brücke)에게 생리학을, 다윈주의자인 칼 클라우스(Carl Claus) 교수에게 동물학을 수학했다. 1876년 그는 트리에스테(Trieste)에 있는 클라우스의 동물학 연구소에서 4주를 보내며 수백 마리의 뱀장어를 해부했지만 수컷의 생식 기관을 찾지 못했다. 1877년에는 에른스트 브뤼케의 생리학 실험실로 옮겨 6년 동안 개구리, 칠성장어와 같은 척추동물, 그리고 가재와 같은 무척추동물의 뇌를 인간의 뇌와 비교하는 연구를 수행했다. 신경 조직에 대한 그의 연구는 1890년대 뉴런 발견에 중요한 역할을 하게 된다. 1879년 병역 의무를 마치기 위해 1년간 연구를 중단했는데, 이 기간에 존 스튜어트 밀의 전집에서 네 편의 에세이를 번역했다(정황상 독일어로 번역했을 것으로 추정된다). 프로이트는 1881년 3월에 의학 학위(MD)를 취득했다.

초년 시절과 결혼

1882년, 프로이트는 빈 종합병원에서 의사 생활을 시작했다. 대뇌 해부학에 대한 연구는 1884년 코카인의 완화 효과에 대한 영향력 있는 논문 발표로 이어졌다. 또한 실어증에 대한 연구는 1891년에 출판된 그의 첫 번째 저서인 《실어증 : 비판적 연구(On Aphasia : A Critical Study)》의 토대가 되었다. 그는 3년 동안 병원의 여러 부서에서 일했다. 테오도르 마이네르트(Theodor Meynert) 정신과 클리닉과 지역 정신병원에서 비상근 의사로 일하면서 임상 업무에 대한 관심이 높아졌다. 그는 많은 연구 결과를 발표한 덕분에 1885년 빈대학교 신경병리학 강사로 임명되었다. 보수가 없는 직책이었지만 대학에서 강의할 수 있는 자격을 부여받은 것이었다.

1886년 프로이트는 병원의 직책을 사임하고 신경 장애를 전문으로 하는 개인 의
원을 개업했다. 그
리고 같은 해 함부
르크의 수석 랍비인
아이작 베르나이스
(Isaac Bernays)의 손녀
인 마르타 베르나이

프로이트가 1891년부터 1938년까지 살았던 아파트.

스(Martha Bernays)와 결혼했다. 프로이트는 무신론자였기에 오스트리아 유대계에선 결혼식 때 유대교 종교 의식을 요구한다는 것을 알고 당황했다. 이를 피하기 위해 개신교에 입교하는 것을 잠시 고려했다가 그만두었다. 베르나이스와 프로이트는 9월 13일에 시민 결혼식을, 그리고 그다음 날엔 종교 예식을 올렸다. 프로이트는 종교 예식을 위해 히브리어 기도문을 속성으로 배울 수밖에 없었다. 프로이트 부부는 마틸데(1887년생), 장-마르탱(1889년생), 올리버(1891년생), 에른스트(1892년생), 소피(1893년생), 안나(1895년생) 여섯 명의 자녀를 두었다. 1891년부터 1938년 빈을 떠날 때까지 프로이트와 그의 가족은 이너르 슈타트(Innere Stadt.) 근처의 '베르크가세(Berggasse) 19'번지에 있는 아파트에서 살았다.

1897년 12월 8일, 프로이트는 독일계 유대인 문화 협회인 '브나

이 브리스(B'nai B'rith)'에 가입하여 평생 회원으로 활동했다. 그는 이 협회에서 꿈의 해석에 관한 연설을 하여 큰 호응을 얻었는데 이는 2년 뒤에 출판된 그의 저서 《꿈의 해석》의 내용을 미리 선보이는 자리였던 셈이었다.

1896년, 프로이트의 처제인 미나 베르나이스(Minna Bernays)가 약혼자를 잃는 비극을 겪고 프로이트의 집으로 들어와 함께 살게 되었다. 미나는 프로이트의 아내보다 네 살 아래였다. 이후 프로이트는 미나와 깊은 유대감을 형성하며 살았다. 훗날 카를 융(Carl Jung)은 프로이트와 미나 베르나이스의 관계에 대한 소문을 퍼뜨리며, 1898년 스위스 호텔 숙박부에 두 사람이 함께 서명한 기록을 그 근거로 제시했다. 하지만 이에 대한 역사적 검증은 아직 충분히 이루어지지 않았으며 두 사람의 관계에 대한 정확한 진실은 밝혀지지 않았다.

프로이트는 24세에 담배를 피우기 시작했는데, 처음에는 토바코(tobacco)를 피우다가 나중에는 시가(cigar)를 피웠다. 그는 흡연이 작업 능력을 향상시킨다면서, 자기 통제력을 발휘하여 흡연을 조절할 수 있다고 믿었다. 동료인 빌헬름 플리스(Wilhelm Fliess, 이비인후과의사로 인간 바이오리듬과 비생식기 연결 가능성에 대한 유사類

似 과학 이론을 개진했다)가 흡연이 건강에 해롭다고 경고했음에도 불구하고 그는 계속해서 담배를 피웠고, 결국 노년에 들어 구강암에 걸리게 된다. 1897년 프로이트는 플리스에게 담배를 포함한 중독은 '하나의 큰 습관'인 자위행위를 대체하는 것이라는 주장을 펼치기도 했다.

프로이트는 지각(perception)과 내성(introspection) 이론으로 유명한 철학 교수 프란츠 브렌타노를 매우 존경했다. 브렌타노는 1874년에 출간한 저서 《경험적 관점에서 본 심리학(Psychology from an Empirical Standpoint)》에서 무의식의 존재 가능성을 다루었다. 브렌타노가 무의식의 존재를 부정하긴 했지만, 무의식에 대한 그의 논의는 프로이트가 무의식 개념을 이해하는 데 도움을 주었을 것으로 보인다.

프로이트는 진화론에 관한 찰스 다윈의 주요 저서를 깊이 연구했고, 1869년에 출간된 에두아르트 폰 하르트만(Eduard von Hartmann)의 저서 《무의식의 철학(The Philosophy of the Unconscious)》에서도 영향을 받았다. 그는 또 구스타프 페히너(Gustav Theodor Fechner)와 요한 헤르바르트(Johann Friedrich Herbart) 같은 사상가들의 영향을 받았다. 헤르바르트의 《과학으로서의 심리학(Psychology as Science)》은 비판을 많이 받은 서적이지만, 프로이트의 연구에 중요한 영향을 끼쳤다.

또한 그는 무의식과 공감(empathy) 연구 분야의 선도적인 인물인 테오도르 립스(Theodor Lipps)에게서도 영감을 받았다.

프로이트는 자신의 정신분석적 통찰을 이전의 철학 이론과 연관 짓는 것을 꺼렸지만, 자신의 연구가 쇼펜하우어와 니체의 연구와 유사하다는 점에 신경 썼다. 1908년 프로이트는 니체의 저서에 큰 흥미를 느꼈지만, 당시 자신의 연구와 상당히 유사하다는 점과 니체의 글에 담긴 수많은 아이디어에 압도되어 오히려 그를 깊이 있게 연구하지는 않았다면서 그가 니체로부터 영향받았다는 주장을 여러 번 부인했다. 한 역사가는 정신분석학자 피터 L. 루드니츠키(Peter L. Rudnytsky)의 말을 인용하여, 프로이트가 청소년 시절 친구인 법학자 에두아르트 실버슈타인(Eduard Silberstein)에게 보낸 서신에서 17세 때 니체의 《비극의 탄생》과 《시대에 맞지 않는 고찰》을 읽었다고 밝혔다. 1900년, 프로이트는 니체의 전집을 구매한 뒤 빌헬름 플리스에게 본인 내면 안에 침묵하는 많은 것들에 대한 언어를 니체의 저서에서 발견할 수 있길 바란다고 전했지만, 정작 그 뒤엔 책을 펼치지도 않았다고 주장했다. 역사가 피터 게이(Peter Gay)에 따르면, 프로이트는 니체의 저서를 탐구의 대상이기보다는 저항해야 할 텍스트로 여겼다는 것이다. 그 뒤 프로이트는 의사 직분에 집중하기로 함으로써 철학에 관한 관심을 줄이게 된다.

프로이트는 윌리엄 셰익스피어의 작품을 영어 원문으로 탐독하면서 인간 심리를 이해하는 데 어느 정도 도움을 받았을 것으로 여겨진다.

프로이트는 유대인 혈통에 대해 세속적인 정체성을 갖고 있었다. 그가 《자전적 연구(Autobiographical Study)》에서 지적한 것처럼, 그런 태도가 지적 비순응주의(non-conformism, 사회나 집단에서 일반적으로 받아들여지는 규범이나 기대에 따르지 않고 독립적이고 자신만의 방식으로 행동하거나 생각하는 태도나 철학)의 형성, 심리분석적 아이디어 – 특히 심층 해석(depth interpretation)과 '법에 의한 욕망의 제한(the bounding of desire by law)' – 에 상당한 영향을 미쳤을 것으로 보인다.

빌헬름 플리스와의 관계

프로이트는 초기 연구 시절, 1887년에 처음 만난 이비인후과 전문의 빌헬름 플리스로부터의 지적이면서도 감정적인 지지를 매우 소중히 여기며 의존했다. 두 사람은 성(性)에 대한 급진적이고 새로운 이론을 개발하려는 야망 때문에 당시 주류를 이루던 임상 및 이론적 흐름에서 자신들이 소외되었다고 생각했다. 플리스

프로이트(좌)와 프리스(우) (1890년대 초반).

는 요즘 유사(類似) 과학으로 간주되는, 인간의 생체 리듬과 코-생식기 연결에 대한 상당히 괴상한 이론을 개발했다. 그는 당시 '실제 신경증(actual neuroses)'이라 불리던 신경쇠약과 신체적으로 발현되는 특정 불안 증세의 원인에 대해 프로이트의 생각에 동의했다. 자위, 중간에 멈추는 성행위, 콘돔 사용과 같은 성적인 측면이 중요하다는 생각이었다. 두 사람은 수많은 편지를 주고받았는데, 프로이트는 이 과정에서 플리스가 제시한 유아의 성적 발달과 양성애에 관한 가설을 참고해 자신의 이론을 수정하고 정교화했다. 그가 초기에 작성했던 논문 〈과학적 심리학을 위한 프로젝트(Project for a Scientific Psychology)〉는 플리스와의 대화를 통해 '메타심리학(metapsychology, 심리학의 기본 개념, 원리, 방법론에 대해 보다 깊이 있는 철학적, 이론적 탐구를 하는 학문 분야. 이에 관한 논문은 프로이트 사후에 출판되었다.) 형성의 토대가 되었다. 플리스에게 보낸 편지에서 드러나듯 신경학과 심리학을 결합하려던 프로이트의 시도는 결국 난관에 봉착해 중단되었지만, 해당 기획의 몇몇 아이디어는 《꿈의 해석》의 마지막 장에서 재차 거론되었다.

프로이트는 '비강 반사 신경증(nasal reflex neurosis)'을 치료받기 위해 플리스에게 여러 차례 자신의 코와 부비동을 수술하게 했고, 이후 자신의 환자인 오스트리아 작가 엠마 에크슈타인(Emma Eckstein)을 그에게 소개했다. 프로이트에 따르면, 그녀의 증상 이력에는 심한 다리 통증으로 인한 이동 제한뿐만 아니라 복통 및 월경통도 포함되어 있었다. 플리스의 이론에 따르면 이러한 통증은 코와 생식기 조직이 연결되어 있어 습관적인 자위행위로 인해 발생하는 것으로, 중비갑개(middle turbinate)의 일부를 제거함으로써 치료할 수 있다는 것이었다. 그러나 플리스의 수술은 참담한 결과를 낳았다. 에크슈타인은 코에서 끊임없이 피를 흘렸고, 플리스가 그녀의 비강에 무려 반 미터나 되는 거즈를 남겨둔 탓에 이를 제거하는 과정에서 영구적인 외모 손상을 입었다.

프로이트는 처음에는 플리스의 과실을 인지하고 그 수술을 두려워하면서도, 플리스에게 보낸 편지에선 그 수술의 참담한 후유증을 조심스럽게 암시하는 것으로만 그쳤다. 이후의 편지에서는 이 문제에 대해 의도적으로 침묵하거나 에크슈타인의 히스테리로 주제를 돌리려 했다. 결국 프로이트는 에크슈타인의 청소년기 자해 이력과 불규칙한 비강 및 월경 출혈을 고려하여 플리스에게는 전혀 책임이 없다고 결론지었다. 에크슈타인의 수술 뒤 출혈은 히스테리성 '소망 출혈(wish-bleedings)'로 그녀가 질병 속에서 사랑받고 싶은 오래된 바람과 연관되어 있으며, 프로이트의 애정을 다시 불러일으키기 위한 수단으로 작용했다고 본 것이다. 그럼에도 불구하고 에크슈타인은 프로이트와 연구를 계속했고, 결국 완전히 회복하여 직접 정신분석을 실행하게 되었다.

한때 플리스를 '생물학의 케플러(6세기 천재 천문학자 요하네스 케플러를 말한다)'라 칭했던 프로이트는 후에 자신의 유대인 친구 플리스에 대한 강한 충성심이 동성애적 애착 및 그의 '특정 유대인적 신비주의'가 뒤섞인 결과였다고 실토했다. 이런 이유로 프로이트는 플리스의 발상과 의학적 업적을 지나치게 높이 평가했던 것이었다. 하지만 두 사람 간의 우정이 그런 식으로 지속된 것은 아니었다. 플리스는 자신이 내세운 성적 주기(sexual periodicity, 특정한 성적 행동이나 욕구가 주기적으로 반복되는 현상) 이론을 프로이트가 지지하지 않자, 크게 분노하여 프로이트가 자신의 연구를 표절했다고 비난했다. 이로써 두 사람 간의 사이는 냉랭해졌다. 그러다가 1906년 프로이트로부터 《성 이론에 관한 세 편의 에세이》를 같이 출판해보자는 제의를 받고서도 플리스가 응답하지 않음으로써 그들 간의 우정은 끝나게 된다.

정신분석의 발전

1885년 10월, 프로이트는 최면에 관한 과학적 연구로 유명한 신경학자 장 마르탱 샤르코(Jean-Martin Charcot)와의 공동 연구를 위해 3개월간의 연구 자금을 지원받고 파리로 떠났다. 훗날 그는 그때의 파리 체류 경험이 수익성이 낮은 신경학 연구에서 벗어나 정신 병리학을 추구하는 계기가 되었다고 회고했다. 샤르코는 히스테리와 최면에 걸리기 쉬운 특성을 연구하는 데 집중하였다. 그는 환자들에게 최면을 거는 과정을 대중에게 공개적으로 보여주곤 했다.

프로이트는 친구이자 협력자인 요제프 브로이어(Josef Breuer, 신경생리학 부문의 주요 발견을 이룩한 의사)의 접근 방식을 채택했다. 브로이어의 방식은 암시를 사용하지 않는 것으로, 프로이드가 연구했던 프랑스식 최면법과는 다른 유형이었다. 한 환자에 대한 브로이어의 치료는 프로이트의 임상 진료에 획기적인 변화를 가져왔다.

1886년 빈에 개인 진료실을 차린 프로이트는 임상에서 최면을 사용하기 시작했다. 프로이트는 친구이자 협력자인 브로이어의 방식을 채택하여, 암시를 사용하지 않는 새로운 형태의 최면술을 시도했다. 한 환자에 대한 브로이어의 치료 경험은 프로이트의 임상 연구에 큰 영향을 미쳤다. 안나 O.(Anna O.)라고 불리는 이 환자는 최면 상태에서 자신의 증상에 대해 이야기하도록 요청받았는데 - 그녀는 '말 치료(talking cure)'라는 표현을 만들어냈다 - 발병과 관련된 외상적 사건에 대한 기억을 떠올리면서 증상의 심각성이 줄어들었다는 것이었다.

초기 임상 연구에서 일관되지 않은 결과를 얻자 프로이트는 최면을 포기하고 새로운 방법을 모색하기 시작했다. 그는 환자들에게 어떤 생각이나 기억이 떠오르든 검열이나 억압 없이 자유롭게 말하도록 장려하는 '자유 연상(free association)' 기법을 개발했다. 프

앙드레 브루이에 작품(1887년) : 신경학자 장 마르탱 샤르코가 환자에게 최면을 시연하는 모습. 프로이트는 이 그림의 석판화를 자신의 상담실 소파 위에 놓아두었다.

로이트는 자유 연상을 통해 환자들의 증상을 더욱 효과적으로 완화할 수 있다고 믿었다. 또한 그는 환자들의 꿈을 분석하여 무의식 속에 숨겨진 복잡한 심리적 내용을 밝혀내고, 증상이 발생하는 근본적인 원인이 '억압(repression)'이라는 것을 밝혀냈다. 이러한 연구를 바탕으로 프로이트는 1896년 자신의 새로운 치료 방법과 이론을 '정신분석(psychoanalysis)'이라 명명했다.

프로이트는 1896년 아버지의 죽음 이후 심각한 신경쇠약, 불안한 꿈들, 우울증을 겪으며 자신을 깊이 성찰하는 시간을 가졌다. 이 과정에서 자신의 꿈과 어린 시절 기억을 떠올려 자기 분석을 수행했고, 아버지에 대한 적대감과 어머니의 애정을 둘러싼 경쟁심을 탐구하면서 신경증의 기원에 대한 자신의 이론을 근본적으로 수정하게 되었다.

프로이트는 초기 임상 경험을 바탕으로, 어린 시절의 성적 학대에 대한 무의식적인 기억이 히스테리나 강박신경증과 같은 신경증의 주된 원인이라고 주장했다. 이것이 바로 '유혹 이론(seduction theory)'이다. 하지만 자기 분석을 거치면서 모든 신경증이 실제 성적 학대의 결과라고 단정하기보다는, '유아기의 성적 상상이나 경험이 억압되어 무의식 속에 남아 있을 때 신경증을 유발할 수 있다'로 수정하였다. 즉, 중요한 것은 실제 경험 여부가 아니라 그러한 기억이 억압되어 정신적 갈등을 야기하는가 하는 점이었다.

프로이트가 오이디푸스 콤플렉스(Oedipus complex) 이론을 발전시킬 수 있는 기반을 마련할 수 있었던 것은, 유아기의 성적 트라우마가 모든 신경증의 발생 원인이라는 이론에서 자율적인 유아기의 성욕을 전제로 하는 이론으로 전환했던 점이 주요했다.

프로이트는 1895년에 출간된《히스테리 연구(Studies on Hysteria)》(요제프 브로이어와의 공저)에서 자신의 임상 방법의 진화를 설명하고 여러 사례에서 입증된 히스테리의 심인성 기원에 대한 이론을 제시했다. 1899년에는 기존 이론을 비판적으로 검토한 뒤, '꿈-작업(dream-work, 꿈을 분석하는 작업)'을 통해 자신과 환자들의 꿈을 억압과 검열의 영향을 받는 소원 성취라는 관점에서 상세히 해석한《꿈의 해석》을 출간했다. 그런 다음 그는 자신의 주장의 기반이 되는 정신 구조 - 무의식, 전의식(pre-conscious), 의식- 에 대한 이론적 모델을 제시했다. 1901년에는 요약본인《꿈에 관하여(On Dreams)》를 출간했다. 프로이트는 보다 많은 일반 독자를 확보하게 된《일상생활의 정신병리학(The Psychopathology of Everyday Life)》(1901)과《농담과 무의식과의 관계(Jokes and their Relation to the

Unconscious)》(1905)에서 실제 진료 환경을 벗어난 자신의 이론을 적용했다. 1905년에 출간된《성 이론에 관한 세 편의 에세이(Three Essays on the Theory of Sexuality)》에서 프로이트는 유아기의 성에 대한 이론을 정교화하여 '다형성 도착(polymorphous perverse)' 형태와 그 원인이 되는 '욕구(drives)'가 성 정체성 형성에 어떤 기능을 하는지를 설명했다. 같은 해에 그는 가장 유명하고도 논란이 많은 사례 연구 중 하나가 된《히스테리 사례 분석의 단편(Fragment of an Analysis of a Case of Hysteria)》을 발표했다. '도라(Dora)' 사례 연구는 프로이트에게 히스테리 증상의 전형적인 예시가 되어, 치료 관계에서 전이 현상이 얼마나 중요한 역할을 하는지 이해하게 했다. 그는 또한 '쥐 인간(Rat Man)' 사례를 통해 강박신경증의 다양한 증상을, '꼬마 한스(Little Hans)' 사례에서는 공포증의 발달 과정을 심층적으로 분석할 수 있었다.

초기 추종자들

1902년, 프로이트는 오랜 꿈이었던 대학교수 자리에 올랐다. 비록 급여를 받는 것이 아니었고 강의 의무도 없었지만, '특임 교수'라는 명칭은 그에게 큰 명예와 사회적 지위를 안겨주었다. 하지만 이 자리에 오르기까지는 많은 우여곡절이 있었다. 대학은 그를 고용하고 싶어 했지만 정치권의 반대로 임명이 여러 해 동안 지연되었다가, 그의 전 환자였던 마리 페스텔 남작부인의 도움으로 겨우 교수직을 얻을 수 있었던 것이었다. 당시 그녀가 교육부 장관에게 값비싼 그림을 뇌물로 제공했다는 소문이 돌 정도로 그녀의 영향력이 절대적이었던 것으로 알려져 있다(1920년에는 정교수로 승진했다).

프로이트는 1880년대 중반부터 빈대학교의 강사로서 토요일 저녁마다 대학 정신과 클리닉의 강의실에서 소규모 청중을 대상으로 자신의 연구에 대한 정기 강연을 이어갔다. 1902년 가을부터는 프로이트의 연구에 관심을 표명한 의사들이 매주 수요일 오후 그의 아파트에 모여 심리학과 신경병리학에 관한 문제를 논의하기 시작했다. '수요 심리학회(Wednesday Psychological Society)'라 불린 이 모임은 이후 전 세계적인 정신분석 운동의 시초가 되었다.

프로이트는 내과의사 빌헬름 슈테켈(Wilhelm Stekel)의 제안으로 이 토론 그룹을 설립했다. 슈테켈은 그 뒤 정신분석학으로 전공을 바꾸게 되는데, 이는 프로이트가 성 문제를 성공적으로 치료했기 때문이라는 설도 있고, 《꿈의 해석》을 읽고 감동하였기 때문이라는 설도 있다. 슈테켈은 일간지 〈노이에스 비너 타블라트(Neues Wiener Tagblatt)〉에 《꿈의 해석》을 긍정적으로 리뷰한 바 있었다. 그 토론 그룹에 초대된 세 명의 또 다른 멤버는 알프레드 아들러(Alfred Adler), 막스 카하네(Max Kahane), 루돌프 라이틀러(Rudolf Reitler)인데 이들 역시 모두 의사로 유대인들이었다. 카하네와 라이틀러는 프로이트와 대학을 함께 다닌 친구들이었다. 이들은 토요일 저녁 강연에 참석하여 프로이트가 개진하는 아이디어를 꾸준히 청취했다.

 카하네는 슈테켈에게 프로이트의 연구를 처음 소개한 인물로, 1901년 빈에 외래 정신치료 연구소를 개설하여 소장을 맡았다. 같은 해 그는 《학생과 개업 의사를 위한 내과 개요(Outline of Internal Medicine for Students and Practicing Physicians)》를 출판했다. 이 책에서 그는 프로이트의 정신분석 방법에 대한 개요를 설명했다. 카하네는 1907년 이유 없이 프로이트와 결별하고 토론 그룹을 떠났다가 1923년 자살했다.

 1901년 도로테어가세(Dorotheergasse)에 설립된 열 치료 시설의 책임자였던 라이틀러는 1917년 52살의 나이로 사망했다.

프로이트의 초기 추종자 중 가장 지적인 인물로 여겨졌던 아들러는 1898년에 의류업자를 위한 건강 매뉴얼을 작성한 사회주의자로, 정신의학의 사회적 영향에 대한 잠재력에 특히 관심이 많았던 인물이었다.

1900년 프로이트를 처음 만나서 수요일 그룹이 결성된 직후 가입한 빈의 음악학자이자 '꼬마 한스'의 아버지인 막스 그라프(Max Graf)는 초기 모임의 분위기를 다음과 같이 묘사했다.

모임은 일정한 순서에 따라 진행되었다. 먼저 회원 중 한 명이 논문을 발표했다. 그런 다음 블랙커피와 케이크가 제공되었다. 테이블 위에 놓여 있는 담배를 많이들 피워댔다. 한 시간 정도 사교적인 시간을 가진 뒤 토론이 시작되었다. 가장 중요한 마지막 말은 항상 프로이트의 몫이었다. 그 방에는 종교를 창시하는 것 같은 분위기가 감돌았다. 프로이트는 그때까지 주류를 이루던 심리학적 연구 방법을 무색하게 만들 정도로 새로운 선지자와 같은 존재로 비쳤다.

1906년까지 이 모임은 유급 비서인 오토 랑크(Otto Rank)를 포함해 16명으로 늘어났다. 같은 해 프로이트는 카를 구스타프 융(Carl Gustav Jung)과 서신을 주고받기 시작했다. 융은 당시 취리히대학교 강사로서 부르크횔츨리 정신병원(Burghölzli Mental Hospital)에 근무하는 의사 오이겐 블로일러(Eugen Bleuler, 조현병이라는 단어를 처음 사용한 인물)의 조수에 불과했지만, 단어 연상(word-association)과 갈바닉 피부 반응(Galvanic Skin Response)에 대한 연구로 어느 정도 의학계에 이름이 알려진 인물이었다.

1907년 3월, 융과 스위스의 정신과의사인 루드비히 빈스방거(Ludwig Binswanger)가 빈을 방문하여 프로이트를 만나고 토론 그룹에 참석했다. 이후 그들은 취리히에 작은 정신분석 그룹을 만들었다. 1908년, 수요일 모임은 '빈 정신분석 학회(Vienna Psychoanalytic Society)'로 개편되었고, 프로이트가 회장을 맡았다. 프로이트는 1910년에 아들러에게 회장직을 넘겨주었는데, 이는 거세지는 자신에 대한 아들러의 비판을 완화하려는 조치였다.

카를 융(1910년).

1910년 마르크스 경제학자 루돌프 힐퍼딩의 아내인 내과의사 마르가레테 힐퍼딩(Margarete

Hilferding)이 여성으론 처음으로 학회에 가입했다. 이듬해에는 타티아나 로젠탈(Tatiana Rosenthal)과 사비나 스필레인(Sabina Spielrein)이 합류했다. 두 사람 모두 러시아 출신의 정신과의사이자 취리히의과대학 졸업생이었다. 특히 스필레인은 학업을 마치기 전부터 융의 환자였는데, 융은 프로이트와 나눈 광범위한 서신에서 그녀와의 임상적이고 개인적인 관계를 주제로 삼곤 했었다. 두 여성 회원은 1910년에 설립된 러시아 정신분석 협회의 활동에 크게 기여하게 된다.

프로이트의 초기 추종자들은 1908년 4월 27일 잘츠부르크의 브리스톨 호텔에서 첫 공식 모임을 가졌다. 나중에 첫 번째 '국제 정신분석 회의(International Psychoanalytic Congress)'라고 불리게 되는 이 모임은 런던의 신경과의사인 어니스트 존스(Ernest Jones)가 프로이트의 저서를 읽고 자신의 진료에 정신분석적 방법을 적용하기 시작한 것을 계기로 조직되었다. 전년도 회의에서 융을 만난 바 있었던 존스는 취리히에서 다시 만나 회의를 활성화하는 데 힘을 모으기로 합의했었다. 존스의 기록에 의하면 참석자는 42명이었다. 그중 절반은 현역 분석가이거나 나중에 분석가가 될 사람들이었다. 존스와 프로이트, 융을 포함한 빈과 취리히 대표단 외에도 베를린의 칼 아브라함(Karl Abraham)과 막스 아이팅곤(Max

Eitingon), 부다페스트의 산도르 페렌치(Sándor Ferenczi), 뉴욕에 기반을 둔 아브라함 브릴(Abraham Brill) 등 중요한 인물들이 참석했다. 이들은 이후 정신분석 운동에서 중요한 역할을 하게 된다.

회의는 프로이트의 연구 성과를 발전시키기 위한 중요한 결정을 내렸다. 즉 1909년 융을 편집인으로 하여, 〈정신분석 및 정신병리학 연구 연보(Jahrbuch für psychoanalytische und psychopathologische Forschungen)〉라는 학술지를 창간한 것이었다. 이러한 움직임은 1910년 아들러와 슈텔켈이 편집을 맡은 월간지 〈중앙 정신분석 학술지(Zentralblatt für Psychoanalyse)〉 창간으로 이어졌다. 1911년엔 랑크를 편집인으로 하고 문화 및 문학 연구에 정신분석을 적용하는 것을 다루는 학술지 〈이마고(Imago)〉, 1913년에는 역시 랑크가 편집을 맡은 〈국제 정신분석 학술지(Internationale Zeitschrift für Psychoanalyse)〉가 창간되었다. 1910년 뉘른베르크 회의에서 국제 정신분석가 협회의 결성이 결정되었고, 융이 프로이트의 지지를 받아 초대 회장으로 선출되었다.

프로이트는 영어권 세계에 정신분석학을 전파하려는 야망을 이루기 위해 아브라함 브릴(Abraham Brill)과 존스에게 도움을 요청했다. 프로이트는 잘츠부르크 대회 이후 두 사람을 빈으로 초청해

1909년 클라크대학교 교정. 앞줄 왼쪽부터 지그문트 프로이트, G. 스탠리 홀, 카를 융.
뒷줄 왼쪽부터 아브라함 A. 브릴, 어니스트 존스, 산도르 페렌치.

브릴에게는 프로이트의 저작 번역권을, 그해 말 토론토대학교의
교수로 취임할 존스에게는 북미 학계와 의료계에 프로이트 사상
의 기반을 구축하는 임무를 부여하기로 합의했다. 존스의 지원을
받아 1909년 9월 프로이트는 융, 페렌치와 함께 미국을 방문했다.
이는 매사추세츠주 우스터에 위치한 클라크 대학교의 총장인 스
탠리 홀의 초청에 따른 것이었다. 프로이트는 클라크대학교에서
정신분석에 대해 5번 강연했다.

프로이트에게 명예박사 학위를 수여하는 이 행사는 그의 연구
가 미국인들에게 처음으로 널리 알려지는 계기가 되면서 큰 주목
을 받았다. 특히 하버드대학교 신경계 질환 교수였던 저명한 신경

학자이자 정신과의사 제임스 잭슨 퍼트남(James Jackson Putnam)이 프로이트의 강연에 참석하여 큰 감명을 받고, 프로이트를 자신의 별장으로 초대해 나흘 동안 심도 있는 논의를 나누었다. 퍼트남의 공개적인 지지는 미국에서 정신분석이 빠르게 확산되는 데 결정적인 역할을 하였다. 1911년 5월, 퍼트남과 존스는 미국 정신분석 학회를 설립하고 각각 회장과 총무를 맡았으며, 같은 해 브릴은 뉴욕 정신분석 학회를 설립하여 프로이트의 이론을 미국에 소개하는 데 앞장섰다. 브릴은 1909년부터 프로이트의 저작을 영어로 번역하는 작업을 시작하여 정신분석학의 대중화에 크게 기여하였다.

국제정신분석학회 탈퇴 소동

이후, 프로이트의 일부 추종자들이 국제정신분석학회(IPA)에서 탈퇴하여 자신들만의 학파를 설립하기 시작했다.

1909년부터 신경증을 비롯한 다양한 심리학 주제에 관한 아들러의 견해가 프로이트의 견해와 크게 엇갈리기 시작했다. 이러한 이견은 점차 심화되어 1911년 1월과 2월 빈 정신분석 학회에서 두 사람 사이에 격렬한 논쟁이 벌어졌다. 결국 당시 학회 회장이던 아들러는 회장직을 사임했고, 부회장이던 스테켈도 함께 사임했다. 아들러는 1911년 6월 프로이트학파를 완전히 떠나 같은 뜻을 가진 9명의 동료들과 함께 '자유 정신분석 학회(Society for Free Psychoanalysis)'를 설립했다. 그 뒤로 학회의 이름을 '개인 심리학회(Society for Individual Psychology)'로 변경하며 독자적인 학문 체계를 구축해 나갔다. 1차 세계대전 이후, 아들러는 자신이 창안한 '개인 심리학'으로 더욱 널리 알려지게 되었다.

1912년, 융은 《리비도의 변화와 상징(Wandlungen und Symbole der Libido)》(1916년 출간한 영어판 제목은 《무의식의 심리학Psychology of the Unconscious》)을 출판하여 자신의 견해가 프로이트와는 상당히 다르다는 점을 분명히 했다. 그는 자신의 체계를 정신분석과 구별하기 위해 '분석 심리(Analytical Psychology)'라고 불렀다.

어니스트 존스는 프로이트와 융의 관계가 결국 결별에 이를 것을 예상하고, 정신분석 운동의 이론적 일관성과 제도적 유산을 보호하는 임무를 맡은 충성파들로 비밀 위원회를 조직했다. 1912년 가을에 프로이트, 존스, 아브라함, 페렌치, 랑크, 한스 잭스(Hanns Sachs) 등이 이 위원회에 참여했으며, 1919년에는 막스 아이팅곤(Max Eitingon)이 합류했다. 위원회 회원들은 정신분석 이론의 근본 원칙에서 벗어나는 주장을 공개적으로 하기 전에 반드시 다른 회원들과 논의하기로 합의했다.

이러한 상황이 발생하고 나서 융은 자신의 입장이 더 이상 유지될 수 없음을 깨닫고 1914년 4월 연보의 편집장직을 사임한 뒤 국제정신분석학회(IPA)의 회장직도 사임했다. 이듬해 7월에는 취리히 지부가 IPA에서 탈퇴했다.

같은 해 말, 프로이트는 〈정신분석 운동의 역사(The History of the Psychoanalytic Movement)〉라는 제목의 논문을 발표했는데, 독일어 원본은 먼저 연보에 게재했다. 정신분석 운동의 탄생과 발전, 그리고 아들러와 융의 탈퇴에 대한 그의 견해를 담았다.

프로이트의 최측근 그룹에서 마지막으로 이탈한 인물은 오토 랑크였다. 1924년에 출간한 그의 저서 《탄생의 외상(The Trauma of Birth)》은 회원들에게 정신분석 이론의 핵심 개념인 오이디푸스 콤플렉스를 사실상 포기한 것으로 받아들여졌다. 아브라함과 존스는 랑크에 대한 비판의 강도를 높였지만, 랑크와 프로이트는 오랜 우정을 끝내는 것을 주저했다. 그러나 1926년 랑크가 국제정신분석학회(IPA)의 공식 직책에서 물러나고 빈을 떠나 파리로 이주하면서 결국 관계가 끊어졌다. 그의 빈자리는 프로이트의 막내딸인 안나 프로이트(Anna Freud)가 이어받았다. 랑크는 미국으로 이주해 프로이트 이론을 수정했는데, 이는 국제정신분석학회의 보수적인 견해에 의문을 제기하는 신세대 심리치료사들에게 큰 영향을 끼쳤다.

초기 정신분석학 운동

1910년 IPA가 설립된 이후 산하 정신분석 학회들, 교육기관 및 클리닉은 국제적인 네트워크를 형성했다. 제1차 세계대전 이후 이들은 활동을 조정하고 임상 및 이론적 주제에 관한 논문을 발표하기 위해 격년으로 정기 총회를 개최하기 시작했다.

아브라함과 아이팅곤은 1910년에 베를린 정신분석 학회(Berlin Psychoanalytic Society)를 창립하고, 그로부터 10년 뒤인 1920년에는 베를린 정신분석 연구소(Berlin Psychoanalytic Institute)와 폴리클리닉(Poliklinik)을 설립했다. 폴리클리닉의 무료 치료와 아동 분석 기법의 도입, 그리고 베를린 연구소의 체계적인 정신분석 교육은 정신분석 운동 전체에 큰 영향을 끼쳤다. 1927년, 신경학자 에른스트 지멜(Ernst Simmel)이 베를린 외곽에 슈로스 테겔 요양원(Schloss Tegel

Sanatorium)을 설립했는데, 이는 기관의 틀 안에서 정신분석 치료를 제공한 최초의 시설이었다. 프로이트는 자금을 조달하기 위해 펀드를 조직했고, 그의 건축가 아들인 에른스트에게 건물 개조를 의뢰했다. 하지만 이 시설은 재정난으로 1931년 문을 닫게 된다.

'1910 모스크바 정신분석 학회(The 1910 Moscow Psychoanalytic Society)'가 1922년에 '러시아 정신분석 학회 및 연구소(Russian Psychoanalytic Society and Institute)'로 변경되었다. 러시아의 프로이트 추종자들은 그의 저서가 러시아어로 번역되어 최초로 혜택을 받은 사람들이었다. 《꿈의 해석》의 러시아어 번역본이 브릴의 영어판보다 9년 앞선 1904년에 출간되었기 때문이었다. 러시아 연구소는 프로이트의 저작물 번역 출판을 포함한 활동에 대해 국가 지원을 받는 유일한 기관이었다. 그러나 1924년 이오시프 스탈린이 집권하면서 지원을 갑자기 끊으면서, 이후 정신분석은 이념적인 이유로 비판의 대상이 되었다.

어니스트 존스는 1911년 '미국 정신분석 학회(APSAA)'의 설립을 도운 뒤, 1913년에 캐나다에서 영국으로 돌아와 '런던 정신분석 학회(London Psychoanalytic Society)'를 설립했다. 1919년엔 융 추종자들을 핵심 회원에서 제거한 뒤 '영국 정신분석 학회(British

Psychoanalytical Society)'를 설립하고 1944년까지 회장으로 활동했다. 이어서 그의 지휘 아래 1924년 '정신분석 연구소(The Institute of Psychoanalysis)', 1926년에는 '정신분석 런던 클리닉(London Clinic of Psychoanalysis)'이 설립되었다.

1922년에 클리닉인 '빈 외래진료소(The Vienna Ambulatorium)', 1924년에는 헬레네 도이치(Helene Deutsch)의 지도 아래 '빈 정신분석 연구소(Vienna Psychoanalytic Institute)'가 설립되었다. 페렌치는 1913년에 '부다페스트 정신분석 연구소(Budapest Psychoanalytic Institute)', 1929년에는 클리닉을 설립했다.

스위스(1919), 프랑스(1926), 이탈리아(1932), 네덜란드(1933), 노르웨이(1933), 그리고 아돌프 히틀러 집권 뒤 베를린을 탈출한 아이팅곤에 의해 팔레스타인(예루살렘, 1933)에 정신분석 학회와 연구소가 설립되었다. '뉴욕 정신분석 연구소(The New York Psychoanalytic Institute)'는 1931년에 세워졌다.

1922년 베를린 학회는 프로이트가 참석한 마지막 학회였다. 당시 그는 턱에 생긴 암으로 여러 차례 수술을 받은 뒤 착용한 장치로 인해 연설에 큰 어려움을 겪고 있었다. 하지만 그는 주요 추종자들과의 정기적인 서신 교환과 비밀 위원회의 회람 서신 및 회의를 통해 진행 상황을 놓치지 않았다.

위원회는 1927년까지 활동을 이어가면서 국제정신분석협회(IPA) 내부에 국제 교육 위원회가 설립되는 등 제도적인 기반을 마련하였다. 이를 통해 정신분석 이론과 실행을 전달하는 체계가 구축되어, 관련된 우려가 어느 정도 해소되었다. 하지만 비의료인의 정신분석 교육 자격 부여 문제는 여전히 논쟁의 중심에 있었다. 프로이트는 1926년 발표한 '비의료인의 분석에 관한 문제(The Question of Lay Analysis)'에서 비의료인도 정신분석을 수행할 수 있어야 한다고 주장했지만, 미국의 정신분석 학회들은 전문성 저하와 소송 가능성을 우려하며 강력하게 반대했다. 유럽의 일부 학회들도 이러한 우려에 동참했다. 결국 각 학회의 자율성을 존중하여 후보자 선정 기준을 각 학회에서 자체적으로 결정하기로 합의하였다.

1930년, 프로이트는 심리학과 독일 문학 문화에 기여한 공로를 인정받아 괴테 상을 받았다.

암 발생

1917년, 프로이트는 입천장에 통증을 동반한 종기를 발견했지만 증상이 사라지자 병원을 찾지 않았다. 이후 1923년 2월, 종양이 재발하여 확산되자 프로이트는 자신의 흡연 습관으로 인해 백반증 또는 상피종이 발생한 것으로 자가진단했다. 흡연을 포기하기를 꺼렸던 그는 처음에는 자신의 증상을 비밀에 부쳤다. 나중에 피부과의사 막시밀리안 슈타이너에게 진단받았는데, 그는 암이라는 사실을 밝히지 않고 병변의 영향을 최소화하려면 담배를 끊으라고만 조언했다.

그 뒤로 프로이트는 내과의사 펠릭스 도이치(Felix Deutsch)를 만났지만, 그 역시 종양이 암이라는 사실을 숨긴 채 일종의 백반증이라면서 수술을 받으라고만 권했다. 이어서 프로이트는 자신이 실력을 의심했던 이비인후과의사 마르쿠스 하젝(Marcus Hajek)에게 진단을 받았다. 하젝은 외래 진료실에서 불필요한 수술을 시행했다. 프로이트는 수술 중, 그리고 수술 뒤에 출혈이 심해 거의 사망할 뻔했다. 도이치는 추가 수술이 필요하다는 것을 알았지만, 프로이트가 자살할 수도 있다는 걱정 때문에 그가 암에 걸렸다는 사실을 알리지 않았다.

나치로부터의 탈출

1933년 1월, 나치당이 독일을 장악했다. 그들이 불태운 책 중에는 프로이트가 쓴 책이 많았다. 프로이트는 어니스트 존스에게 이렇게 말했다.

"우리가 얼마나 발전하고 있는지 보시오. 중세 시대였다면 나를 불태웠을 겁니다. 지금은 내 책을 불태우는 것으로 만족해하고 있지 않소."

프로이트는 점점 커지는 나치 위협을 과소평가하고 1938년 3월 13일 안슐루스(Anschluss, 1938년 3월 13일에 독일의 오스트리아 합병 결정)와 그에 따른 폭력적인 반유대주의가 기승을 부리고 있음에도 빈에 머무르기로 결심했다. 당시 IPA 회장이었던 존스는 영국으로 망명하도록 프로이트를 설득하기 위해 3월 15일 빈으로 날아갔다. 안나 프로이트가 게슈타포에 체포되어 심문받은 충격과 불안한 전망으로 인해 프로이트는 결국 떠나야 할 때라는 확신을 가지게 되었다.

그 다음 주, 존스는 이민 허가가 필요한 망명자 명단을 들고 런던으로 돌아갔다. 런던으로 돌아온 존스는 내무부장관인 새뮤얼

호어 경과의 개인적인 친분을 이용하여 허가 발급을 신속하게 처리했다. 총 17명에게 망명 허가, 그리고 해당되는 경우 취업 허가도 발급되었다. 존스는 과학계에서의 영향력을 활용하여 왕립 학회 회장인 윌리엄 브래그 경에게 프로이트를 위해 베를린과 빈에서 외교적 압력을 가해달라고 요청하는 편지를 쓰도록 설득했는데, 이는 효과가 있었다. 프로이트는 미국 외교관들, 특히 그의 전 환자이자 프랑스 주재 미국 대사였던 윌리엄 불릿의 지원를 받았다. 불릿은 루스벨트 대통령에게 프로이트 가족에 대한 위험이 증가하고 있음을 알렸고, 이에 따라 빈 주재 미국 총영사 존 쿠퍼 와이얼로 하여금 '베르크가세 19'번지를 정기적으로 감시하도록 조치했다. 그는 또한 게슈타포가 안나 프로이트를 심문하는 동안 전화로 개입하기도 했다.

빈을 떠나는 것은 1938년 4월과 5월에 사이에 단계적으로 이루어졌다. 프로이트의 외손자 에른스트 할버슈타트(다섯 번째 자녀인 소피와 그녀의 남편 막스 할버슈타트 사이에서 태어났다)와 프로이트의 아들 마르틴의 아내와 자녀들은 4월에 파리로 떠났다. 프로이트의 처제 민나 베르나이스는 5월 5일 런던으로 떠났고, 마르틴은 그 다음 주에, 딸 마틸데와 그녀의 남편 로버트 홀리츠셔는 5월 24일에 떠났다.

런던에 위치한 프로이트의 마지막 집. 현재는 프로이트박물관.

5월 말까지, 프로이트의 런던 탈출 준비는 나치 당국과의 복잡하고 까다로운 법적 절차와 막대한 금전 요구에 휘말려 지연되었다. 나치가 유대인들에게 적용한 규정에 따라 프로이트의 자산과 IPA의 자산을 관리하기 위해 감독관이 임명되었다. 프로이트에 관한 문제는 빈대학교에서 요제프 헤르츠 교수로부터 화학을 같이 공부한 오랜 친구인 화학자 안톤 사우어발트(Anton Sauerwald) 박사에게 인계되었다. 사우어발트는 프로이트를 더 알기 위해 그의 저서를 읽으면서 공감하게 되었다. 사우어발트는 상사로부터 프로이트의 모든 은행 계좌 세부 정보를 공개하고 IPA에 보관된 역사적인 도서를 파괴하도록 지시받았지만, 둘 다 이행하지 않았다. 대신 그는 프로이트의 해외 은행 계좌 문서를 자신만의 보관소에 은닉했고, IPA 도서를 오스트리아 국립 도서관에 이관하여 전쟁이 끝날 때까지 그곳에 보관하도록 했다.

사우어발트의 중재로 프로이트가 신고한 자산에 대한 제국 출국세(Reich Flight Tax) 부담은 줄었지만, IPA의 부채와 프로이트가 소장한 골동품에 대한 상당한 추가 비용이 청구되었다. 자신의 계좌에 접근할 수 없었던 프로이트는 그를 돕기 위해 빈을 방문한 프랑스 추종자 중 가장 유명하고 부유한 마리 보나파르트(Marie Bonaparte) 공주에게 도움을 요청했고, 그녀는 필요한 자금을 제공해 주었다. 이로써 안톤 사우어발트는 지그문트 프로이트와 그의 아내 마르타, 딸 안나의 출국 비자에 서명할 수 있었다. 그들은 1938년 6월 4일, 가정부와 주치의를 대동하고 빈을 떠나 다음날 아침 파리에 도착했다. 마리 보나파르트의 집에서 하루를 묵은 뒤 영국행 여객선에 승선하여 해협을 건너 영국에 도착했고, 6월 6일 런던 빅토리아역에 발을 디뎠다.

런던에 도착한 프로이트에게 살바도르 달리, 슈테판 츠바이크, 레너드와 버지니아 울프 부부, H. G. 웰스 같은 저명인사들이 방문하거나 연락을 취해왔다. 1936년에 이미 프로이트를 외국인 회원으로 선출한 바 있었던 왕립학술원 대표단이 찾아와 헌장에 서명하여 회원 자격을 얻도록 했다. 6월 말경에 런던에 도착한 마리 보나파르트는 빈에 남아 있는 프로이트의 네 자매를 영국으로 데려올 방안을 논의했다. 그들은 모두 고령의 나이였다. 하지만 그녀가 애를 썼음에도 출국 비자를 얻는 데 실패해서 그들은 모두 나치 강제 수용소에서 목숨을 잃었다.

1939년 초, 사우어발트는 무슨 이유에서인지는 모르겠지만 런던에 도착하여 프로이트의 동생 알렉산더를 만나기도 했다. 그는 1945년 나치당 간부로 활동한 혐의로 오스트리아 법원에서 재판을 받고 수감되었다. 그의 아내가 탄원서를 써달라고 부탁을 해오자(지그문트 프로이트가 사망한 뒤이다) 안나 프로이트는 적극적으로 '사우어발트가 아버지를 보호했으며 감독관으로서의 직무를 훌륭히 수행했'는 취지의 글을 써주었다. 사우어발트가 1947년 석방되는 데 안나 프로이트가 큰 도움이 되었다.

1938년 9월, 프로이트 가족의 새 보금자리는 햄스테드(Hampstead)의 '메어필드 가든(Maresfield Gardens) 20'번지에 마련되었다. 건축가 아들인 에른스트가 전기 리프트 설치를 포함한 건물 개조를 담당했다. 서재와 도서관은 빈 상담실과 비슷한 분위기와 시각적 인상이 풍기도록 설계되었다. 프로이트는 병이 말기에 이를 때까지 이곳에서 환자를 진료했다. 또한 그는 이곳에서 마지막 저서인 《모세와 유일신교(Moses and Monotheism)》를 집필해서 1938년 독일어로, 이듬해 영어로 출간했고, 미완성작인 《정신분석학 개요(An Outline of Psychoanalysis)》도 집필했는데 이 책은 그의 사후에 출판되었다.

죽음

1939년 9월 중순, 프로이트의 턱에 생긴 암은 점점 심해져 수술이 불가능할 정도로 악화되었다. 마지막으로 읽은 발자크의 소설 《나귀 가죽》은 자신의 쇠약해진 몸을 돌아보게 했다. 며칠 뒤 그는 오랜 친구이자 동료 망명객인 막스 슈어(Max Schur) 박사에게 자신들이 과거에 나눈 대화를 상기시켰다.

"슈어, 때가 되면 나를 저버리지 않기로 한 우리의 약속을 기억하겠지."

슈어가 "이제 삶은 고통일 뿐이고 아무런 의미가 없습니다"라고 답하자, 프로이트는 "고맙네"라고 답한 뒤 "안나에게 말해 보고 그녀가 동의한다면 그렇게 해 주게"라고 말했다.

안나 프로이트는 아버지의 죽음을 미루고 싶어 했지만, 슈어는 더 이상 생명을 연장하는 것이 무의미하다고 설득했다. 9월 21일

과 22일, 슈어는 프로이트에게 모
르핀을 투여했고, 그는 9월 23일
새벽 3시경 향년 83세로 생을 마
감했다. 영국에 망명한 지 1년 3개
월 만이었다.

런던 골더스 그린 납골당에 안치된
프로이트와 그 아내의 유해.

3일 뒤 프로이트의 아들 에른스
트의 주도 아래 장례가 진행되어
골더스 그린 화장터에서 그의 시
신이 화장되었다. 어니스트 존스
와 오스트리아의 작가 슈테판 츠바이크가 장례식에서 추도 연설
을 했다. 이후 그의 유해는 그가 마리 보나파르트에게 선물 받아
수년 간 빈의 서재에서부터 간직해 온 디오니소스의 장면이 그려
진 고대 그리스 종 모양의 도기에 담겨, 아들 에른스트가 직접 디
자인한 받침대 위에 올려져 납골당 한쪽에 안치되었다. 아내 마
르타가 1951년에 사망한 뒤 그녀의 유해 역시 같은 도기 안에 함
께 안치되었다.

02

사상

초기 연구

프로이트는 1873년에 빈대학교에서 의학 공부를 시작했다. 그는 신경생리학 연구, 특히 뱀장어의 성기 부분 해부, 어류 신경계의 생리에 대한 연구, 그리고 프란츠 브렌타노와 함께한 철학 공부에 관심이 있어서 졸업까지 거의 9년이 걸렸다. 그는 1881년 25세의 나이에 의학 학위(MD)를 취득하고 재정적인 이유로 신경과 개인 진료를 시작했다.

1880년대 그의 주요 연구 주제 중 하나는 뇌의 해부학, 특히 연수(延髓, medulla oblongata : 뇌의 가장 아래쪽 부분. 위치상 뇌와 척수가 연결되는 곳으로 신체와의 신경 신호를 주고받는 핵심 통로 역할을 한다)에 관한 것이었다. 그는 실어증에 관한 중요한 논쟁에 개입하여 1891년에 발표한 논문 〈실어증에 대한 견해(Zur Auffassung der Aphasien)〉에서 '인지불능증(agnosia)'이라는 용어를 만들고, 신경 결손을 설명하는 데 있어서 지나치게 국소적인 관점을 지양할 것을 조언했다. 동시대의 인물인 오이겐 블로일러(Eugen Bleuler)와 마찬가지로 그는 뇌의 구조보다는 기능을 강조했다.

프로이트는 뇌성마비 분야의 초기 연구자였다. 그는 이에 관한 여러 의학 논문을 발표하면서 다른 연구자들이 연구를 시작하기 이전부터 해당 질병이 존재했음을 입증했다. 뇌성마비를 최초로 발견한 윌리엄 존 리틀(William John Little)이 출생 시 산소부족을 뇌성마비의 원인으로 지목한 것은 잘못되었다면서, 대신 출생 과정에서 발생한 합병증이 뇌성마비의 원인이라고 주장했다.

프로이트의 초기 정신분석 연구는 요제프 브로이어(Josef Breuer)와 관련이 있다. 그는 브로이어가 안나 O.를 치료한 것이 정신분석 방법을 발견하는 데 중요한 계기가 되었다고 생각했다. 1880년 11월, 브로이어는 유대인 여성협회 창립자인 21살의 베르타 파펜하임(Bertha Pappenheim)이 지속적으로 기침하고 환각 증상을 호소하는 것을 히스테리로 진단했다. 그는 그녀가 죽어가는 아버지를 간호하는 동안 일시적인 증상, 즉 시각장애와 사지마비 및 근육경련이 발생한 것을 발견했고, 이 역시 히스테리로 진단했다. 환자의 증상이 점점 더 심해지자 브로이어는 거의 매일 환자를 진료하면서 환자가 멍한 상태에 빠지는 것을 관찰했다. 브로이어는 그녀가 그의 격려를 받으며 저녁에 자유 연상을 할 때 상태가 호전된다는 것을 알게 되었다.

1881년 4월까지 그녀의 증상은 대부분 사라졌다. 하지만 그달에 아버지가 사망하자 그녀의 상태가 오히려 악화되었다. 후에 브로이어는 일부 증상은 결국 자연적으로 완화되었다면서, 트라우마와 관련된 기억을 떠올리게 함으로써 완전한 회복 단계에 이르게 할 수 있었다고 기록했다. 브로이어가 안나 O.를 치료하고 나서도 그녀는 몇 년 동안 '히스테리'와 '신체적 증상 장애'라는 진단을 받고 짧은 기간이나마 세 번 요양원에 들어가기도 했다.

일부 학자들은 브로이어가 그녀를 성공적으로 치료했다는 주장에 의문을 제기했다. 하지만 런던 메트로폴리탄대학교 심리학 교수 스케이스(Richard Skues)는 그러한 의문에 동의하지 않고 브로이어의 치료 결과를 믿는 쪽이다. 그는 그러한 불신적인 해석이 프로이트 수정주의와 반정신분석적 수정주의에서 비롯되었다면서, 수정주의자들은 브로이어의 주장을 신뢰하지 않고 안나 O.에 대한 치료를 실패로 간주하는 경향이 있다고 반박했다.

유혹 이론

1890년대 초 프로이트는 브로이어의 치료법을 기반으로 환자에게 특정 기억이나 감정을 떠올리도록 강하게 요구하는 '압박 기법'과 새롭게 개발한 해석 및 재구성 분석 기법을 결합한 치료법을 사용했다. 프로이트는 이러한 치료를 통해 1890년대 중반의 환자 대부분이 어린 시절 성적 학대를 경험했다는 고백을 받아냈고, 이를 바탕으로 어린 시절 성적 학대 경험이 신경증의 원인이 된다는 '유혹 이론(Seduction Theory)'을 구축했다. 하지만 이후 자신의 이론에 의문을 품고는, 환자들의 고백이 실제 경험이 아닌 어린 시절 부모와의 특별한 관계를 통해 성적 욕망을 경험하고 이에 따라 갈등을 겪는 심리적 상태인 오이디푸스 콤플렉스에서 비롯된 환상일 수 있다고 생각하게 되었다. 초기에는 이러한 환상이 유아기 자위행위에 대한 기억을 억누르는 방어기제(defense mechanism, 개인이 불안이나 스트레스, 내적 갈등으로부터 자아self를 보호하기 위해 무의식적으로 사용하는 심리적 전략을 의미)라고 보았지만, 후에는 타고난 욕구의 표현이라고 해석했다.

또 다른 해석에 따르면 프로이트는 1895년 10월 플리스에게 보낸 편지에서 어린 시절 성적 학대에 대한 무의식적 기억이 신경증의 원인이라는 가설을 제기했다. 이는 그가 실제로 환자들 사이에서 그러한 학대를 발견했다고 보고하기 전의 일이었다. 1896년 초, 프로이트는 세 편의 논문을 발표하며 유혹 이론을 제시했다. 그는 모든 환자들이 어린 시절 성적 학대에 대한 깊이 억압된 기억을 가지고 있다고 주장했다. 이러한 기억이 환자들의 의식에는 드러나지 않지만 무의식에 존재하며 히스테리 증상이나 강박 신경증을 유발한다고 설명했다.

환자들은 프로이트가 무의식 속에 억압되었다고 믿었던 유아기 성적 학대 장면을 기억해 내도록 상당한 압박을 받았다. 그러나 대부분의 환자들은 프로이트의 임상 절차가 실제 성적 학대를 의미한다고는 믿지 않았다. 프로이트는 환자들이 성적 장면을 기억해 낸 뒤에도 여전히 그에게 강한 불신을 나타냈다고 기록했다.

프로이트는 환자의 증상을 분석하는 데 압박 기법뿐만 아니라 분석적 추론과 상징적 해석을 통한 유아기 성적 학대 기억 추적이라는 방법을 사용했다. 그는 자신의 이론이 모든 경우에 적용된다고 주장하여 동료들의 기존 의구심을 더욱 확증시켰다. 이후 자신의 주장에 모순되는 연구 결과들을 접하면서 유혹 이론에 대한 확신을 잃어갔다. 그는 논문 〈히스테리의 병인학(The Aetiology of Hysteria)〉의 부록에서 "아동 성 학대는 실제로 일어났지만, 당시 나는 환상을 과소평가하고 현실을 과대평가하는 경향이 있었다"고 고백했다. 후에 동료 페렌치가 환자들의 기억이 실제 경험이라고 주장하자 프로이트는 이를 명확히 부정하고 그의 주장 발표를 만류하기까지 했다. 웨인주립대학교 교수인 심리학자 카린 아벨-라페(Karin Ahbel-Rappe)는 "프로이트가 유아기 근친상간의 경험과 그것이 인간의 정신에 미치는 영향에 대한 연구의 길을 개척하고 연구를 시작했지만, 대부분 이 방향을 포기했다"라고 결론 내렸다.

코카인

프로이트는 의학 연구가로서 초기에 코카인을 자극제이자 진통제로 활용한 코카인 사용 지지자였다. 그는 코카인이 모든 질병의 만병통치약이라고 믿었고, 1884년 논문 〈코카에 대하여(On Coca)〉에서 그 효능을 극찬했다. 1883년부터 1887년까지 항우울제로 사용하는 것을 포함하여 의학적 응용을 권장하는 여러 논문을 썼다. 그는 코카인의 마취 성질을 발견할 뻔했지만, 이를 간과하여 과학적 우선순위를 확보하는 기회를 놓쳤다. 프로이트의 동료였던 칼

콜러(Karl Koller)는 섬세한 눈 수술에 코카인을 사용할 수 있는 방법을 의학 학회에 보고한 뒤 1884년에 그 공로를 인정받았다.

프로이트는 모르핀 중독 치료제로 코카인을 추천하기도 했다. 그는 친구인 에른스트 폰 플라이슐-막소(Ernst von Fleischl-Marxow)에게 코카인을 소개했는데, 이 친구는 시체 부검(剖檢) 중 부상으로 인한 감염 때문에 수년간 극심한 신경통을 겪으며 모르핀에 중독된 상태였다. 프로이트는 플라이슐-막소가 코카인 사용으로 모르핀 중독에서 벗어났다고 주장했지만, 플라이슐-막소는 급성 코카인 정신병에 걸렸고, 얼마 지나지 않아 다시 모르핀을 사용하기 시작해 몇 년 뒤 여전히 견딜 수 없는 고통에 시달리며 사망했다. 프로이트는 자신의 오판을 끝내 인정하지 않았다.

코카인은 그 당시 안전한 마취제의 하나로 알려져 있던 상태였다. 하지만 전 세계적으로 중독과 과다 복용 사례가 늘어나면서 프로이트의 의학적 명성에 먹칠을 했다. 코카인 논란 이후 프로이트는 공개적으로 코카인을 추천하지 않았지만 1890년대 초에는 우울증, 편두통, 비염 등을 완화하기 위해 가끔 코카인을 복용했다. 하지만 1896년부터는 코카인 사용을 완전히 중단했다.

무의식

프로이트는 시인들이 이미 오래전부터 인지하고 있던 무의식이라는 개념을 자신의 이론의 중심에 놓고, 심리학 분야에서 무의식의 실체를 과학적으로 밝혀내는 것이 자신의 임무라고 생각했다.

프로이트는 자신이 처음 공식화한 무의식 개념이 억압 개념에 기반하고 있음을 명확히 밝혔다. 1915년에 발표한 논문 〈억압(Repression)〉에서 프로이트는 억압의 개념을 설명하면서 무의식 속에 두 가지 유형의 억압이 존재한다고 주장했다. 첫 번째 유형은 원초적 억압으로, 이는 근친상간에 대한 보편적인 금기와 관련이 있으며 본래부터 내재된 억압이다. 두 번째 유형은 경험 뒤에 발생하는 억압으로, 한때 의식적이었던 것이 개인의 생애와 자아의 발달 과정에서 의식 밖으로 밀려난 억압이다.

프로이트는 1915년에 발표한 논문 〈무의식(The Unconscious)〉에서 무의식적 정신 과정에 대한 자기 이론의 발전과 수정에 관해 설명하면서 그가 사용한 역동적, 경제적, 지형학적 관점을 밝혔다.

역동적 관점은 억압이 무의식을 형성하는 과정과 불안을 유발하는 원치 않는 생각을 의식 밖으로 밀어내는 '검열' 작용에 초점을 맞춘다. 이는 프로이트가 히스테리 환자를 치료하면서 얻은 초기 임상 경험에서 비롯된 것이다.

경제적 관점에서는 억압된 욕망 및 충동과 같은 정신적 내용물이 증상 형성, 꿈, 말실수(실언) 등 무의식적 과정을 거치며 어떤 변화를 겪는지에 초점을 맞춘다. 프로이트는 이러한 과정을 《꿈의 해석》과 《일상생활의 정신병리학》에서 심층적으로 다루었다.

이전의 두 관점이 무의식이 의식에 접근하려는 순간에 주목했다면, 지형학적 관점은 무의식의 구조와 작동 원리, 즉 응축(Condensation)과 전위(Displacement)와 같은 특징적인 과정에 더 초점을 맞춰 무의식의 체계적인 특성을 탐구한다.

이 '첫 번째 지형(first topography)'은 세 가지 시스템으로 구성된 정신 구조(psychic structure)의 모델을 제시한다.

무의식계(無意識系, The System Ucs)

'일차 과정(primary process)' 사고는 쾌락의 원리에 의해 지배되며, "상호 모순으로부터의 면제, … 카텍시스(cathexes, 정서적 투자,

대상에 대한 집착, 리비도[프로이트가 말하는 정신 에너지]의 투사)의 이동성, 시간의 부재, 그리고 외부 현실을 심리적 현실로 대체하는 것"으로 특징지어진다. ―〈무의식(The Unconscious)〉(1915)

전의식계(前意識系, The System Pcs)

무의식의 원초적 과정에 속하는 사물표상(物表象)이 언어(언어표상)의 이차적 과정에 의해 결합되어 의식에 접근할 수 있는 상태가 되기 위한 전제 조건인 영역.

의식계(意識系, The System Cns)

현실 원칙에 의해 지배되는 의식적 사고. 그의 후기 작품, 특히 《자아와 이드(The Ego and the Id)》(1923)에서는 이드(id), 자아(ego), 초자아(super-ego)로 구성된 두 번째 지형이 소개되는데, 이는 첫 번째 지형에 대체되지 않고 그 위에 겹쳐진다. 이후 무의식 개념의 공식화에서 이드는 본능 또는 욕구의 저장소로 구성되며, 일부는 유전적이거나 타고난 것이고, 일부는 억압되거나 후천적으로 형성된 것이다. 따라서 경제적 관점에서 이드는 정신적 에너지의 주요 원천이며, 역동적 관점에서 이드는 자아 및 초자아(유전적으로 말하면 이드의 분화)와 갈등을 일으킨다.

꿈

프로이트의 이론에 따르면 꿈은 일상에서 일어나는 사건과 생각에 의해 유발된다고 한다. 프로이트가 '꿈-작업(dream-work)'이라고 부른 과정에서 언어 규칙과 현실 원리에 따르는 사고(이차 과정 또는 언어 표상)는 쾌락 원리와 소망 충족, 그리고 억압된 어린 시절의 성적 시나리오에 의해 주도되는 무의식적 사고(일차 과정 또는 사물 표상)로 전환된다.

이러한 무의식적 사고는 종종 어린 시절의 성적 욕구를 포함한다. 이러한 생각들이 불쾌감을 줄 수 있기 때문에 꿈-작업은 왜곡, 전위, 응축을 통해 억압된 생각들을 숨겨서 우리가 계속 잠을 잘 수 있도록 돕는 검열 기능을 수행한다.

임상 환경에서 프로이트는 꿈의 명시적인 내용에 대한 자유 연상을 장려했다. 이는 꿈 이야기 속에 드러난 억압된 욕구나 환상과 같은 숨겨진 의미를 해석하고, 꿈이 형성되는 과정에서 작용하는 심리적 메커니즘과 구조를 이해하기 위함이었다. 프로이트는 꿈에 대한 이론을 발전시키면서 꿈이 단순히 소망을 충족시키는 수단이 아니라 '특정한 형태의 사고'라고 보았다. 그는 '꿈 형성

과정'이 바로 꿈의 본질이며, 이 과정을 통해 꿈이 독특한 형태를 갖게 된다고 강조했다.

심리성적 발달

프로이트의 심리성적 발달(Psychosexual Developmentm, 혹은 성심리 발달) 이론에 따르면, 유아기 성욕의 초기 다형적 도착성에 이어 성적 '욕구'는 구강기, 항문기, 남근기를 거치는 뚜렷한 발달 단계를 거친다고 했다. 이러한 단계는 성적 관심과 활동이 줄어드는 잠복기(약 5세부터 사춘기까지)로 이어지지만, 성인의 성적 발달이 이루어지는 동안에도 도착적이고 양성적인 잔여물을 남긴다고 했다. 프로이트는 신경증과 도착을 이러한 단계에 대한 고착이나 퇴행으로 설명할 수 있는데, 성인의 성격과 문화적 창조성은 이 도착적인 잔여물을 승화시킴으로써 발현된다고 주장했다.

프로이트가 오이디푸스 콤플렉스 이론을 더욱 발전시킴에 따라 정상적인 발달 과정은 근친상간적 욕망을 포기하는 아이의 여정으로 설명되기 시작했다. 이때 아이는 거세 위협을 상상 속에서 경험하거나 (여아의 경우) 이미 거세되었다고 상상하며 욕망을 포기하게 된다. 이러한 오이디푸스 콤플렉스의 '해소'는 아이의 부모에 대한 '경쟁적인 동일시(rivalrous identification, 다른 사람, 특히 부모와 같은 강력한 인물과 같아지려는 욕구와 동시에 그들을 경쟁 상대로 여기는 복잡한 심리 상태를 의미)'가 자아이상(Ego ideal, 개인이 이상적으로 여기는 자기 모습, 즉 도덕적 가치관이나 이상적인 자아상을 의미)과의 '평화로운 동일시'로 변화하면서 이루어진다. 이는 유사성과 차이점을 동시에 인정하고 타인의 분리와 자율성을 받아들인다는 것을 의미한다.

프로이트는 자신의 모델이 모든 인류에게 적용될 수 있는 보편적인 이론임을 주장하며, 고대 신화와 현대 민족지학 연구를 통해 이를 증명하려 했다. 특히 그는 토테미즘이 부족 사회에서 발생하는 오이디푸스 갈등을 상징적으로 재현하는 의례라고 해석하기도 했다.

이드(Id), 자아(Ego), 초자아(Super-ego)

프로이트는 인간의 정신을 이드(id, 원초아 原初我, 자아 自我, 에고 ego, 초자아 超自我, 슈퍼에고 super-ego) 세 부분으로 나눌 수 있다고 제안했다. 1920년에 발표한 《쾌락 원칙을 넘어서(Beyond the Pleasure Principle)》라는 저서에서 이 모델에 관해 논하였고, 《자아와 이드(The Ego and the Id)》(1923)에선 이전의 지형학적 도식(의식, 무의식, 전의식)에 대한 대안으로 이 모델을 자세히 설명했다.

이드는 '쾌락의 원칙(pleasure principle)'에 따라 작동하는 정신의 무의식적인 부분으로, 즉각적인 쾌락과 만족을 추구하는 기본적인 충동과 욕구의 원천이다.

프로이트는 이드(Id, '그것'이라는 의미로 라틴어 'id'에서 유래되었다. 독일어는 'das Es', 영어로는 'the It'라고 표현한다)라는 용어의 사용이 게오르그 그로덱(Georg Groddeck)의 저서 《이드에 관한 책(Das Buch vom Es)》(1923)에서 유래됐음을 인정했다.

초자아는 정신의 도덕적 양심으로 개인의 행동에 대한 옳고 그름을 판단하는 역할을 한다. 합리적인 자아는 비현실적인 쾌락을 추구하는 이드와 비현실적인 도덕주의를 지향하는 초자아 사이에서 균형을 맞추려 노력한다.

자아는 일반적으로 개인의 행동에 가장 직접적으로 반영되는

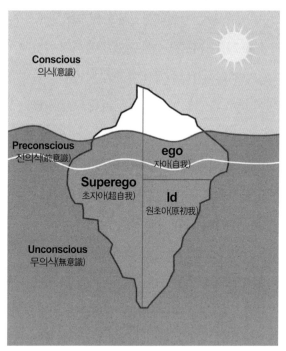

빙산 모델
빙산 비유는 정신의 각 부분이 서로 관련된 방식을 설명하는 데 사용된다.

부분이다. 자아가 과도한 부담을 느끼거나 위협받을 때는 부정,
억압, 취소, 합리화, 전위와 같은 방어기제를 동원할 수 있다. 이
개념은 일반적으로 '빙산 모델(Iceberg Model)'로 표현되는데, 이 모
델은 이드, 자아, 초자아가 의식과 무의식의 사고와 어떤 관련을
맺는지 보여준다.

프로이트는 자아와 이드의 관계를 마부와 말의 관계에 비유했다. 말(Id)이 강력한 에너지와 추진력을 제공하는 원동력이라면, 마부(Ego)는 이를 조절하고 목표를 향해 나아가는 방향을 제시하는 역할을 한다고 설명했다.

'삶의 충동'과 '죽음의 충동'

프로이트는 인간의 정신은 '삶의 충동', 또는 리비도(libido)와 '죽음의 충동'이라는 두 가지 상반되는 힘에 의해 움직인다고 보았다. 삶의 충동은 '에로스(Eros)', 죽음의 충동은 '타나토스(Thanatos)'라고도 불렀는데, 타나토스는 프로이트가 아닌 폴 페데른(Paul Federn)이 제시한 개념이다. 프로이트는 리비도가 정신적 과정, 구조, 그리고 외부 대상에 투자되는 정신 에너지의 일종이라고 보았다.

《쾌락 원칙을 넘어서》에서 프로이트는 죽음 충동이라는 개념을 제시하며, 이는 모든 생명체가 본래 가지고 있는 죽음으로 회귀하려는 기본적인 욕구라고 설명했다. 프로이트는 이 죽음 충동을 '정신적 관성의 원리(the principle of psychic inertia)', '열반의 원리(the Nirvana principle)', 그리고 '본능의 보수성(the conservatism of instinct)'

과 같은 개념과 연결하여 설명했다. 이러한 개념들은 프로이트가 초기 연구에서 정신기제(mental apparatus)가 긴장을 최소화하려는 경향이 있다고 주장한 것에서 비롯되었다. 하지만 그는 이후 이러한 경향이 단순히 긴장을 제로 상태로 만드는 것이 아니라, 생명체가 안정된 상태를 유지하려는 본능적인 욕구에서 비롯된 것임을 깨달았다.

프로이트는 《쾌락 원칙을 넘어서》에서 정신이 단순히 쾌락을 추구하는 것을 넘어, 때로는 고통스러운 경험을 반복하거나 심지어 자기 파괴적인 행동을 보이는 현상에 주목했다. 이러한 현상을 설명하기 위해 프로이트는 '반복 강박'이라는 개념을 제시하고, 이는 죽음 충동과 연결되어 있다고 주장했다. 죽음 충동은 생명체가 본래 가지고 있는, 안정된 상태로 되돌아가려는 본능적인 욕구를 의미한다. 프로이트는 외상성 신경증 환자의 꿈이나 아이들의 놀이를 통해 이러한 반복 강박을 확인하고, 이는 쾌락 원칙과 상충될 수 있지만 동시에 쾌락을 얻기 위한 수단이 될 수도 있다고 보았다.

프로이트는 쾌락 원칙 외에도 쾌락을 추구하기보다는 오히려 고통스러운 경험을 반복하려는 경향, 즉 반복 강박을 발견했다.

그는 이러한 반복 강박이 단순히 에너지를 소모하는 행위를 넘어 생명체가 본래 가지고 있는 죽음으로 회귀하려는 본능인 '죽음 충동'과 연결되어 있다고 주장했다.

즉 반복은 에너지를 통합하거나 적응을 위한 수단이 될 수 있지만, 과도하게 반복될 경우 오히려 생명력을 소모하고 원시적인 상태로 되돌아가려는 욕구의 표현이 된다는 것이다. 이러한 프로이트의 주장은 '형이상학적 생물학(metaphysical biology)'이라는 비판을 받기도 했는데, 이는 그의 이론이 과학적 증명이 어려운 추상적인 개념에 기반한다는 의미이다.

우울증

프로이트는 1917년 《애도와 멜랑콜리아(Mourning and Melancholia)》에서, 고통스럽지만 삶에서 불가피한 과정인 '애도'와 상실한 대상에 대한 애착을 병적으로 놓지 못하는 상태인 '멜랑콜리아(우울증)'를 구분했다. 프로이트는 정상적인 애도 과정에서는 자아가 자기 보존을 위해 상실한 대상과의 리비도적 애착을 끊는 역할을 한다고 주장했다. 그러나 멜랑콜리아에서는 상실한 대상에 대한 이전의 양가감정(ambivalence, 어떤 사람이나 사물에 대해 긍정적인 감정과 부정적인 감정을 모두 갖고 있는 상태)으로 인해 이러한 해리가 이루어지지 않는다고 설명했다. 그는 무의식적인 갈등이 자아를 향하게 되는 극단적인 경우 자살로 이어질 수 있다는 가설을 세웠다.

여성의 섹슈얼리티

프로이트는 여성의 성적 발달 과정에서 소녀들이 겪는 심리적 갈등에 주목했다. 그는 소녀들이 초기에는 남녀의 성적 특징을 구분하지 않고 성기를 중심으로 쾌감을 느끼다가, 성장하면서 아버지에게 애착을 느끼면서 어머니와의 관계가 복잡해지는 것으로 보았다. 이 과정에서 소녀들은 음경을 갖고 싶어 하는 '남근 선망'을 경험하는데, 이는 여성성의 형성에 큰 영향을 미친다고 생각했다. 프로이트는 남근 선망으로 인해 여성들은 평생 남성과의 관계에서 어려움을 겪고, 신경증에 더 취약해진다고 주장했다. 그는 이러한 여성의 심리를 '여성의 수수께끼(enigma of women)'라고 표현하며, 여성의 성적 발달 과정이 남성과는 다르게 복잡하고 불안정하다고 결론지었다.

정신분석에서 여성성에 대한 최초의 논쟁을 촉발시킨 베를린 정신분석 연구소의 카렌 호나이(Karen Horney)는 프로이트의 여성성에 대한 견해에 정면으로 맞서 도전장을 내밀었다. 호나이는 프로이트의 여성 거세 콤플렉스와 남근 선망 이론을 일축하고, 여성성은 본래부터 존재하는 것이며, 남근 선망은 생물학적 차이에서 기인한 것이 아니라 사회문화적 요인에 의해 형성된 방어기제라고 주장했다. 호나이의 주장은 아동 심리학자인 멜라니 클라인(Melanie Klein)과 정신분석학자이자 '남근 중심주의(phallocentrism)'라는 용어를 처음 사용한 어니스트 존스의 지지를 받으며 더욱 힘을 얻었다. 존스는 프로이트의 이론이 남성 중심적이라고 비판하며 호나이의 주장에 힘을 실어주었다.

　페미니스트 학자 재클린 로즈(Jacqueline Rose)는 프로이트의 여성성 이론에 대한 비판이 너무 단순화된 시각에서 비롯되었다고 주장한다. 로즈는 프로이트가 초기에는 여자아이들이 남성의 성기를 가지지 못해 느끼는 열등감에 초점을 맞추었지만, 후기에는 여성으로 성장하는 과정 자체가 여자아이의 다채로운 심리와 성적 발달을 제한하는 일종의 '상처'로 보았다고 분석한다. 즉 프로이트가 여성성을 부정적으로만 바라본 것은 아니며, 오히려 여성의 성적 발달 과정이 남성과는 다르게 복잡하고 다층적인 과정임을 인정했다는 것이다.

프로이트는 여성의 성을 '어둠의 대륙(dark continent)'이라 표현하고 여성성의 수수께끼를 탐구하는 동안 자신의 연구 결과가 '평균적인 타당성'을 지니고 있으며, 잠정적인 것임을 강조했다. 그러나 비평가들에게는 "여러분이 정신적인 것과 생물학적인 것을 더 명확하게 구분하지 않는 한, 나의 주장에 동의할 수 없을 것이다"라고 답하여 자신의 입장을 단호히 유지했다.

종교

프로이트는 일신교의 신이 강력하고 초자연적인 아버지에 대한 어린 시절의 욕망에서 비롯된 환상이라고 보았다. 그는 종교가 문명 초기에는 인간들의 폭력적인 성향을 억제하는 데 필요했지만 현대에는 이성과 과학이 충분히 그 역할을 대신할 수 있다고 주장했다.

프로이트는 1907년 논문 〈강박적 행동과 종교적 관행(Obsessive Actions and Religious Practices)〉에서 신앙과 신경증적 강박 사이의 유사성을 지적했다. 이어 1913년 《토템과 터부》에서는 사회와 종교가 강력한 아버지상을 살해하고 이를 먹는 원시적인 행위에서 비롯되었다고 주장하며, 이 아버지상이 이후 존경받는 집단 기억으로 자리 잡은 것으로 보았다.

프로이트는 《환상의 미래(In The Future of an Illusion)》(1927)에서 종교적 믿음의 기능이 심리적 위안이라고 주장한다. 그는 초자연적 보호자에 대한 믿음이 인간의 '자연에 대한 두려움'을 완화하고, 사후 세계에 대한 믿음이 죽음에 대한 두려움을 완화한다고 말한다. 이 책의 핵심 아이디어는 종교적 믿음이란 그것이 사회에서 가지는 기능을 통해 설명될 수 있는 것이지 진리와의 관계를 통해선 설명될 수 없다는 것이다.

프로이트는 1930년에 발표한 《문명 속의 불만》에서 친구인 로맹 롤랑(Romain Rolland)이 제안한 '대양적 감정(oceanic feeling)'에 대해 이야기한다. '대양적 감정'이란 마치 바다에 잠긴 듯 온전하고 무한하며 영원한 느낌을 말하는데, 프로이트는 이것이 종교적인 감정의 근원이 될 수 있다고 생각했다. 하지만 그 자신은 이런 느낌을 직접 경험해 본 적이 없다면서, 이는 아기가 자기와 세상을 구분하지 못했던 시절의 의식 상태로 회귀하려는 욕구에서 비롯된 것이라고 설명했다.

프로이트는 1937년 저서 《모세와 유일신교(Moses and Monotheism)》
에서 모세가 유대인 부족의 지도자였다가 유대인들에게 살해당했
다고 주장한다. 유대인들이 모세를 죽인 죄책감을 극복하기 위해
유일신교를 만들어 굳건히 믿게 되었다는 것이다. 이와 유사한 예
로 가톨릭 미사에서 빵과 포도주를 먹는 의식은 예수를 십자가에
못 박고 그 몸을 먹는 행위를 상징한다고 해석했다.

또한 프로이트는 종교가 폭력을 억제하고 사회와 개인의 갈등,
공적 영역과 사적 영역 간의 갈등, 그리고 삶과 죽음의 충동(에로
스와 타나토스) 사이의 갈등을 조정하는 역할을 한다고 보았다. 그
는 후기 저작들에서 문명의 미래에 대한 비관적인 시각을 더욱
강조했는데, 이는 1931년 《문명 속의 불만》의 개정판에서 이미 언
급된 바 있다.

철학자 험프리 스켈턴(Humphrey Skelton)은 1959년 〈휴머니스트
(The Humanist)〉에 실린 글에서 프로이트의 세계관을 '스토아적 인
간주의(stoical humanism)'로 칭하고, 프로이트가 인간의 고통과 한
계를 인정하면서도 이성과 도덕성을 중시했다고 분석했다. '휴머

니스트 헤리티지 프로젝트(The Humanist Heritage project)'는 프로이트가 종교를 심리학적으로 분석함으로써 인간 행동의 근원을 탐구하고 사회 현상을 심리학적 관점에서 이해하는 데 중요한 기여를 했다고 평가한다.

프로이트의 연구는 종교적 충동의 기원과 종교가 제공하는 위안의 환상에 대한 이해를 심화시켰으며, 어린 시절의 경험이 성인의 삶, 특히 종교적 신념에 미치는 영향을 강조함으로써 인간 심리에 대한 과학적인 이해를 발전시키는 데 이바지했다.

프로이트는 1909년 논문 〈5세 소년의 공포증 분석(Analysis of a Phobia in a Five-year-old Boy)〉의 각주에서, 할례를 받지 않은 사람들이 할례를 목격하면 거세에 대한 보편적인 공포를 느끼게 되며, 이것이 반유대주의의 가장 깊은 숨겨진 근원이라고 주장하기도 했다.

03

유산(Legacy)

프로이트의 유산은 끊임없는 논쟁의 대상이지만 20세기 사상에 가장 강력한 영향을 미친 사상 중 하나로 인정되고 있다. 그의 사상은 다윈주의와 마르크스주의에 버금가는 영향력을 발휘하여 문화 전반에 깊숙이 스며들었고, 우리의 삶과 인간에 대한 이해를 근본적으로 변화시켰다는 평가를 받고 있다.

심리 치료

비록 개인 언어 치료의 첫 번째 방법론은 아니었지만, 프로이트의 정신분석 체계는 20세기 초부터 이 분야를 지배하며 이후 많은 변형 이론들의 기초가 되었다. 이러한 체계들은 각기 다른 이론과 기법을 채택했지만, 모두 프로이트의 방법을 따라 환자가 자신의 문제에 대해 말하는 과정을 통해 심리적 및 행동적 변화를 이루려는 공통된 목표를 가지고 있다.

정신분석은 유럽과 미국에서 과거만큼의 영향력을 발휘하지는 않고 있다. 그러나 특히 라틴 아메리카를 포함한 일부 지역에서는 20세기 후반에 크게 확장되었다. 정신분석은 여전히 현대 심리치료의 많은 학파에 영향을 미치면서 학교, 가족, 집단 치료에서 혁신적인 치료 작업을 이끌어냈다. 또한 많은 연구를 통해 정신분석의 임상적 방법과 관련된 '정신역동 치료(psychodynamic therapies, 인간의 행동과 사고를 이해하고 치료하는 데 있어서 정신적인 요소와 역동적인 과정을 중시하는 치료 방법)'가 다양한 심리적 장애를 치료하는 데 효과적이라는 것이 입증되었다.

신프로이트학파(The neo-Freudians)는 알프레드 아들러, 오토 랑크, 카렌 호나이, 해리 스택 설리반, 에리히 프롬을 포함한 인물들이 주축이 되어 프로이트의 본능

조각가 오스카 데몬(Oscar Nemon)이 제작하여 1971년 런던 북부 햄스테드에 세운 지그문트 프로이트 기념비. 지그문트 프로이트와 안나 프로이트가 살았던 곳이자 현재의 프로이트박물관 근처에 위치해 있다. 동상 뒤에 있는 건물은 심리 건강 관리 기관인 타비스톡 클리닉(Tavistock Clinic)이다.

적 충동 이론을 거부하고 대인 관계와 자기주장의 중요성을 강조한 학파이다. 이들은 이러한 이론적 변화를 반영하여 치료 방법을 수정하였고, 무의식의 탐구보다는 환자와 분석가 간의 관계에 더 중점을 두는 치료 방식을 채택했다.

자크 라캉(Jacques Lacan)은 언어학과 문학을 통해 정신분석에 새로운 접근을 제시했다. 라캉은 프로이트의 핵심적인 연구가 대부분 1905년 이전에 이루어졌다면서, 자아심리학(개인의 자아가 어떻게 형성되고 발달하는지 연구하는 심리학)과 대상관계 이론(개인과 타인과의 관계가 정신 발달에 미치는 영향을 연구하는 이론)이 프로이트의 이론을 잘못 해석하고 있다고 비판했다.

라캉은 인간의 행동이 단순히 생존을 위한 욕구(need)에 의해 결정되는 것이 아니라, 무의식적인 욕망(desire)이 더 중요한 역할을 한다고 주장했다. 그는 욕망이 언어를 통해 형성되며, 결코 완전히 충족될 수 없는 것이기에 인간은 끊임없이 그 욕망에 의해 움직이는 것으로 보았다.

빌헬름 라이히(Wilhelm Reich)는 실제신경증(Actualneurosis)과 같은 프로이트의 아이디어를 발전시켰다. 프로이트는 이 개념을 유아와 성인 모두에게 적용했는데, 유아의 경우 이후 신경증의 원인을 유혹 경험에서 찾았고, 성인의 경우 불완전한 성적 해소에서 찾았다. 하지만 라이히는 프로이트와 달리 실제 경험, 특히 성적 경험이 매우 중요하다고 생각했다. 1920년대에 이르러 라이히는 프로이트의 성적 해방에 대한 생각을 한층 더 발전시켜 오르가즘을 건강한 기능의 척도로 제시하기에 이르렀다. 또한 라이히는 성격에 대한 자신의 생각을 발전시켜 '근육 갑옷(muscular armour, 스트레스, 감정적 외상, 억압된 감정 등이 신체에 긴장과 경직을 일으켜 특정 근육 그룹에 긴장을 축적하는 현상. 라이히는 이러한 근육의 경직이 사람의 감정 표현을 억제하고 정신 건강에 부정적인 영향을 미친다고 보았다)'이라는 개념을 제시했고, 나아가 모든 생명체에 존재하는 에너지인 '오르곤(orgone)'에 대한 연구를 진행했다.

프리츠 펄스(Fritz Perls)는 게슈탈트 치료(Gestalt therapy)를 발전시키는 데 기여한 인물로 라이히, 융, 프로이트의 사상에 영향을 받았다. 펄스는 프로이트가 간과했던 '의식의 형태'에 주목하며, 이를 '유기체와 환경 사이에서 의미 있는 전체를 형성하려는 능동적인 과정'이라고 정의했다. 이러한 '게슈탈트'는 생각, 감정, 행동이 유기적으로 연결된 패턴으로, 이러한 패턴이 제대로 형성되지 않으면 신경증이나 불안이 발생한다고 보았다.

게슈탈트 치료는 환자들이 자신의 현재 경험에 집중하고 억눌린 감정이나 욕구를 표현하도록 유도하여 자기 자신과 주변 환경과의 관계를 재구성하도록 돕는 치료 방법이다. 펄스는 전통적인 정신분석의 언어 중심적인 접근 방식 대신 직접적인 체험과 상호작용을 통해 문제를 해결하는 워크숍 방식을 선호했다.

프로이트 이후 심리 치료에 큰 영향을 미친 미국 심리학자 아서 자노프(Arthur Janov)의 원초적 치료는 초기 아동기 경험을 강조한다는 점에서 정신분석 치료와 유사하지만 여러 면에서 차이점을 보인다. 자노프의 이론은 프로이트의 초기 이론인 실제신경증과 유사하지만, 그는 역동적 심리학보다는 라이히나 펄스처럼 욕구가 일차적이고 소망은 욕구 충족 시 부차적인 것으로 보는 자연 심리학에 가깝다. 자노프의 이론은 프로이트의 이론과 표면적으로 유사해 보이지만 무의식과 유아기 성욕에 대한 엄밀한 심리학적 설명이 부족하다. 프로이트는 다양한 위험 상황의 계층을 설정했지만, 자노프는 아이의 인생에서 가장 중요한 사건은 부모의 사랑을 받지 못한다는 사실을 깨닫는 것이라고 생각했다. 자노프는 1970년에 출간된 《원초적 비명(The Primal Scream)》에서 원초적 치료가 어떤 면에서는 프로이트의 초기 아이디어와 기법으로 돌아갔다고 주장했다.

자노프(Arthur Janov)는 원초적 치료를 통해 초기 아동기 경험이 성인의 정신 건강에 미치는 영향에 주목했다. 그의 이론은 프로이트의 실제신경증 개념과 유사하지만 무의식보다는 인간의 기본적인 욕구 충족에 초점을 맞춘다는 점에서 차이가 있다. 자노프는 프로이트처럼 역동적인 무의식 과정보다는 라이히나 펄스처럼 인간의 본성에 기반한 자연 심리학(nature psychology, 인간의 행동을 자연 현상으로 이해하고 생물학적 욕구 충족을 강조하는 심리학적 접근)을 지지하여, 모든 정신적 고통의 근원을 부모의 사랑 결핍에서 찾았다. 하지만 그의 이론은 프로이트의 초기 아이디어와 일부 유사하면서도 무의식과 유아기 성욕에 대한 엄격한 심리학적 설명을 간과했다는 점에서 차이가 있는 것이다.

버클리대학교의 프레드릭 크루스(Frederick Crews)는 엘렌 배스(Ellen Bass)와 로라 데이비스(Laura Davis)가 공동 저술한 《치유를 위한 용기(The Courage to Heal)》(1988)가 성폭력 생존자들의 목소리를 대변하는 데 기여했다고 평가하면서도, 두 저자의 이론적 배경에 대한 비판적인 시각을 제시했다.

크루스는 프로이트의 초기 이론이 배스와 데이비스의 사상에 큰 영향을 미쳤다고 보았다. 특히 히스테리 환자들의 증상을 초기 아동기의 성적 학대 경험과 연결시키려 했던 시도가 두 저자의 이론에 반영되었다는 것이다. 크루스는 프로이트가 증상과 특정 성적 기억 사이의 단순한 인과관계를 설정하고 환자들이 초기 기억을 정확하게 회상할 수 있다고 믿었던 것이 문제의 시작이라고 지적한다.

그는 프로이트의 이러한 관점이 레노어 테르(Lenore Terr)와 같은 후대의 치료사들에게 영향을 미쳐 '회복된 기억'이라는 개념을 확산시키고, 이를 통해 무고한 사람들이 가해자로 오인되는 사태를 초래했다고 비판한다. 즉, 크루스는 프로이트의 이론이 잘못된 기억 회복이라는 현상을 낳는 데 일조했다고 보는 것이다.

정신과의사인 레노어 테르는 트라우마로 인해 잊혀진 기억이 나중에 떠오를 수 있다는 주장, 즉 '억압된 기억' 이론을 강력하게 지지해 왔다. 이 이론에 따르면, 갑작스러운 자극이나 치료를 통해 오래전의 충격적인 경험을 떠올릴 수 있다는 것이다.

테르는 이러한 이론을 바탕으로 프랭클린 사건에서 검찰 측 전문가로 나섰다. 조지 프랭클린은 20년 전 발생한 9살 소녀 수잔을 살인한 사건의 범인으로 지목되었는데, 유일한 증거는 피의자의 딸이 21년 만에 갑자기 떠올린 기억이었다. 테르는 이 딸의 기억이 억압되었다가 회복된 것이라고 주장하여 지방 법원이 프랭클린에게 유죄 판결을 내리는 데 결정적인 역할을 했다.

하지만 상급 법원은 억압된 기억만으로는 유죄를 입증하기 어렵다고 판단하고 이 판결을 뒤집었다. 이후 DNA 검사 결과 프랭클린의 무죄가 입증되면서 억압된 기억에 대한 논란은 더욱 커졌다. 이 사건으로 억압된 기억을 법정에서 증거로 사용하는 것에 대한 신뢰성에 의문이 제기되었다.

과학으로서의 정신분석

프로이트의 이론을 실증적으로 검증하려는 연구 프로젝트는 이 주제에 대한 방대한 문헌을 낳았다. 1930년경 미국의 심리학자들은 실험실에서 '억압'을 연구하기 시작했다. 1934년, 심리학자 사울 로젠즈윅(Saul Rosenzweig)이 억압에 관한 자신의 연구 자료를 프로이트에게 보냈을 때, 프로이트는 정신분석의 주장이 기반하는 '신뢰할 수 있는 관찰 자료'가 풍부하므로 '실험적 검증'이 필요 없다는 내용의 회신을 보냈다.

1977년, 시모어 피셔(Seymour Fisher)와 로저 P. 그린버그(Roger P. Greenberg)는 여러 연구 문헌을 분석한 결과 프로이트의 일부 개념이 실증적 증거에 의해 지지된다는 결론을 내렸다. 그들은 구강적 및 항문적 성격 유형, 남성 성격의 특정 측면에서 오이디푸스 요인의 역할, 여성과 남성의 성격 구조에서 사랑의 상실에 대한 상대적인 우려 차이, 그리고 동성애에 대한 불안이 편집증적 망상 형성에 미치는 영향 등에서 프로이트의 주장이 뒷받침된다고 확인했다.

그러나 동성애 발달에 대한 프로이트의 이론은 제한적이고 모호한 지지를 받았다. 또한 꿈이 주로 비밀스러운 무의식적 소망을 담고 있다는 그의 견해나 여성의 심리 역학에 대한 일부 주장은 연구 결과와 부합하지 않거나 모순되었다. 1996년 이 주제를 다시 검토한 결과 프로이트의 주요 개념과 이론을 뒷받침하는 실험적 데이터가 상당히 존재한다는 사실이 밝혀졌다.

심리학자이자 과학사학자인 말콤 맥밀란(Malcolm Macmillan)은 그의 저서 《프로이트 평가(Freud Evaluated)》(1991)에서 프로이트의 방법론으로는 정신 과정에 대한 객관적인 데이터를 도출할 수 없다고 결론지었다. 모리스 이글(Morris Eagle)은 임상 상황에서 얻어진 자료는 임상적 상호작용에 의해 인식론적으로 왜곡될 수 있어 정신분석 가설을 검증하는 데 신뢰할 만한 증거로서의 가치가 떨어진다고 주장했다.

리처드 웹스터(Richard Webster)는 1995년 저서《프로이트는 왜 틀렸는가(Why Freud Was Wrong)》에서 정신분석학을 역사상 '가장 복잡하고 성공적인' 사이비 과학 중 하나로 묘사했다. 크루스(Crews) 역시 정신분석학이 과학적이거나 치료적인 가치를 지니지 못한다고 주장했다.

하지만 시카고대학교의 커트 제이콥슨(Kurt Jacobsen)은 이러한 비판들이 정신분석과 과학의 본질에 대한 이해 부족에서 비롯된 것으로, 비평가들의 견해가 독단적이고 역사적 사실에 기반하지 않는다고 반박했다.

I.B. 코헨(I.B. Cohen)은 프로이트의《꿈의 해석》을 과학적 연구의 혁신적 업적 중 하나이자 책으로 출간된 마지막 과학적 금자탑으로 평가한다. 반면 앨런 홉슨(Allan Hobson)은 프로이트가 뇌생리학이 막 시작되던 시기에 19세기 꿈 연구자인 알프레드 모리(Alfred Maury)와 허비 드 생드니 후작(Marquis de Hervey de Saint-

Denis) 같은 학자들을 수사적으로 깎아내림으로써 과학적 꿈 이론의 발전을 50년간 지연시켰다고 주장한다. 꿈 연구자 G. 윌리엄 돔호프(G. William Domhoff) 역시 프로이트의 꿈 이론이 검증되었다는 주장에 대해 반박했다.

철학자 칼 포퍼(Karl Popper)는 프로이트의 정신분석 이론이 검증 불가능한 형태로 제시되었다고 주장했다. 하지만 아돌프 그륀바움(Adolf Grünbaum)은 1984년 저서 《정신분석의 기초(The Foundations of Psychoanalysis)》에서 포퍼의 주장이 틀렸으며, 프로이트의 많은 이론은 실제로 경험적으로 검증 가능하다고 반박했다. 한스 아이젠크(Hans Jurgen Eysenck) 등이 이러한 견해에 동의했다.

철학자 로저 스크루턴(Roger Scruton)은 1986년에 출판된 저서 《성적 욕망(Sexual Desire)》에서 포퍼의 주장을 거부하며, 검증 가능한 프로이트 이론의 예시로 억압 이론을 들었다. 그럼에도 불구하고 스크루턴은 정신분석학이 과도한 은유에 의존하고 있기 때문에 진정한 과학이 아니라고 결론지었다. 철학자 도널드 레비(Donald Levy)는 프로이트의 이론이 검증 가능하다는 그륀바움의 주장에 동의하지만 치료 성공만이 이론의 유일한 경험적 근거라고 주장하는 것은 잘못이라고 반박하며, 임상 사례 자료를 통해서도 훨씬 더 광범위한 경험적 증거를 제시할 수 있다고 주장했다.

미국 정신분석학자인 네이선 헤일(Nathan Hale)은 1965년부터 1985년까지 정신의학 분야에서 정신분석의 위상이 낮아졌다고 보고했다. 이러한 추세의 지속에 대해 하버드대학교 로스쿨 교수인 앨런 스톤(Alan A. Stone)은 "학문적인 심리학이 과학적 방법론을 강조하고 정신의학이 생물학적 관점에 더욱 기울면서 정신분석의 입지가 좁아지고 있다"고 지적했다.

폴 스테판스키(Paul Stepansky)는 정신분석이 인문학 분야에서 여전히 영향력을 미치고 있다는 점을 지적하면서도, 정신과 전공의들이 정신분석 훈련을 선택하는 비율이 매우 낮고 주요 대학 정신과 학과장들의 대부분이 정신분석 배경이 없다는 사실을 근거로 "이러한 역사적 추세는 미국 정신의학계에서 정신분석이 점차 주변화되고 있음을 보여준다"라고 결론지었다.

그럼에도 프로이트는 20세기 심리학자 중 세 번째로 많이 인용될 만큼 여전히 큰 영향력을 행사하고 있다. 또한 기존의 정통적인 견해를 넘어 새로운 아이디어와 연구가 등장하면서 인문학, 신경과학을 비롯한 다양한 학문 분야에서 정신분석이 과학적 방법론과 인문학적 통찰력을 모두 아우르는 학문으로서 여전히 현대사회에 중요한 시사점을 제공하고 있음을 보여주고 있다.

신경과학자이자 정신분석학자인 마크 솜스(Mark Solms)가 창시한 신경정신분석(neuropsychoanalysis)은 뇌과학적 연구를 통해 프로이트의 정신분석 이론을 뒷받침하려는 새로운 학문 분야로, 논란의 중심에 서 있다. 일부 정신분석학자들은 이 개념 자체에 대해 비판적인 입장을 보이지만, 솜스와 그의 동료들은 리비도, 욕망, 무의식, 억압과 같은 프로이트의 개념들이 뇌의 특정 구조와 연관이 있다는 뇌과학적 발견을 제시하며 이러한 연구 결과가 프로이트의 이론과 대체로 일관성을 보인다고 주장했다.

프로이트의 이론을 지지하는 신경과학자들로는 데이비드 이글먼(David Eagleman)과 노벨상 수상자 에릭 캔델(Eric Kandel)이 있다. 이글먼은 프로이트의 이론은 뇌의 숨겨진 상태가 생각과 행동을 유발하는 방식에 관한 최초의 탐구로 정신의학에 혁신을 일으켰다고 평가했고, 캔델은 "정신분석학은 여전히 정신에 대한 가장 일관되며 지적으로 만족스러운 관점"을 제공한다고 주장했다.

철학

　정신분석학은 급진적이면서도 보수적인 학문으로 해석되어 왔으며 그 평가에는 많은 차이가 있다. 1940년대에 이르러 유럽과 미국의 지식인들 사이에서는 정신분석학이 보수적이라는 인식이 자리잡기 시작했다. 정치적 좌우를 막론하고 정신분석학 외부의 비평가들은 프로이트를 보수주의자로 간주했다.

　에리히 프롬은 1942년《자유에 대한 두려움(The Fear of Freedom)》에서 정신분석 이론이 권위주의적인 정치적 반동을 정당화할 수 있다고 주장했는데, 이러한 평가는 우파 성향의 동조적인 작가들에 의해 확인되기도 했다. 사회학자 필립 리프(Philip Rieff)는 1959년《프로이트 : 도덕주의자의 정신(In Freud : The Mind of the Moralist)》에서 프로이트를 불가피한 인간의 불행을 받아들이고 그 속에서 최선을 다할 것을 권고한 인물로 묘사하며, 그 점에서 프로이트를 높이 평가했다.

　1950년대에 허버트 마르쿠제(Herbert Marcuse)는《에로스와 문명(Eros and Civilization)》(1955)에서 당시 프로이트를 보수적으로 해석하던 지배적인 견해에 도전했다. 라이오넬 트릴링(Lionel Trilling)의

《프로이트와 우리 문화의 위기(Freud and the Crisis of Our Culture)》와 노먼 O. 브라운(Norman O. Brown)의 《죽음에 대항하는 삶(Life Against Death)》(1959)도 프로이트에 대한 새로운 해석을 제시하며 이러한 비판적 흐름에 동참했다. 특히 마르쿠제는 프로이트와 칼 마르크스가 서로 다른 관점에서 유사한 문제를 다루고 있다고 주장하여 좌파 지식인들 사이에 큰 반향을 일으켰다. 그는 죽음 본능과 같은 프로이트의 비관적 이론들이 유토피아적인 방향으로 재해석될 수 있다면서 신프로이트주의 수정주의가 그러한 이론들을 폐기한 것을 비판했다. 이처럼 프로이트의 사상은 다양한 학자들에 의해 재해석되면서 프랑크푸르트 학파를 비롯한 비판 이론 전반에 지대한 영향을 끼쳤다.

빌헬름 라이히(Wilhelm Reich)는 프로이트가 정신분석학에 기여한 바를 마르크스가 경제학에 미친 영향과 비견할 만하다고 보았다. 폴 로빈슨(Paul Robinson) 역시 프로이트의 20세기 사상에 대한 기여를 마르크스의 19세기 사상에 대한 기여와 유사한 수준으로 평가했다.

에리히 프롬은 프로이트, 마르크스, 아인슈타인을 '현대문명의 설계자'라고 부르면서도 마르크스가 역사적으로 더 중요하며 더 뛰어난 사상가라고 주장했다. 그럼에도 프롬은 프로이트가 인간 본성에 대한 이해를 근본적으로 변화시켰다는 점을 높이 평가했다.

질 들뢰즈(Gilles Deleuze)와 펠릭스 가타리(Félix Guattari)는 그들의 저서 《반－오이디푸스(Anti-Oedipus)》(1972)에서 정신분석학이 초기에 왜곡되기 시작했다고 주장하며, 그 원인을 프로이트의 오이디푸스 콤플렉스 이론에서 찾았다. 그들은 이 이론이 개인의 내면에만 초점을 맞춘 이상주의적 관점으로, 정신분석의 왜곡을 초래했다고 비판했다.

장 폴 사르트르는 《존재와 무(Being and Nothingness)》(1943)에서 프로이트의 무의식 이론을 비판하고 의식은 본질적으로 자의식을 동반하는 것이라며 무의식의 개념을 거부했다. 반면, 모리스 메를로-퐁티(Maurice Merleau-Ponty)는 프로이트를 현상학의 선구자로 간주하면서 그가 인간 경험에 대한 깊은 통찰을 제공했다고 평가했다. 그러나 테오도르 W. 아도르노(Theodor W. Adorno)는 현상학의 창시자 에드먼드 후설(Edmund Husserl)을 프로이트의 철학적 반대자로 보았다. 아도르노는 후설의 심리주의 비판이 실제로는 정신분석학을 겨냥한 것이라고 주장했다.

폴 리쾨르(Paul Ricœur)는 프로이트를 마르크스, 니체와 함께 인간 의식의 '거짓과 환상'을 드러낸 세 명의 '의심의 철학자' 중 하나로 묘사했다. 리쾨르와 위르겐 하버마스(Jürgen Habermas)는 '해석학적 프로이트'를 제안하면서, 프로이트가 인간의 주관성과 해석의 중요성을 강조한 현대 인문학의 초석을 다졌다고 보았다. 루이 알튀세르(Louis Althusser)는 프로이트의 '과잉 결정(overdetermination)' 개념을 차용하여 마르크스의 《자본론》을 새롭게 해석했다. 한편, 장 프랑수아 리오타르(Jean-François Lyotard)는 프로이트의 꿈 해석 이론을 뒤집는 무의식 이론을 발전시켜 새로운 해석의 지평을 열기도 했다.

많은 학자들은 프로이트의 정신분석 이론이 플라톤의 철학과 놀라운 유사성을 보인다고 생각한다. 꿈에 대한 해석과 인간 정신을 세 가지 요소로 나누는 방식에서 공통점을 찾을 수 있지만 각 요소가 갖는 위계는 정반대라는 점이 흥미롭다는 것이다.

어니스트 겔너(Ernest Gellner)는 프로이트의 이론이 플라톤의 이론을 뒤집어 놓은 것이라고 주장했다. 플라톤이 현실에 고정된 위계를 통해 사회 질서를 정당화하려 했다면, 프로이트는 인간의 본성을 과학적으로 탐구했다는 것이다. 둘 다 인간의 정신과 사회 구조 사이의 연관성을 강조했지만, 플라톤은 사회 지배층에 해당하는 초자아를 강조한 반면, 프로이트는 개인의 자율성을 대변하는 자아를 강조했다는 것이다.

폴 비츠(Paul Vitz)는 프로이트의 정신분석이 토마스 아퀴나스의 사상과 뜻밖의 공통점을 가지고 있다고 주장했다. 아퀴나스 역시 무의식적인 욕구와 욕망에 대한 개념을 가지고 있었고, '리비도'와 유사한 개념을 사용했다. 비츠는 프로이트가 아퀴나스의 사상에 영향을 받았을 가능성을 제시하며 두 철학자의 사상이 인간의 내면세계를 이해하는 데 있어 공통적인 지점을 가지고 있음을 역설했다.

문학 및 문예 비평

1940년, W. H. 오든(W. H. Auden)은 자신의 시집 《또 다른 시간 (Another Time)》에 실린 〈지그문트 프로이트를 추모하며(In Memory of Sigmund Freud)〉라는 시에서 프로이트가 "우리가 각기 다른 삶을 살아가는 데 영향을 미치는 하나의 여론을 만들어냈다"고 묘사했다.

문학비평가 해롤드 블룸(Harold Bloom)도 프로이트의 사상에 큰 영향을 받았다. 카밀 파글리아(Camille Paglia) 역시 프로이트를 '니체의 후계자'이자 문학사상 가장 위대한 성 심리학자 중 한 명으로 평가하며 그의 사상에 공감했지만, 1990년 저서 《성적 페르소나(Sexual Personae)》에선 프로이트의 이론을 과학으로 보는 시각에 대해 다음과 같이 강하게 반대했다

"프로이트의 후계자들은 프로이트가 과학적 연구를 수행했다고 생각하겠지만, 실제로 그는 예술 작품을 창작한 것과 같다."

페미니즘

프로이트의 명성이 쇠퇴한 원인에는 페미니즘의 부흥이 한몫한 것으로 보인다. 시몬 드 보부아르(Simone de Beauvoir)는 1949년에 출간된 저서 《제2의 성(The Second Sex)》에서 실존주의적 관점에서 정신분석을 비판하며, 프로이트가 제시한 남성의 '원초적 우월성'을 실제로는 사회적 요인에 의해 만들어진 것으로 보았다고 주장했다. 베티 프리단(Betty Friedan)은 1963년에 출간된 저서 《여성의 신비(The Feminine Mystique)》에서 프로이트와 그의 빅토리아 시대적

여성관을 비판했다.

케이트 밀렛(Kate Millett)은 프로이트의 남근 선망 개념을 공격했으며, 1970년에 출간된 저서 《성의 정치학(Sexual Politics)》에선 프로이트를 혼란과 과오를 저지른 인물이라고 비난했다. 1968년, 앤 코에트(Anne Koedt)는 그녀의 에세이 《질 오르가즘의 신화(The Myth of the Vaginal Orgasm)》에서 다음과 같이 썼다.

프로이트는 여성을 남성에 대해 부차적이고 열등한 관계에 놓인 존재로 보았으며, 이러한 관점이 그의 여성성에 대한 이론의 기초를 이루었다. 그는 여성의 불감증 문제를 크게 인식하고, 이를 해결하기 위한 치료법으로 정신과 치료를 권장했다. 프로이트는 여성이 자신의 '자연스러운' 역할에 정신적으로 적응하지 못해 불감증을 겪는다고 보았던 것이다.

나오미 와이즈스타인(Naomi Weisstein)은 프로이트와 그의 추종자들이 '수년 간의 집중적인 임상 경험'이 과학적 엄밀성을 보장해 주는 것으로 착각했다고 비판했다.

슐라미스 파이어스톤(Shulamith Firestone)과 에바 피게스(Eva Figes)

도 프로이트의 이론을 비판했다. 파이어스톤은 1970년에 출판된 저서 《성의 변증법(The Dialectic of Sex)》에서 프로이트를 오히려 시인에 근접한 것으로 간주하여, 그의 이론이 문자 그대로의 진실보다는 은유에 가깝다고 보았다. 파이어스톤은 프로이트가 성이 현대사회의 중심적인 문제임을 인식했지만 성의 사회적, 역사적 측면을 고려하지 않고 가족 내 권력이라는 맥락에서만 그의 '은유'를 해석했다고 주장했다.

피게스(Figes)는 1970년에 출판된 《가부장적 태도(Patriarchal Attitudes)》에서 프로이트의 사상을 당대의 지적 흐름과 연결하여 해석했다. 하지만 줄리엣 미첼(Juliet Mitchell)은 1974년에 출판된 《정신분석학과 페미니즘(Psychoanalysis and Feminism)》을 통해 페미니스트 비평가들이 프로이트를 오해하여 정신분석 이론이 페미니즘에 던진 시사점을 간과하고 있다며 프로이트를 옹호했다.

캐롤 길리건(Carol Gilligan)은 발달심리학자들이 여성을 남성의 그림자처럼 묘사한다고 말하며 이러한 경향이 프로이트 시대부터 시작되었다고 주장했다. 프로이트가 여성의 도덕성, 특히 정의감을 부정적으로 평가한 것을 문제 삼았는데, 이러한 시각은 장 피아제(Jean Piaget)와 로렌스 콜버그(Lawrence Kohlberg)와 같은 후대 학자들의 연구에서도 여전히 발견된다고 지적했다.

반면, 낸시 초더로(Nancy Chodorow)는 성별 차이의 근본 원인을 생물학적 차이가 아닌 남녀 아이들이 경험하는 초기 사회 환경의 차이에서 찾았다. 그녀는 프로이트의 여성에 대한 부정적인 시각을 비판하고 여성의 심리를 더욱 긍정적이고 주체적인 관점에서 설명하고자 노력했다

심리학자이자 종교학자인 주디스 반 헤릭(Judith Van Herik)은 프로이트가 종교와 성별을 연결하여 분석한 연구에서 여성성과 취약함을 기독교의 소망 충족과 연결짓고, 남성성과 규율을 유대교와 연관짓는 편견을 드러냈다고 지적했다.

듀크대학교의 토릴 모이(Toril Moi) 교수는 정신분석을 페미니즘적 관점에서 재해석하여 인간이 타인과의 관계 속에서 느끼는 소외감, 성별에 따른 차별, 그리고 죽음에 대한 불안이라는 세 가지 근본적인 정신적 상처를 이해하려는 학문이라고 주장한다. 모이는 프로이트의 '거세 공포' 개념 대신 남녀 모두에게 적용되는 '피해자화(victimization)'라는 개념을 제시하면서, 이를 통해 인간이 유한하고 고립된 존재라는 사실을 인식하고 이에 따라 거치는 심리

적 변화 과정을 설명한다.

대중문화 속의 프로이트

지그문트 프로이트는 영화와 TV 드라마의 주요 소재로 자주 등장하는 인물이다. 그중 1962년에 개봉한 존 휴스턴 감독의 영화 〈프로이트 : 비밀의 열정(Freud : The Secret Passion)〉은 몽고메리 클리프트가 주연을 맡아 프로이트의 초기 삶을 드라마틱하게 그려냈다. 장 폴 사르트르가 집필한 각본을 바탕으로 제작된 이 영화는 1885년부터 1890년까지 프로이트가 정신분석 이론을 정립해 나가는 과정을 다루며, 다양한 실제 사례와 인물들을 융합하여 극적인 효과를 나타냈다는 평을 들었다.

1984년, 영국 BBC는 데이비드 수셰를 주연으로 6부작 드라마 〈프로이트 : 꿈의 생애(Freud : the Life of a Dream)〉를 제작했다.

연극 〈말하는 치료(The Talking Cure)〉와 그 뒤에 영화화된 〈위험한 방법(A Dangerous Method)〉은 프로이트와 카를 융 사이의 갈등을 중심으로 이야기를 펼친다. 두 작품 모두 크리스토퍼 햄튼

(Christopher Hampton)이 쓴 작품으로, 존 커(John Kerr)의 논픽션 《가장 위험한 방법(A Most Dangerous Method)》을 바탕으로 제작되었다. 비고 모텐슨이 프로이트 역을, 마이클 패스벤더가 융 역을 맡아 열연했다.

  소설에서 프로이트를 독특하게 활용한 대표적인 예로는 니콜라스 메이어(Nicholas Meyer)의 《7퍼센트 솔루션(The Seven-Per-Cent Solution)》을 들 수 있다. 이 작품은 프로이트와 셜록 홈즈의 만남을 통해 프로이트가 홈즈의 코카인 중독을 치료하는 과정을 그린다. 2020년에는 젊은 프로이트가 살인 사건을 해결한다는 내용의 오스트리아-독일 드라마 〈프로이트〉가 방영되었는데, 프로이트가 초자연적인 능력을 가진 영매의 도움을 받는다는 설정 때문에 실제 프로이트의 회의적인 성격과 다르다는 비판을 받았다. 2006년 제드 루벨펜드(Jed Rubenfeld)의 소설 《살인의 해석(The Interpretation of Murder)》 역시 프로이트를 등장시켜 흥미로운 해석을 시도했다.

  마크 세인트 저메인(Mark St. Germain)의 연극 〈프로이트의 마지막 세션(Freud's Last Session)〉(2009년)은 제2차 세계대전이 발발하기 직전인 1939년, 런던 햄스테드에 위치한 프로이트의 집에서 40세의 C. S. 루이스와 83세의 프로이트가 만나는 가상의 상황을 그린 작품이다. 이 연극은 종교가 신경증의 징후인지에 대한 두 사람의 논쟁을 중심으로 펼쳐진다. 이 작품은 아르만 니콜리(Armand Nicholi)의 논픽션 서적《신의 질문 : C. S. 루이스와 지그문트 프로이트, 신, 사랑, 섹스, 그리고 삶의 의미를 논하다(The Question of God: C. S. Lewis and Sigmund Freud Debate God, Love, Sex, and the Meaning of Life)》에서 영감을 얻었으며, 4부작 PBS 시리즈에도 영향을 미쳤다.

1983년 영화 〈러브식(Lovesick)〉에서 알렉 기네스는 프로이트의 유령이 되어 더들리 무어에게 황당하면서도 기발한 연애 비법을 전수하며 코믹한 활약을 펼친다. 1989년 영화 〈빌과 테드의 끝내주는 모험(Bill & Ted's Excellent Adventure)〉에서 로드 루미스가 연기한 프로이트는 다양한 역사적 인물들과 함께 등장하여 시간 여행을 떠난 주인공들에게 역사 보고서 작성을 돕는 등 생동감 넘치는 활약을 펼친다.

Freud

Freud

"꿈의 해석은

정신의 무의식적 활동에 대한 지식으로 가는 왕도이다.

꿈속에서 정신은 평소의 억제에서 벗어나

논리나 도덕의 제약을 고려하지 않고

자유롭게 자신을 표현한다."

※일러두기 : 제2장의 글은 가독성을 위해 직역한 것도 있고, 의역한 것도 있고, 초역(抄譯)한 것도 있고, 이해도를 높이기 위해 내용을 조금 덧붙인 것도 있고, 축약한 것도 있습니다. 학술 논문에 인용되기엔 적합지 않다는 점을 밝혀둡니다.

프로이트의
아포리즘

01

정신 구조

"프로이트의 위대함은
인간 정신의 심연을 두려움 없이 탐구한 데 있다."

– 한나 아렌트(Hannah Arendt)

무의식(無意識)

■ 트라우마를 경험하는 사람의 반응은, 예를 들어 복수(復讐)와 같은 적합한 반응일 경우에만 완전한 카타르시스를 경험할 수 있다. 하지만 언어는 행동의 대체물로 작용하며, 그 도움으로 감정*은 거의 동일한 효과로 '해소'될 수 있다. 다른 경우에는 말하는

일러두기 심리학에선 'affect'가 단순한 감정 이상 – 감정(feeling), 정서(emotion), 기분(mood)에 대한 잠재된 경험 – 을 의미하는 경우가 많기 때문에 상황에 따라 '정동(情動)'으로 번역하는 것이 보통이지만 이 책은 비전공자를 주 대상으로 하므로 익숙하지 않은 '정동'이란 용어 대신에 '감정'으로 표시하기로 합니다.

것 자체가 적절한 반응이 될 수 있는데, 예를 들어 애도하거나, 괴로운 비밀을 털어놓는 것, 즉 고백 같은 경우이다. 이러한 반응이 행동이나 말, 또는 아주 사소한 경우에는 눈물로라도 나타나지 않으면 그 사건에 대한 트라우마는 처음부터 오랫동안 유지될 것이다. -《히스테리 연구》(1895)

■ 마음은 욕망이 밖으로 분출될 수 없는 폐쇄된 시스템이기 때문에 욕망은 억압될 뿐 완전히 사라지지는 않는다. -《꿈의 해석》(1899)

■ 이 체계에서 '무의식(無意識, unconscious)'과 '전의식*'(前意識, preconscious)은 소망이 충족시켜야 하는 기관 또는 권위체(權威體, Instanzen)이다. 무의식은 더 관대하여 소망이 전의식의 검열을 우회하여 통과하도록 돕는다. 그 결과 정신적 에너지는 수면을 방해하지 않고 방출된다. -《꿈의 해석》(1899)

■ 우리는 유아기 기억상실, 즉 생의 첫 몇 년을 기억하지 못하는 현상을 너무 당연하게 여기는 경향이 있다. 하지만 네 살짜리 아

---

*전의식 : 의식과 무의식 사이에 위치하며, 노력하면 의식할 수 있지만 현재 의식하지 않고 있는 기억이나 생각들을 포함하는 정신 영역.

이가 이미 놀라운 지적 능력과 복잡한 감정을 경험한다는 점을 고려할 때, 이는 풀리지 않는 수수께끼라고 할 수 있다. 잊혀진 유년기의 경험들이 성장과정에 지대한 영향을 미치는데, 왜 우리는 이러한 심리적 과정을 거의 기억하지 못할까? 이 질문에 대한 깊이 있는 성찰이 필요하다. -《일상생활의 정신병리학》(1901)

■ 다음과 같은 경우에는 퇴화라고 말하는 것이 적절치 않아 보인다. (1) 정상에서 크게 벗어난 사례가 많지 않은 경우, (2) 업무 및 생활 능력이 전반적으로 현저하게 손상되지 않은 경우. -《성욕에 관한 세 편의 에세이》(1905)

■ 긍정적인전이(轉移, transference), 즉 양성전이(陽性轉移)는 의식적으로 인지되는 우호적이거나 애정 어린 감정의 전이, 무의식으로 이어지는 더 깊은 수준의 감정의 전이로 나눌 수 있다. 분석 결과 이러한 무의식적인 감정들은 대부분 성적인 욕구에서 비롯된 것으로 밝혀졌다. 우리가 삶에서 소중하게 여기는 동정, 우정, 신뢰와 같은 감정적 유대는 모두 근본적으로 성적인 욕구에서 비롯된 것으로 보인다. 우리는 이러한 감정들을 순수하고 고귀한 것으로 여기지만, 정신분석은 이것들이 원초적인 성적 욕구가 변형된 형태라는 것을 밝혀냈다. 즉 우리가 존경하거나 좋아하는 사람들에

대한 감정 속에도 무의식적인 성적인 끌림이 숨어 있을 수 있다는 것이다. - 〈편집증 사례에 대한 자전적 기록에 대한 정신 분석적 메모 (슈레버 사례)〉(1911)

■ 메더(Meader)는 결혼식 전날 웨딩드레스를 입어보는 것을 잊어 버린 한 여성에 대해 이야기하며, 그녀가 저녁 늦게서야 이 사실을 기억해 내는 바람에 드레스 제작자가 절망에 빠졌다고 말한다. 그는 이 건망증을 그녀가 곧 남편과 이혼한 사실과 연결한다.

나는 결혼 후에도 재정 관련 서류에 처녀 때의 이름으로 자주 서명했던 여성을 알고 있다. 그녀는 나중에 남편과 이혼했다. 신혼여행 중 결혼반지를 잃어버려 결혼 생활에 문제가 생긴 여성들도 알고 있다. 그리고 또 하나의 눈에 띄는 사례가 있다. 유명한 독일 화학자가 결혼식 시간을 잊고 교회 대신 실험실에 가는 바람에 결혼식이 성사되지 않았다. 그는 단 한 번의 결혼 시도에 만족할 만큼 현명했고, 평생 결혼하지 않고 장수했다. -《정신분석 입문 강의》(1917)

■ 말실수는 의도하지 않았다 해도 의도했던 내용과 깊이 연결되어 있을 수 있다. 예를 들어 실수로 나온 말이 의도했던 말과 모

순되거나, 오히려 그것을 더 잘 설명해 주는 경우가 있다. 하지만 더 흥미로운 경우로, 실수로 나온 말이 의도했던 말과 전혀 상관 없는 경우도 있다. -《정신분석 입문》(1917)

■ 우리는 의식되기 이전에 존재하던 생각의 상태를 '억압'이라고 부른다. -《자아와 이드》(1923)

■ 과거에는 우리가 원하는 것을 상상하기만 해도 실제로 이루어 질 수 있다고 믿었던 원시적인 정신상태가 있었던 것으로 생각할 수 있다. 이는 마치 꿈속에서 원하는 모든 것이 실현된다고 여기는 것과 같다. 사람은 어떤 것을 원할 때, 처음에는 상상을 통해 그 만 족감을 느끼고 이후 그 경험을 반복하려 한다. -《꿈의 해석》(1899)

■ 꿈을 통해 드러난 무의식을 통해서만 우리는 인간을 온전히 이 해할 수 있다. 프로이트가 푸트남(James Jackson Putnam)에게 말했다. "우리는 과거의 경험들이 만들어 낸 존재입니다." -《꿈의 해석》(1899)

■ 우리의 정신 속에 자리잡은 것은 결코 사라지지 않는다. -《꿈 의 해석》(1899)

114

■ 어떤 사람의 무의식은 의식을 거치지 않고도 다른 사람의 무의식에 영향을 미칠 수 있다. -〈편집증 사례에 대한 자서전적 기록에 대한 정신분석적 메모(치매 편집증 환자)〉(1911)

■ 표현되지 않은 감정은 결코 사라지지 않는다. 그것들은 산 채로 묻혀 있다가 나중에 더 추악한 모습으로 나타난다. -《정신분석 입문 강의》(1917)

■ 무의식은 의식을 포함하는 더 큰 영역으로, 모든 의식적인 경험은 무의식에서 시작된다. 하지만 무의식은 단순히 의식의 전(前) 단계가 아니라 그 자체로 완전한 정신 활동이다. 더 정확히 말하자면 무의식은 진정한 정신적 실체이다. 무의식의 본질은 외부 세계를 파악하는 만큼 직접적일 수는 없기 때문에 파악하기 어렵다. 외부 세계를 인식하려면 감각기관을 이용해야 하는 것처럼, 무의식을 불완전하게나마 이해하려면 의식이라는 창을 통해야 하는 것이다. -《꿈 심리학》(1920)

■ 누구나 다른 사람에게 말하고 싶지 않은, 심지어 자기 스스로 인정하고 싶지 않은 바람이 있다. -《꿈 심리학》(1920)

■ 낮에 떠올랐던 걱정은 그 자체로는 욕망이 아니었지만, 어떤 방식으로든 억압된 어린 시절의 무의식적 욕망과 연결되어 이를 통해 의식 속에 드러나게 된 것이다. 즉 걱정이라는 감정 뒤에는 억눌린 욕망이라는 원인이 숨어 있다. ─《꿈 심리학》(1920)

■ 우리가 느끼는 고통 대부분은 외부 세계의 자극이나 내면의 욕구 불만족에서 비롯된다. 즉, 우리의 정신이 외부의 위협이나 내면의 갈등을 인지하고 이를 해석하는 과정에서 고통이 생성되는 것이다. ─《쾌락 원칙을 넘어서》(1920)

■ 우리는 억압 이론을 통해 무의식이라는 개념을 이해하게 된다. 우리의 마음 속에는 의식되지 않은 부분이 존재하는데, 이를 크게 두 가지로 나눌 수 있다. 하나는 잠재되어 있다가 적절한 조건이 되면 의식될 수 있는 무의식이고, 다른 하나는 억압되어 있어 일반적인 방법으로는 의식에 접근하기 어려운 무의식이다. ─《자아와 이드》(1923)

■ 많은 범죄자, 특히 청소년들은 범행을 저지르기 전부터 깊은 죄의식에 시달리는 경우가 많다. 이는 마치 무의식 속에 잠재된 죄책감을 외부로 표출시켜 현실적인 문제로 만들어 버림으로써 일

시적인 안도감을 얻고자 하는 것처럼 보인다. −《자아와 이드》(1923)

■ 인류가 극복했다고 여겨 온 모든 잘못된 미신은 문명화된 사회의 가장 낮은 곳부터 가장 높은 곳까지 뿌리 깊게 남아 있다. 한 번 생겨난 미신은 끈질긴 생명력을 지닌 듯 사라지지 않아, 원시시대의 '용'들이 아직도 어딘가에 살아 있을지도 모른다는 생각이 들 정도이다. −〈종료 가능 및 종료 불가능한 분석〉(1937)

■ 사소한 결정을 내릴 때는 항상 장단점을 모두 고려하는 것이 현명하다는 것을 깨달았다. 하지만 배우자나 직업을 선택하는 것과 같은 중대한 문제에서는 무의식, 즉 우리 내면 깊은 곳에서 결정이 내려져야 한다. 개인의 삶에서 중요한 결정을 내릴 때는 우리 본성의 깊은 내적 욕구를 따라야 한다고 생각한다. −시어도어 라이크 저《제3의 귀로 듣기 : 정신 분석가의 내면 경험》(1948)에 인용

■ 나 이전의 시인과 철학자들이 무의식의 존재를 깨달았다면, 나는 그 무의식을 과학적으로 탐구하는 방법을 발견했다고 할 수 있다. −프로이트가 1926년 70세 생일을 맞아 한 말. 라이어넬 트릴링의 저서《자유로운 상상력》(1950)에 인용됨.

의식(意識)

■ 자기 자신에게 완전히 솔직해지는 것은 좋은 연습입니다. -빌 헬름 플리스에 보낸 편지(1897)

■ 양심은 우리 내면 깊숙이 자리한 도덕적 판단 기준으로, 개인 의 욕망과 충돌할 때 느끼는 죄책감이나 불안감과 같은 감정을 통해 자신을 통제하고 사회적 규범에 맞춰 행동하도록 이끄는 내 면의 목소리이다. -《토템과 터부》(1913)

■ 우리가 잊고 있던 과거의 정신상태는 언제든지 다시 활성화되 어 우리의 행동을 지배할 수 있다. 마치 이전의 모든 발달이 무효 화되어 원시적인 상태로 되돌아간 것처럼 말이다. 인간의 정신은 이처럼 과거로 회귀하는 놀라운 유연성을 가지고 있지만, 한 번 잃어버린 고차원적인 기능은 다시 얻기 어렵다. 하지만 가장 깊은 곳에 자리 잡은 원초적인 정신은 결코 사라지지 않기 때문에 언제 든지 다시 나타날 수 있는 것이다. -《전쟁과 죽음에 관한 생각》(1915)

■ 우리는 어떤 일에 지나치게 집중하면 오히려 실수를 더 많이 한다는 것을 경험적으로 알 수 있다. 긴장된 상태에서 더욱 실수

하기 쉬운 것처럼 정확하게 해내려고 애쓸수록 실수할 확률이 높아진다. 이러한 현상을 '흥분'의 효과라고 부르지만, 왜 흥분이 원하는 목표에 대한 집중력을 방해하는지 그 이유는 아직 명확하게 밝혀지지 않았다. ―《정신분석 입문》(1917)

■ 내가 확실히 아는 한 가지는 인간이 가치를 판단할 때 결국 자신이 행복하기를 바라는 마음에 근거한다는 것이다. 즉, 인간은 자신의 희망이나 기대를 정당화하기 위해 논리적인 근거를 찾는다는 것이다. ―《문명 속의 불만》(1930)

■ 아이들은 아직 인간과 동물 사이에 큰 차이가 있다는 것을 명확하게 인식하지 못거나, 인식하더라도 어른들만큼 그 차이를 중요하게 생각하지 않는다. ―《억압, 증상 및 불안》(1936)

■ 개인과 대중은 과거의 경험을 무의식 속에 기억으로 남긴다는 점에서 거의 완벽하게 일치한다. 개인의 경우 초기 경험에 대한 기억 흔적이 남아 있지만, 이는 특수한 심리적 상태에 놓여 있다. 개인은 억압된 기억을 무의식적으로 알고 있다고 할 수 있다. 분석을 통해 쉽게 증명할 수 있듯이 어떤 것이 잊혔다가 다시 떠오르는 과정을 우리는 알고 있다. 잊힌 기억은 사라진 것이 아니

라 단지 '억압'된 것일 뿐, 그 흔적은 여전히 원래의 신선함을 유지한 채 기억 속에 존재한다. 그러나 이 기억들은 '역투사(counter-cathexes)*'에 의해 분리되어 다른 지적 과정들과 연결되지 못하고, 의식적으로 접근할 수 없다. 가끔 억압된 기억의 일부가 이 과정을 벗어나 기억에 접근할 수 있게 되어 때로는 의식 속에 떠오르기도 하지만, 그 경우에도 다른 생각들과 분리되어 이질적인 느낌을 준다. ─《모세와 유일신교》(1939)

■ 의식은 태양 아래 춤추듯 솟아올랐다가 곧 깊은 무의식의 바다로 다시 스며드는 분수와 같다. ─〈뉴욕타임스〉에 실린 프로이트의 부고 기사에서 인용(1939년 9월 24일자).

이드(id)

■ 우리는 굶주린 말에게 어느 정도의 귀리를 먹이로 주지 않고는 그 동물에게 어떤 일도 기대할 수 없다고 생각해야 한다. ─〈정신

---

*역투사(counter-cathexes) : 억압된 무의식적 내용이 의식으로 떠오르지 못하도록 막는 심리적 방어기제를 의미함.

분석에 관한 5가지 강의〉(1909)

■ 강력한 억제는 동등하게 강한 충동에 대해서만 작용할 수 있다. 아무도 원하지 않는 일은 저절로 배제되기 때문에 금지할 필요가 없다. "살인하지 말라"는 계명은 우리가 수많은 살인자의 긴 세대를 거쳐 내려온 후손이라는 사실을 강조한다. 살인에 대한 욕망이 그들의 피에 섞여 있었던 것처럼 어쩌면 우리 피에도 흐르고 있을 수 있다. 인류 역사를 통해 얻은 중요한 성과인 윤리적 노력은 우리에게 유전적으로 전해진 것이지만 그 정도는 사람마다 다를 수 있다. ─《전쟁과 죽음에 관한 생각》(1915)

■ 아이들은 인형이 살아날까 봐 겁내기는커녕, 오히려 그렇게 되기를 기대한다. ─〈두려운 낯설음〉(1919)

■ 우리는 쾌락과 고통을 정신적 흥분의 양과 연관지어 생각하기로 했다. 즉 정신적 흥분이 증가하면 고통을 느끼고 감소하면 쾌락을 느낀다고 본 것이다. ─《쾌락 원칙을 넘어서》(1920)

■ 많은 문명인은 살인이나 근친상간은 끔찍하게 여기지만 탐욕, 공격성, 성욕을 채우는 데는 거리낌이 없다. 또한 처벌만 받지 않

는다면 거짓말, 사기, 비방으로 타인에게 해를 입히는 것도 서슴지 않는다. 이러한 현상은 다양한 문화와 시대를 통틀어 반복되어 왔다. -《환상의 미래》(1927)

■ "이웃을 네 몸처럼 사랑하라"는 계명은 인간의 본래적인 성향에 가장 크게 반하는 명령이기 때문에 더욱 정당화되는 것이다. -《문명 속의 불만》(1930)

■ 인간은 대비를 통해서만 강렬한 즐거움을 느끼고, 어떤 상태 그 자체로는 아주 적은 즐거움만을 얻는다. -《문명 속의 불만》(1930)

■ 이드가 있는 곳에 자아가 있다. -《새로운 정신분석 입문 강의》(1933)

■ 나는 여러분이 이드에 대한 새로운 명칭 외에 특별히 새로운 설명을 기대하지 않으리라 생각한다. 이드는 우리의 성격 중 어둡고 접근하기 어려운 부분이다. 우리가 이드에 대해 알고 있는 것은 주로 꿈-작업과 신경증 증상 연구를 통해 얻은 지식에 기반하고 있는데, 그 대부분은 부정적인 성격을 띠며 자아와의 대비로만 설명될 수 있다. 우리는 이드를 이해하기 위해 비유를 사용한다. 마치 끓어오르는 흥분으로 가득 찬 혼돈의 가마솥과 같다

고 할 수 있다. 이드는 신체적 자극에 열려 있으며, 이러한 자극에서 비롯된 본능적 욕구를 받아들여 심리적으로 표현한다. 그것이 어떤 심리적 기반을 가졌는지는 분명치 않다. 이드는 본능에서 비롯된 에너지로 가득 차 있지만, 조직화되지 않고 집단적인 의지를 형성하지 않으며, 오직 쾌락 원칙에 따라 본능적 욕구를 충족시키려 한다. 논리적 사고의 법칙들은 이드에 적용되지 않는데, 특히 모순의 법칙은 전혀 적용되지 않는다.

이드에는 부정의 개념이 존재하지 않는다. 또한, 우리는 이드가 '모든 정신 활동은 시간과 공간이라는 틀 안에서 이루어진다'라는 칸트의 철학적 명제에 적용되지 않는다는 사실을 놀라움으로 받아들인다. 이드에는 시간의 개념이 없으며, 시간의 흐름을 인식하지 못한다. 특히 주목할 점은 시간이 지나도 이드의 정신 과정에는 어떠한 변화도 일어나지 않는다는 것이다. −《정신분석 입문 새로운 강의》(1933)

■ 자아와 이드를 서로 대립하는 두 세력으로 보는 것은 단순한 시각이다. 자아가 어떤 욕구를 억압하려 할 때 다른 욕구들이 힘을 합쳐 이를 방어하는 것은 억압이 진행되는 후반부에 나타나는 현상이다. 초기 억압 단계에서는 억압 대상이 되는 욕구가 고립

되어 홀로 남겨지는 경우가 일반적이다. –《억압, 증상 및 불안》(1936)

■ 인간은 외부의 위험을 본능적으로 감지하는 능력이 매우 떨어지는 것 같다. –《억압, 증상 및 불안》(1936)

■ 실제로 자아는 억압된 욕구를 완전히 없애는 데 성공하지 못하는 경우가 많다. 한 번 억압된 욕구는 쉽게 사라지지 않고 의식 아래에서 계속 영향력을 행사한다. 이는 억압된 욕구가 자아를 끌어당기는 강력한 힘을 가지고 있기 때문이다. 즉, 억압된 욕구가 다시 표면으로 드러나려는 힘과 자아가 이를 억누르려는 힘 사이에 싸움이 끊임없이 벌어지는 것이다. 이러한 싸움의 결과는 어느 쪽의 힘이 더 강하냐에 따라 달라진다.

어떤 경우에는 억압된 원형이 발휘하는 강력한 끌림이 인간을 과거의 방식으로 되돌리려는 현상이 나타나기도 한다. 이러한 회귀는 현실에서 마주하는 어려움으로 인해 더욱 강화될 수 있다. 즉, 새로운 문제에 직면했을 때 우리는 과거의 해결 방식을 고수하려는 경향을 보인다. 이는 억압된 기억이 마치 자석처럼 사람을 끌어당길 때 현실의 어려움이 이러한 끌림에 더욱 힘을 실어주는 것과 같은 것이다. –《억압, 증상 및 불안》(1936)

자아(自我)

■ 우리는 각 개인에게 일관된 정신 활동 체계가 존재한다고 보고, 이를 '자아'라고 부른다. 의식은 이 자아에 연결되어 있는데, 자아는 흥분을 외부 세계로 방출하는 행동을 조절한다. 자아는 자신의 모든 정신 과정을 감독하는 역할을 하며 밤에 잠이 들 때에도 꿈의 내용을 검열하는 기능을 수행한다. -《꿈의 해석》(1899)

■ 이드의 본능적 욕구가 충족되지 않으면 개체는 견딜 수 없는 불쾌감을 가지게 된다. 경험을 통해 이러한 욕구의 충족이 외부 세계의 도움을 통해서만 가능하다는 것을 깨닫게 된다. 이 시점에서 외부 세계와 상호작용하는 자아가 기능하기 시작한다. 이드가 모든 추진력을 제공하는 엔진이라면, 자아는 마치 운전대를 잡고 목표를 향해 나아가는 듯한 역할을 한다. 이드는 즉각적인 만족을 추구하지만, 이는 아무 성과 없이 끝나거나 오히려 큰 손상을 초래할 수 있다. 자아는 이러한 불상사를 막고 이드의 요구와 외부 세계의 제약 사이에서 중재하는 역할을 담당한다. -〈비전문가 분석의 문제〉(1926)

■ 외부 세계와의 관계는 자아의 가장 중요한 기능이다. 자아는

이드를 대신하여 외부 세계를 인식한다. 즉, 이드가 현실의 제약을 무시하고 무분별하게 욕구를 추구한다면 개체가 파멸에 이를 수 있으므로 자아는 이드와 외부 세계 사이에서 중재자 임무를 수행하는 것이다. ―《정신분석 입문 새로운 강의》(1933)

■ 자아는 증상이 장기화할 것이라는 사실을 인지하고 이를 현실 일부로 받아들이려 한다. 마치 외부 환경에 적응하듯 자아는 내면의 증상에도 적응하고, 오히려 이를 이용하여 자신의 이익을 추구하기도 한다. 예를 들어 증상을 핑계로 다른 사람의 요구를 거절하거나 특별한 대우를 받을 수도 있다. 이렇게 증상은 단순한 문제가 아니라 자아의 일부가 되어 자아의 정체성을 형성하고 때로는 자아에게 유용한 도구로 활용되기도 하는 것이다. ―〈종료 가능 및 종료 불가능한 분석〉(1937)

■ 자아는 모든 부분이 자유롭게 소통하고 상호 작용할 수 있는 하나의 체계이다. 자아의 탈성화된 에너지는 여전히 서로를 결합하고 통합하려는 본래의 성향을 보이는데, 자아가 강해질수록 이러한 통합의 필요성은 더욱 커진다. 따라서 자아가 증상이 고립되거나 이질적으로 남는 것을 방지하고 다양한 방법을 통해 그 증상을 자아의 일부로 통합하려는 것은 자연스러운 일이다. 이러

한 경향은 이미 증상이 형성되는 과정에서부터 작동하기 시작한다. 그 대표적인 예로는 욕구 충족과 처벌 욕구 사이의 타협으로 나타나는 히스테리 증상이 있다. ─《억압, 증상 및 불안》(1936)

■ 많은 연구자들이 자아가 이드에 비해 취약하고 인간 내면의 원초적인 욕망에 이성이 쉽게 굴복한다는 점을 강조하면서 이를 정신분석의 핵심 개념으로 삼으려는 경향이 있다. 그러나 억압의 작동 방식을 잘 아는 정신분석가라면 이러한 극단적이고 편향된 시각을 채택하는 것이 얼마나 위험한지 분명히 인식해야 할 것이다. ─《억압, 증상 및 불안》(1936)

■ 왜 자아가 자기 행동에 대한 죄책감을 가지는 초자아의 비난에서 벗어나려 하지 않을까? 사실 자아는 다양한 방법으로 초자아의 비난을 피하려고 노력한다. 예를 들어 강박신경증 환자의 경우 스스로를 벌하는 행위를 반복하여 죄책감을 해소하려는 모습을 보인다. 이는 마치 자신을 괴롭히는 것을 통해 정신적인 고통을 완화하려는 것과 같다. 이러한 행동은 과거의 트라우마나 불안정한 경험으로 인해 강화된 마조히즘적인 성향과 관련이 있을 수 있다고 본다. ─《억압, 증상 및 불안》(1936)

■ 우리는 자아가 이드에 대해 무력하다고 생각하기 쉽지만 실제로 자아는 이드의 본능적 충동에 맞설 때 꽤 강력한 힘을 발휘할 수 있다. 자아는 '불쾌 신호'를 보내어, 거의 전능한 제도인 쾌락 원칙의 도움을 받아 자신의 목적을 달성한다. 이를 다른 예로 설명하자면 마치 소수 집단이 언론을 장악해 '여론'이라는 최고 결정권자를 조작함으로써 다수의 지지를 받는 법안을 통과하지 못하게 하는 것과 같다. -《억압, 증상 및 불안》(1936)

■ 자아가 위험한 본능을 억압하면 이는 마치 성을 쌓아 위험으로부터 자신을 보호하려는 것과 같다. 하지만 이 성은 동시에 내부의 반란을 잉태하기도 한다. 억압된 본능은 자아의 통제를 벗어나 무의식 속에서 독자적으로 성장하며, 과거의 상처나 욕망에 의해 영향을 받아 반복적인 행동 패턴을 보일 수 있는데 이를 '반복 강박'이라고 한다.

만약 외부 환경이 안전해져 억압된 본능을 더 이상 억눌러 둘 필요가 없어진다면, 그동안 쌓아온 성벽은 무너지면서 내면의 반란이 시작될 수 있다. 즉, 억압된 본능은 마치 과거의 위험이 여전히 존재하는 것처럼 과거의 경험을 반복하려는 강력한 힘을 발휘하는 반면, 자아는 이를 막기 위해 더 많은 에너지를 소비해야 한다. 그렇게 되면 일시적으로는 불안을 해소할 수 있겠지만 장기적으로는 정신 에너지를 소모하고 새로운 문제를 야기할 수 있는 것이다. -《억압, 증상 및 불안》(1936)

■ 저는 사실 과학자라기보다는 모험가에 가깝습니다. 호기심과 대담함, 그리고 끈기로 가득한, 진정한 개척자의 기질을 타고났다고 볼 수 있죠. -빌헬름 플리스에게 보낸 편지(1900)

■ 실제로 자아는 마치 서커스의 광대처럼 무슨 일이 벌어지든 자신이 주인공인 것처럼 행동합니다. -카를 융에게 보낸 편지(1911년)

■ 인간은 어떻게 더 높은 수준의 도덕성에 도달할 수 있을까? 첫 번째 답은 아마도 인간이 태어날 때부터 본래 선하고 고귀하다는 주장일 것이다. 이 주장은 더 이상 논의할 필요가 없을 것이다. 두 번째 답은 도덕성이 발전하는 과정에 있다는 것이며, 그 발전은 교육과 문화적 환경의 영향을 받아 인간의 악한 성향을 제거하고 그 자리에 선한 성향을 심어주는 것이라는 가정일 것이다. 하지만 이 방식으로 교육받은 사람들조차 다시 악한 행동을 하는 것을 보면 우리는 놀라지 않을 수 없다.

이상의 답변은 인간의 악을 근절할 수 있다는 주장을 내포하고 있다. 그러나 정신분석은 오히려 인간의 내면 깊숙한 곳에 선악을 초월한 원초적인 욕구들이 존재한다는 사실을 밝혀냈다. 즉, 인간은 본질적으로 이기심이나 잔혹함과 같은 다양한 충동을 지니고 있다는 것이다. 이러한 충동들은 사회의 규범과 요구에 따라 선과 악으로 구분될 뿐, 그 자체로 선하거나 악한 것은 아니다. 따라서 '악'을 단순히 제거하려는 노력은 인간 본성의 한 부분을 부정하는 것과 같다고 볼 수 있다. −《전쟁과 죽음에 관한 생각》(1915)

■ 특정 충동에 대한 반응 형성은 마치 이기심을 숨기기 위해 이타적인 행동을 하는 것처럼 자신의 내면과 상반되는 태도를 취하는 것을 의미한다. 이러한 현상은 인간의 내면에 공존하는 양가적인 감정, 즉 사랑과 증오, 쾌락과 고통 등 상반되는 감정들이 동시에 존재하기 때문에 발생한다. 정신분석에서는 이러한 양가적인 감정들이 한 사람 안에서 동일한 대상을 향해 나타날 수 있다고 설명한다.

우리가 성격이라고 부르는 것은 이러한 복잡한 심리적 갈등과 방어기제의 결과물이다. 즉, 우리의 성격은 단순히 선하거나 악한 것이 아니라 다양한 욕구와 충동, 그리고 이를 조절하려는 자아의 노력이 복합적으로 작용하여 형성되어진다. 따라서 성격을 단순히 '선'과 '악'이라는 틀로 정의하는 것은 매우 불충분한 시각이다. -《전쟁과 죽음에 관한 생각》(1915)

■ 자아는 무의식이라는 집에서 방황하는 손님과 같다. -〈정신분석의 어려움〉(1917)

■ 인류는 시간이 흐르면서 과학으로 인해 순진한 자기애에 대한 두 가지 큰 충격을 견뎌야 했다. 첫 번째 충격은 지구가 우주의 중심이 아니라 상상하기 어려운 규모의 우주 체계 속의 극히 작은 점에 불과하다는 사실을 깨달았을 때였다. 우리는 이 사실을 코페르니쿠스와 연관시키지만 사실 알렉산드리아 학파의 교리도 유사한 내용을 가르쳤다. 두 번째 충격은 생물학적 연구가 인간이 특별히 창조된 존재라는 특권을 빼앗고, 인간이 동물계에서 진화했으며, 지울 수 없는 동물적 본성을 지니고 있음을 밝혔을 때였다. 이러한 재평가는 동시대인들의 가장 격렬한 반대에도 불구하고 찰스 다윈, 월리스(Alfred Russel Wallace)를 비롯한 선구자들의 주도로 성취되었다.

그러나 인간의 위대함에 대한 갈망은 이제 현대 심리학 연구로부터 세 번째이자 가장 쓰라린 타격을 받고 있다. 이 연구는 우리 각자의 자아가 자기 마음의 주인이 아니라 무의식에 의해 좌우되며, 그에 대해 극히 일부만 인식할 수 있다는 사실을 밝혀냈다는 것이다. 사람들에게 내면을 들여다보라고 처음 제안한 것은 우리가 아니었지만 이를 가장 강력하게 주장하고 모든 관련된 경험적 증거로 뒷받침하는 것은 우리 정신분석학자들의 몫인 듯하다. —《정신분석 입문 강의》(1917)

■ 애도할 때는 세상이 가난하고 공허하게 느껴지지만, 우울증에 빠지면 정작 가난하고 공허해지는 것은 자기 자신이다. —〈애도와 멜랑콜리아〉(1917)

■ 자아는 현실의 자극에 괴로워하거나 고통받기를 거부하며 외부 세계의 상처를 오히려 쾌락을 추구할 기회로 삼으려 한다. 즉, 자아는 외부의 고통에 무감각해지거나 심지어 그것을 즐기려는 방어 기제를 작동시킨다. 자아는 이러한 방식으로 외부의 트라우마가 자신에게 미치는 영향을 최소화하면서 이를 통해 고통을 회피하고 쾌락을 추구하는 방향으로 나아간다. —《쾌락 원칙을 넘어서》(1920)

■ 우리의 충동과 위협에 대한 반응은 쾌락 원칙에 따라 즉각적인

만족을 추구하려는 경향과 현실적인 제약을 고려하여 행동을 조절하려는 현실 원칙 사이에서 결정된다. −《쾌락 원칙을 넘어서》(1920)

■ 자기 생존을 위한 본능의 영향 아래 즉각적인 만족을 포기하고 장기적으로 쾌락을 추구하는 '현실 원칙'이 자리 잡게 된다. 이 원칙은 궁극적인 쾌락 추구를 목표로 하면서도 만족을 연기하고 다양한 가능성을 포기하며, 쾌락에 이르는 길에서 일시적인 고통을 견딜 것을 강요한다. 그러나 쾌락 원칙은 쉽게 교육되지 않는 성적 충동의 작동 방식으로 오랫동안 남아 있으며, 이 충동이 자아를 통해 작용할 때 종종 현실 원칙을 압도하여 전체 유기체에 해를 끼치는 경우가 반복적으로 발생한다. −《쾌락 원칙을 넘어서》(1920)

■ 자아는 열정을 담고 있는 이드와 대비되는 것으로, 이성과 상식이라고 할 수 있는 것을 나타낸다. −《자아와 이드》(1923)

■ 자아는 이성과 건전함을 바탕으로 현실적인 판단을 내리고 행동을 조절하는 반면, 이드는 욕망과 충동을 충족시키려는 무의식적인 힘을 대표한다. −《자아와 이드》(1923)

■ 자아는 외부 세계와의 상호작용을 통해 이드의 일부가 변형되

어 형성된 것이라고 할 수 있다. -《자아와 이드》(1923)

■ 자아는 실제로 이드의 조직화된 부분이다. -《억압, 증상 및 불안》(1936)

■ 자아는 무엇보다도 신체를 기반으로 형성된 자아로서, 단순히 겉모습만을 나타내는 것이 아니라 신체와 외부 세계의 상호작용을 통해 형성된 내면의 경험이 투영된 것이다. -《자아와 이드》(1923)

■ 자아와 이드의 관계는 말을 탄 기수와 비슷하다. 기수가 말의 강한 힘을 제어해야 하는 것처럼 자아도 이드를 통제하려 한다. 하지만 차이점은 기수는 자신의 힘으로 말을 제어하려고 하는 반면, 자아는 외부에서 빌린 힘을 이용해 이드를 제어하려 한다는 것이다. 이 비유를 조금 더 확장해 보면 때때로 기수가 말에서 떨어지지 않기 위해 말이 가고자 하는 방향으로 이끌어야 하듯 자아도 이드의 욕구를 자신의 것처럼 받아들여 그에 맞게 행동하는 경우가 있다는 것이다. -《자아와 이드》(1923)

■ 자아와 이드의 관계는 기수와 말의 관계에 비유할 수 있다. 말은 이동 에너지를 제공하고, 기수는 목표를 정하고 강력한 말을

그 목표를 향해 이끄는 역할을 한다. 그러나 자아와 이드의 관계에서는 기수가 말이 가고 싶어 하는 방향으로 따라가야 하는, 덜 이상적인 상황이 자주 발생한다. -《새로운 정신분석 입문 강의》(1933)

■ 가련한 자아는 세 명의 가혹한 주인을 섬겨야 하고, 세 사람의 주장과 요구를 모두 조정하기 위해 최선을 다해야 하기 때문에 더 힘든 시간을 보내야 한다. 세 명의 폭군은 외부 세계, 초자아, 이드이다. -《새로운 정신분석 입문 강의》(1933)

■ 자아가 자신의 무력함을 인정하게 되면, 외부 세계에 대한 현실적 불안, 초자아에 대한 도덕적 불안, 그리고 이드의 강렬한 욕구에 대한 신경증적 불안이 분출된다. -《새로운 정신분석 입문 강의》(1933)

■ 자아는 외부 세계의 영향을 받아 이드의 충동을 현실에 맞게 조절하고, 쾌락 원칙 대신 현실 원칙에 따라 행동하려고 한다. 자아는 외부 세계를 인식하고 판단하는 기능을 통해 이드의 맹목적인 욕구를 절제하고, 이성과 상식에 기반하여 행동한다. 즉 자아는 욕망을 추구하는 이드와 대비되는 것으로, 우리가 일반적으로 말하는 이성과 상식을 대표한다. 하지만 이러한 구분은 모든 경우에 절대적인 것은 아니며, 개인의 무의식적인 욕구나 상황에

따라 달라질 수 있다. -《자아와 이드》(1923)

■ 우리는 자아를 세 명의 주인에게 봉사해야 하는 가엾은 존재로 보고, 그 결과 외부 세계, 이드의 리비도, 그리고 초자아의 엄격함이라는 세 가지 위험에 직면한다고 본다. … 이드와 현실 사이에 위치한 자아는, 진실을 알면서도 대중의 인기를 유지하려는 정치인처럼 너무 자주 아첨하고 기회주의적이며 거짓말을 하는 유혹에 굴복하곤 한다. -《자아와 이드》(1923)

■ 의식과 무의식은 분명하게 구분되는 개념이지만, 이것이 자아와 이드의 구분과 완전히 일치하는 것은 아니다. 이드에서 일어나는 모든 일은 무의식적이지만, 자아에서 일어나는 일은 의식될 수도 있고 무의식될 수도 있다. 즉, 자아의 일부는 영구적으로 무의식 상태에 머물 수 있다는 말이다. -〈비전문가 분석의 문제〉(1926)

■ 우주와 하나가 되는 듯한 광활한 감정, 즉 대양적 감정(oceanic feeling)은 후에 종교적인 경험과 연결될 수 있다. 이는 마치 넓은 바다에 몸을 맡긴 듯한 평온함을 느끼며, 외부 세계의 위험과 고독으로부터 벗어나 안전을 찾고자 하는 인간의 욕구를 반영하는 것으로 보인다. -《문명 속의 불만》(1930)

■ 우리가 현재 느끼는 자아감(ego-feeling)은 과거, 우주와 하나 됨을 느끼고 외부 세계와 불가분의 연결을 경험했던 훨씬 더 광범위한 감정의 잔재라고 볼 수 있다. 이러한 원초적인 자아감은 많은 사람들의 마음속에 어느 정도 남아 있어 성숙한 자아감과 함께 공존하며, 우주와의 무한한 확장과 일체감이라는 개념과 연결된다. 이는 흔히 '대양적 감정'이라고 불리는 경험과 일맥상통한다고 본다. -《문명 속의 불만》(1930)

■ 우리는 강박신경증 환자가 정신분석의 기본 규칙을 따르는 것이 특히 어렵다는 것을 모두 경험을 통해 알고 있다. … 그가 생각에 몰두하는 동안, 자아는 무의식적인 환상의 침입과 상반된 경향의 표출을 막기 위해 과도하게 많은 노력을 기울여야 한다. 자아는 긴장을 풀 수 없으며, 끊임없이 투쟁할 준비를 해야 한다. -《억압, 증상 및 불안》(1936)

■ 자아는 외부 세계로부터 분리된다. 더 정확히 말하자면, 처음에는 자아가 모든 것을 포함하고 있지만, 이후에 외부 세계를 자신으로부터 분리해 낸다. 우리가 현재 느끼는 자아감은 우주를 포용했던 훨씬 더 광범위한 감정의 축소된 잔여물로, 자아와 외부 세계의 불가분한 연결을 표현한다. -《문명 속의 불만》(1930)

■ 증상은 억압된 것에서 비롯되는데, 마치 자아 앞에 나타난 억압된 것의 대리자와 같다. 현실이 외부의 낯선 영역인 것처럼, 억압된 것은 자아에게 내부의 낯선 영역, 즉 내면의 외부 영역이다. 우리는 처음부터 인간이 본능적 욕구와 그에 대한 내부 저항 사이의 갈등으로 인해 병에 걸린다고 말해왔다. -《새로운 정신분석 입문 강의》(1933)

■ 이제 여러분이 우리의 자아 심리학이 흔히 사용되는 추상 개념을 문자 그대로 받아들이고, 이를 단순화하여 개념을 사물로 변형하려 한다고 냉소적으로 비판할 준비가 되어 있다는 것을 알고 있다. 그러나 자아 심리학에서는 보편적으로 알려진 개념을 완전히 벗어나기는 어렵다. 새로운 발견보다는 사물을 바라보는 새로운 시각과 그것을 배열하는 방식이 더 중요하다. 그러니 당분간 비판을 유보하고, 추가 설명을 기다려 주길 바란다. 병리학적 사실들은 우리의 연구에 대중 심리학에서는 쉽게 찾을 수 없는 견고한 배경을 제공한다. 이 질병(우울증)의 가장 눈에 띄는 특징은 '양심'이라고 부를 수 있는 초자아가 자아를 조용히 다루는 방식이다. -《새로운 정신분석 입문 강의》(1933)

■ 정신분석 치료는 자아를 강화하여 개인이 더욱 독립적이고 자

율적인 삶을 살 수 있도록 돕는다. 이는 초자아의 과도한 통제에서 벗어나고, 무의식적인 욕구(이드)를 더욱 잘 이해하고 통합하는 과정을 통해 이루어진다. '이드가 있던 곳에 자아가 있어야 한다.' −《새로운 정신분석 입문 강의》(1933)

■ 우리는 외부의 위협에 대처하는 방식과 마찬가지로, 내적인 불안이나 갈등에도 유사한 방어 기제를 사용한다고 볼 수 있다. 즉, 자아는 내부와 외부의 위험을 동일한 방식으로 막아낸다. −《억압, 증상 및 불안》(1936)

■ 자아가 원치 않는 본능적 충동을 방어하기 위한 유일한 수단이 억압만은 아니다. 만약 자아가 본능을 퇴행시키는 데 성공한다면, 이는 단순히 억압하는 것보다 본능에 더 큰 손상을 줄 수 있다. 실제로, 자아는 이런 식으로 본능을 퇴행시킨 뒤에 그것을 억압하는 경우도 있다. −《억압, 증상 및 불안》(1936)

■ 외부 세계의 위협에 직면하여 자아는 내면의 원초적 욕구(이드)가 야기하는 위험으로부터 자신을 보호하려 한다. 하지만 자아는 외부 세계와 달리 이드와 밀접하게 연결되어 있어 완벽하게 통제하기 어렵다. 따라서 자아는 자신의 기능을 제한하고, 증상을 형

성하는 방식으로 욕구를 억압하는데, 이는 신경증과 같은 심리적 문제를 야기할 수 있다. 억압된 욕구가 다시 표출될 경우, 자아는 더욱 심각한 어려움에 직면하게 된다. -《억압, 증상 및 불안》(1936)

■ 우리는 누구에게나 예외적인 행동이 나타나는 것을 종종 목격한다. 예를 들어, 관대하기로 소문난 사람이 갑자기 인색한 모습을 보이거나, 항상 친절하던 사람이 갑자기 적대적인 태도를 보이는 경우가 있다. 이러한 예외적인 행동은 우리의 성격이 고정된 것이 아니라, 다양한 심리적 요인에 의해 영향을 받는다는 것을 암시한다. 즉 우리가 겉으로 드러내는 성격은 과거의 경험이나 잠재된 욕구 등 다양한 요인이 복합적으로 작용하여 형성된 결과물로서, 완벽하게 일관된 것은 아니라는 의미이다. -〈종료 가능 및 종료 불가능한 분석〉(1937)

■ 치료 과정에서 우리의 치료 작업은 끊임없이 진자처럼 이드 분석과 자아 분석 사이를 오간다. 한편으로는 이드에서 무언가를 의식으로 끌어내려 하고, 다른 한편으로는 자아에서 무언가를 교정하려고 한다. 문제의 핵심은 과거의 위험에 대응하기 위해 형성된 방어기제가 치료 중에 회복에 대한 저항으로 다시 나타난다는 점이다. 이에 따라 자아는 회복 자체를 새로운 위험으로 간주

하기도 한다. −〈종료 가능 및 종료 불가능한 분석〉(1937)

■ 급성 위기 상황에서는 정신분석이 효과적으로 이루어지기 어렵다. 자아가 고통스러운 현실에 집중한 나머지, 과거의 경험이나 무의식적인 요인을 탐구하려는 분석 시도를 방해하기 때문이다. −〈종료 가능 및 종료 불가능한 분석〉(1937)

■ 우리가 생각하는 '정상적인 자아'는 사실 완벽한 이상에 가깝다. 반면, 우리의 목적에 부적합한 '비정상적인 자아'는 불행히도 현실이다. 사실 모든 정상인은 평균적으로만 정상일 뿐, 정신질환자의 특징을 아주 조금씩은 가지고 있다. 이러한 차이를 통해 정상과 비정상의 경계를 더 명확하게 구분하고, 이 자아가 어느 한쪽에 얼마나 가까운지를 통해 우리가 불분명하게 표현해 온 '자아의 변형'을 일시적으로 측정할 수 있다. −〈종료 가능 및 종료 불가능한 분석〉(1937)

■ 우리의 목표는 모든 사람을 획일적인 '정상인'으로 만들려는 것이 아니다. 또한 분석을 통해 모든 감정과 갈등을 없애려는 것도 아니다. 우리의 목표는 개인이 자신의 삶을 더 잘 살아갈 수 있도록 심리적인 안정감을 찾도록 돕는 것이다. 즉 분석을 통해 개인

의 자아가 최대한 건강하게 기능할 수 있도록 돕는 것이 우리의 목표인 것이다. -〈종료 가능 및 종료 불가능한 분석〉(1937)

■ 사랑의 영향을 받아 자신의 이기적인 충동을 사회적 가치관에 맞춰 변화시키는 능력을 '문화적 적응력'이라고 한다면, 이는 선천적인 성향과 후천적으로 획득된 부분이 복합적으로 작용한 결과이다. 그러나 우리는 선천적인 성향을 과대평가하거나, 문화적 적응력이 원초적인 충동을 완벽하게 통제한다고 오해하기 쉽다. 이러한 오해는 사람들을 실제보다 더 도덕적이고 성숙하다고 판단하게 만든다. -《전쟁과 죽음에 관한 생각》(1915)

■ 우리는 자신으로부터 도망칠 수 없다. 내면의 문제를 회피하려는 시도가 소용없기 때문이다. 이로 인해 자아는 자신의 내면을 왜곡하여 인식하고, 이드를 불완전하고 왜곡된 모습으로 파악하게 된다. 따라서 자아는 이드와의 관계에서 제한에 의해 마비되거나 오류로 인해 눈이 가려지게 되며, 그 결과 낯선 곳을 튼튼한 다리 없이 걷는 것과 같은 처지가 된다. -〈종료 가능 및 종료 불가능한 분석〉(1937)

■ 자아는 먼저 욕망(이드)과 외부 세계를 균형 있게 조절하여 즐

거움을 추구하면서도 외부 위협으로부터 이드를 안전하게 보호해야 하는 과제를 맡는다. 시간이 지남에 따라 교육을 통해 자아는 갈등을 외부 문제로 만들기보다는 내부적으로 처리하는 방법을 배운다. 즉 외부의 위협에 직접 맞서기보다는 내면의 갈등을 조절하는 것이 대체로 더 현명한 방법이라는 것을 배우는 것이다. ─〈종료 가능 및 종료 불가능한 분석〉(1937)

■ 자아는 외부 세계에 어떤 행동을 할지 결정하는 것처럼, 우리가 무엇을 의식하고 무엇을 의식하지 않을지를 결정하는 역할도 한다. ─《억압, 증상 및 불안》(1936)

■ 자아는 지금까지 일관되게 회피해 온 감각과 생각에 주목하거나 자신과 정반대되는 충동을 자신의 것으로 받아들이는 것을 매우 어려워한다. ─《억압, 증상 및 불안》(1936)

■ 사람은 새로운 사실을 듣고 그것을 받아들이라는 요구를 받더라도, 그 사실이 그의 소망이나 소중히 여기는 신념과 상충되면 주저하게 된다. 그는 그 새로운 사실에 의문을 제기할 근거를 찾으려 하면서 그렇게 한동안 갈등을 겪다가 결국 스스로 이렇게 인정하게 된다: "비록 받아들이기 어렵고 고통스럽지만, 결국 이

모든 것이 사실이다." 이는 우리의 자아가 새로운 정보를 받아들이는 데 있어서 감정적인 저항을 극복하는 데 시간이 필요하다는 것을 의미한다. –《모세와 유일신교》(1939)

■ 자아는 본능의 요구를 조절하여, 그 욕구를 만족시킬 것인지, 외부 환경이 유리해질 때까지 만족을 지연할 것인지, 아니면 그 욕구를 완전히 억압할 것인지를 결정하는 정신적 기능을 수행한다. –윌리엄 W. 마이스너 저《지그문트 프로이트, 프로이트와 정신분석》(2000)

초자아(超自我)

■ 초자아는 단순히 이드의 초기 욕구의 잔재에 그치지 않고, 이러한 욕구에 대한 강력한 반발 작용으로 형성된 도덕적 양심이기도 하다. –《자아와 이드》(1923)

■ 엄격한 초자아와 그에 종속된 자아 사이의 갈등은 죄책감을 일으켜 자신을 처벌하고 싶어하는 욕구로 표현된다. 따라서, 문명은 개인의 위험한 공격적 욕구를 약화시키고 무장 해제시킴으로써, 마치 정복된 도시의 주둔군처럼, 개인 내부에 이를 감시하는

기관을 설치하여 지배력을 유지한다. -《문명 속의 불만》(1930)

■ 우리는 도덕적으로 훌륭한 사람일수록 초자아가 더욱 엄격하여, 자신이 명백히 책임지지 않는 불행에 대해서도 스스로를 자책하는 경향이 있다는 것을 알게 되었다. -《꿈의 해석》(1899)

■ 고통을 피하는 또 다른 방법은 우리 정신의 유연성을 활용해 성적 욕구를 다른 방향으로 전환하는 것이다. 즉, 본능적 목표를 외부 세계에 의해 좌절되지 않을 방향으로 바꾸는 것이다. 이를 '승화'라고 하는데, 특히 정신적 또는 지적 활동을 통해 쾌락을 얻는 능력이 뛰어난 사람일수록 승화에 성공하여 그로 인해 운명이나 외부 환경의 영향에서 더 자유로워질 가능성이 높다. -《문명 속의 불만》(1930)

■ 이제 자아를 분석하기 시작하면서 인간에게 더 고귀한 본성이 있다고 믿는 사람들의 의문에 명확한 답을 줄 수 있게 되었다. 그것이 바로 자아이상(ego ideal), 즉 초자아(super-ego)이다. 우리는 어린 시절 부모를 통해 이러한 고귀한 이상을 배우고 존경하며 두려워했고, 결국 그것을 우리 마음속 깊이 새겼다.

자아이상은 오이디푸스 콤플렉스에서 발전한 개념으로, 인간의 욕구와 욕망을 이끄는 정신 에너지인 리비도의 변화를 반영한다. 자아는 자아이상을 형성하고 오이디푸스 콤플렉스를 극복하며 동시에 초자아의 영향력 아래 놓이게 된다. 즉, 자아가 외부 현실과의 관계를 조절하는 역할을 하는 반면, 초자아는 내면의 도덕적 규범과 이상을 대표하면서 자아에게 요구와 제약을 가한다. 따라서 자아와 초자아의 갈등은 외부 현실과 내면의 이상 사이의 충돌을 반영하고, 인간 내면의 심리적 갈등을 야기한다.

자아는 발달 과정에서 여러 조각으로 쪼개지며 서로 충돌하는 단계를 거친다. 특히 자기 비판적인 기능인 자아이상은 성적인 욕구를 비롯한 다양한 본능적 욕구를 억압하면서 더욱 강화되어진다. 이러한 억압은 다른 욕구에 대한 억압의 모델이 되어 자아와 자아이상 사이의 강력한 갈등을 야기하면서 강력한 억압 충동을 만들어 낸다.

자아이상은 인간이 추구하는 이상적인 자아상으로, 아버지에 대한 동경을 대체하며 모든 종교의 기원이 되는 핵심 개념이다. 자아가 이 이상에 미치지 못한다는 사실은 죄책감을 유발하고, 이는 종교적인 겸손으로 이어져 신앙심을 심화시킨다. 아이가 성장하면서 부모를 대신하는 권위자들의 가르침은 자아이상에 내재화되어 양심의 형태로 작용하며, 개인의 행동을 도덕적으로 평가한다. 양심과 실제 행동 사이의 괴리감은 죄책감을 유발하고, 동일한 자아이상을 공유하는 사람들과의 유대감은 사회적 유대감을 형성하는 기반이 된다. −《자아와 이드》(1923)

■ 우리는 매우 흥미로운 현상을 목격한다. 집단 내에서의 정신적 과정은 개인보다 더 친숙하고 쉽게 의식에 접근할 수 있다. 개인의 경우 긴장이 고조될 때 초자아의 공격성이 비난의 형태로 표출되지만, 그 요구 자체는 종종 무의식 속에 숨겨져 있다. 하지만 이러한 요구가 의식에 부상하면 현재 사회의 도덕적 기준과 일치하는 모습을 보인다. 이는 개인의 발달과 사회 문화의 발달 사이에 밀접한 연관성이 있음을 시사하며, 초자아의 특성은 개인보다는 사회 집단의 행동 양식을 통해 더 명확하게 드러난다. −《문명 속의 불만》(1930)

■ 영웅주의의 진정한 비밀은 이성적 판단보다는 본능적이고 충동적인 행동에서 비롯될 수 있다. 이성적인 영웅주의는 자신의 생명이 추상적이고 공동의 이상보다 덜 가치 있다는 결단에 기반할 수 있지만, 본능적인 영웅주의는 종종 그러한 동기와 무관

하게 단순히 위험을 무시하며 행동한다. 루드비히 안첸그루버(Ludwig Anzengruber)의 소설 속 석공 한스처럼, "나에게는 아무 일도 일어나지 않을 거야"라는 맹목적인 자신감으로 위험에 맞서는 것이 그 예이다. ─《전쟁과 죽음에 관한 생각》(1915)

환상과 망상

■ 역사 서술은 처음에는 현재의 연속적인 기록을 남기는 데서 출발했지만, 이후 과거를 돌아보며 전통과 전설을 수집하고 풍습에 남아 있는 고대의 흔적을 해석함으로써 과거의 역사를 만들어 냈다. 이러한 초기 역사가 과거의 진정한 모습보다는 당대의 믿음과 욕구를 표현한 것은 불가피한 일이었다. 많은 것이 민족의 기억에서 사라졌거나 왜곡되었고, 일부 과거의 흔적은 현대의 관념에 맞추기 위해 잘못 해석되었다. 게다가 사람들이 역사를 기록한 동기는 객관적인 호기심이 아니라 동시대 사람들에게 영향을 주고, 그들을 격려하고 영감을 주며, 때로는 그들에게 거울을 비춰주려는 욕구였다. 성인이 된 후 자신의 인생 사건을 의식적으로 기억하는 방식은(현재 사건을 연대기처럼 기록한) 첫 번째 역사 서술 방식과 비교할 수 있는데, 어린 시절의 기억은 그 기원과 신

뢰성 면에서 민족의 초기 역사가 나중에 의도된 이유로 재구성된 것과 유사하다고 볼 수 있는 것이다. -《레오나르도 다빈치와 그의 어린 시절의 기억》(1910)

■ 정령 숭배적 사고방식에서는 '생각의 전능함'이라는 원리가 마법을 지배한다고 믿는다. 이는 생각이 현실을 창조하거나 통제할 수 있다는 믿음에 기반하며, 이러한 사고방식은 마법적 행위의 근본적인 원리로 작용한다. -《토템과 터부》(1913)

■ 환상은 우리에게 고통을 피하게 해주고 그 대신 쾌락을 즐길 수 있게 해주기 때문에 매력적이다. 그래서 우리는 환상이 현실과 충돌하여 산산이 부서질 때도 불평하지 않고 그것을 받아들여야 하는 것이다. -《전쟁과 죽음에 관한 생각》(1915)

■ 윤리 이론을 공부하는 사람들은 오직 선한 충동에서 비롯된 행위만을 '선'이라고 부르며, 다른 행위는 인정하지 않는다. 하지만 사회는 전반적으로 실용적인 목표를 추구하며, 행위의 동기보다는 행위 자체가 사회의 규범에 부합하는지에 더 관심을 둔다. 사회는 사람들이 문명화된 규범에 따라 행동하기를 기대하며, 그 행동의 동기를 깊이 따지지는 않는다.

교육과 환경은 우리의 행동에 큰 영향을 미치지만, 항상 내적인 변화를 동반하는 것은 아니다. 외부의 보상이나 처벌과 같은 요인들이 우리의 행동을 조절하기도 한다. 즉, 우리는 사회적 기대에 부응하기 위해 선한 행동을 할 수 있지만, 그 이면에는 여전히 이기적인 동기가 숨어 있을 수 있다. 따라서 교육과 환경이 인간의 본성을 얼마나 변화시켰는지 판단하기 위해서는 단순히 행동만을 보고 판단해서는 안 되며, 그 사람의 내면적인 동기를 깊이 들여다볼 필요가 있다. 겉으로 보기에는 모두 선한 행동을 하는 것처럼 보이지만, 어떤 사람은 진정으로 선한 마음에서 행동하는 반면 다른 사람은 자신의 이익을 위해 선한 척하는 때도 있다. 그러나 개인에 대한 우리의 피상적인 지식으로는 이 두 경우를 구별할 수 없는데, 우리는 문명에 의해 변형된 사람들의 수를 지나치게 낙관적으로 과대평가하는 경향이 있다.

문명화된 사회는 구성원들에게 선한 행동을 강요하면서도, 그러한 행동의 근본이 되는 욕구나 충동에 대해서는 별다른 관심을 기울이지 않는다. 이러한 외적 압력에 굴복한 많은 사람들은 자신의 본성을 억누르고 사회가 요구하는 방식대로 살아가도록 강요받아 왔다. 사회는 이러한 성공에 고무되어 윤리적 기준을 점차 높여 갔고, 개인들은 자신의 감정과 욕구를 억압하며 살아가야 하는 상황에 놓이게 되었다. 지속적인 정서적 억압은 개인에게 심각한 심리적 부담을 안겨주는데, 이는 다양한 형태의 심리적 방어기제나 비행 행위와 같은 반사회적 행동으로 나타나기도 한다.

특히 성욕과 같은 강력한 욕구를 억압하는 것은 매우 어려워 신경증과 같은 심리적 문제를 야기할 수 있다. 다른 영역에서는 명백한 병리적 증상이 나타나지 않더라도 사회적 규범에 의해 억압된 욕구들은 왜곡된 성격으로 나타나거나, 적절한 기회가 되면 즉각적으로 표출될 준비가 되어 있는 경우가 많다. ―《전쟁과 죽음에 관한 생각》(1915)

■ 집단은 진실을 갈망하지 않으며, 오히려 환상을 요구하고 그것 없이는 살아갈 수 없다. 그들은 비현실적인 것을 현실적인 것보다 더 우선시하고 진실과 거짓을 구별하지 않는 경향이 있다. 그 결과 거짓된 정보도 진실만큼이나 강력한 영향을 미치게 된다. ―《집단 심리학과 자아 분석》(1921)

■ 환상을 피하는 것이 얼마나 어려운지 잘 알고 있다. 내가 고백한 희망들도 환상일 수 있지만, 내 환상들은 종교적 신념과 달리 절대적인 것이 아니라 새로운 증거가 나타나면 수정될 수 있다.

따라서 이것은 망상이 아니다.

만약 나와 같은 생각을 가진 사람들이 경험을 통해 우리의 믿음이 틀렸다는 증거를 제시한다면, 우리는 기존의 기대를 기꺼이 포기할 준비가 되어 있다. 내 주장을 있는 그대로 받아들여 주길 바란다. 나는 인간의 정신이 얼마나 복잡한지를 잘 아는 심리학자로서, 아동기 발달 연구를 통해 얻은 제한적인 지식을 바탕으로 인류의 성장과정을 이해하려고 노력하고 있다.

이 과정에서 종교가 어린 시절의 신경증과 유사하다는 생각이 든다. 심리학자는 인류가 이러한 신경증적 단계를 극복하고 더욱 성숙한 단계로 발전할 것이라고 낙관한다. 그러나 개인 심리학에서 얻은 이러한 발견이 불충분할 수 있어서, 이를 인류 전체에 적용하는 것은 무리라고 본다. 따라서 심리학자의 낙관적인 전망은 아직은 충분한 근거를 가지고 있다고 보기 어렵다. 그럼에도 자기 생각을 솔직하게 표현하고 싶어 하는 심리학자들은 자신들이 과장하지 않았다고 변명하면서 자신들의 의견을 개진하곤 한다.
—《환상의 미래》(1927)

■ 우리는 과학적 연구를 통해 세상의 현실에 대한 지식을 얻

고, 이를 바탕으로 우리의 능력을 확장하며 삶을 조직할 수 있다고 믿는다. 만약 이 믿음이 환상이라면, 우리는 여러분들처럼 불확실한 상황에 부닥치게 될 것이다. 그러나 과학은 수많은 중요한 성과들을 통해 이 믿음이 단순한 환상이 아님을 증명해 왔다.

–《환상의 미래》(1927)

■ 세상을 창조하고 자애로운 섭리를 베푸는 신이 존재하며, 우주에 도덕적 질서와 사후 세계가 있다면 좋겠다고 생각할 수 있다. 그러나 이 모든 것이 우리가 바라는 대로 완벽하게 이루어진다면 세상은 참으로 아름다울 것이다. –《환상의 미래》(1927)

■ 철학자들은 '신'이라는 단어의 의미를 확장해 자신들이 만든 모호한 추상적 개념에 적용한다. 이렇게 해서 그들은 신을 믿는 사람, 즉 신앙인으로 자신을 포장하면서 더 고차원적이고 순수한 '신'의 개념을 인식했다고 주장할 수 있다. 하지만 실제로 철학자들이 말하는 신은 종교적 교리에서의 강력한 존재가 아니라 실체 없는 그림자에 불과하다. –《환상의 미래》(1927)

■ 망상을 공유하는 사람은 그것을 망상으로 절대 인식하지 못한다. –《문명 속의 불만》(1930)

■ 시인이 철학자를 두고 "잠옷과 누더기 가운으로 우주의 빈틈을 메우려 한다"고 풍자한 말은 결코 근거 없는 비판처럼 들리지 않는다. ─《새로운 정신분석 입문 강의》(1933)

■ 우리의 철학은 말의 힘을 과대평가하여 우리의 생각이 현실을 창조한다고 믿는 정령 숭배적인 사고방식의 잔재를 여전히 지니고 있다. ─《새로운 정신분석 입문 강의》(1933)

02

정신분석

> "프로이트는 단순히 정신분석학의 창시자가 아니라
> 현대 인간 주체에 대한 연구를 개척한 인물로 평가된다."
>
> ―미셸 푸코(Michel Foucault)

정신분석의 의미

■ 정신분석이 여기서 하는 일은 플라톤의 옛말을 확인하는 것에 불과하다. 그 말이란, 착한 사람들은 나쁜 사람들이 실제로 행하는 일을 꿈꾸는 것으로 만족해한다는 것이다. ―《정신분석 입문》(1917)

■ 정신분석 과정에서 환자는 다양한 저항에 부딪히게 된다. 이러한 저항은 자아, 이드, 초자아에서 기원하며, 크게 다섯 가지 유형으로 나눌 수 있다.

1. 억압 저항 : 과거의 고통스러운 기억이나 충동을 의식에서 억누르려는 저항이다.

2. 전이 저항 : 분석가에게 과거의 중요한 인물을 투영하여 분석 과정을 방해하는 저항이다. 이는 분석 상황이나 분석가와의 관계를 통해 억압된 내용이 다시 활성화되는 특징을 지닌다.

3. 질병 이득 저항 : 질병으로 인해 얻는 이차적 이득(예 : 관심, 휴식 등)을 포기하지 않으려는 저항이다. 증상이 자아에 통합되어 일종의 정체성이 된 경우가 많다.

4. 이드의 저항 : 원초적인 욕구에서 비롯된 저항으로, 변화를 거부하고 현 상태를 유지하려는 본능적 저항이다. 이 저항은 '작업을 통해 극복하기'를 필요로 한다.

5. 초자아의 저항 : 도덕적 죄책이나 처벌에 대한 필요에서 비롯된 저항으로, 성공을 포함한 모든 변화 시도를 막으려 한다. 이는 환자가 치료를 통해 회복하는 것을 방해할 수도 있다.

이러한 저항들은 서로 복합적으로 작용하며 분석 과정을 방해한다. 분석가는 이러한 저항을 인식하고 해석하여 치료 목표를 달성하는 데 필요한 과정을 밟아야 한다. ─《억압, 증상 및 불안》(1936)

■ 정신분석이 신중해야 하는 이유는 정당하다. 정신분석의 주요

원칙 중 하나는 분석 작업의 진행을 방해하는 모든 것이 저항의 형태로 간주된다는 것이다. -《꿈의 해석》(1899)

■ 억압은 단순한 중단이 아니라서 욕구나 충동은 평소처럼 발생하지만, 심리적 장애물에 의해 목표에 도달하지 못하고 다양한 경로로 분산되어 결국 증상으로 표현되는 증상이다. -《성욕에 관한 세 편의 에세이》(1905)

■ 우리는 이 복잡한 상호 관계 속에서 서로 다른 의견들이 각자 나름의 타당성을 지니고 있음을 인정하고, 각 의견이 어떤 측면에서 옳은지를 밝혀낼 수 있었다. -《꿈의 해석》(1899)

■ 대안을 명확하게 표현하기 어려운 경우 꿈은 종종 비슷한 길이의 두 부분으로 나뉘어 나타난다. 이를 통해 서로 다른 가능성을 제시하거나 상반된 욕구를 동시에 보여줄 수 있다. -《꿈의 해석》(1899)

■ 우리는 정신적 장치의 구조와 그 안에서 작용하는 힘의 역할에 대해 새로운 가정을 제시해야 할 것이다. 그러나 이러한 가정을 첫 번째 논리적 연결고리에서 너무 멀리 확장하지 않도록 주의해야 한다. 지나치게 확장하면 그 가치가 불확실성 속으로 사라질

위험이 있기 때문이다. -《꿈의 해석》(1899)

■ 과학적 문제에 있어 최종 판단을 내리는 것은 언제나 경험이며, 경험이 없는 권위는 결코 판단을 내릴 수 없다. -《지그문트 프로이트 전집》5권(1900~1901), 표준판

■ 다양한 연구 결과들은 우리가 기억하는 가장 어린 시절의 기억이 실제로는 정확한 기억이 아니라, 후에 다양한 심리적 요인에 의해 재구성된 것일 수 있다는 사실을 시사한다. 즉 개인의 '어린 시절 회상'은 실제 경험이 아닌, 심리적으로 재구성된 이야기일 가능성이 높은데, 이는 민족의 전설이나 신화처럼 집단적인 무의식과 개인의 욕구가 결합하여 만들어진 이야기와 유사한 성격을 지닌다. -《일상생활의 정신병리학》(1901)

■ 우리의 기억, 어린 시절의 어디까지 거슬러 올라갈 수 있을까?
-《일상생활의 정신병리학》(1901)

■ 정신분석적 방법을 적용해 연구해 보면 우리의 정신 활동에서 나타나는 일부 부족함이나 무의식적으로 보이는 행동들이 사실은 분명한 동기와 원인에 의해 결정된 것으로, 의식이 인지하지

못하는 심리적 요인들에 의해 좌우된다는 것을 알 수 있다. -《일
상생활의 정신병리학》(1901)

■ 말은 효과를 불러일으키는, 인간에게 영향을 미치는 보편적인
수단이다. -《정신분석 입문》(1917)

■ 사건과 장소는 꿈속에서 사람처럼 하나의 이미지로 결합될 수
있다. 이는 각각의 사건과 장소가 공유하는 공통된 요소가 꿈의
잠재적인 의미에서 강조될 때 이루어진다. 이러한 다양한 요소들
이 결합되면 여러 장의 사진을 한 장의 필름에 겹쳐 찍은 것처럼
모호하고 불분명한 이미지가 형성된다. -《정신분석 입문》(1917)

■ 작은 신호를 과소평가하지 말자. 어쩌면 그 신호들이 더 큰 일
의 실마리를 발견하는 열쇠가 될 수 있다. -《정신분석 입문》(1917)

■ 결과에서 원인을 추적하면 사건들이 연속적으로 연결되어 있
어 우리는 완벽한 설명을 얻었다고 느낀다. 하지만 원인에서 시
작하여 결과를 예측하려 하면 사건들이 필연적으로 연결되는 것
이 아니라 마치 우연한 일련의 사건처럼 느껴져 결과를 정확히
예측하기 어렵다. -《쾌락 원칙을 넘어서》(1920)

■ 환자는 모든 무의식적 갈등을 전이 상황에서 완전히 드러낼 수 없고, 분석가 역시 모든 무의식적 갈등을 전이 과정에서 완전히 끌어낼 수 없다. ─《집단 심리학과 자아 분석》(1921)

■ 하지만 최면술은 카타르시스 치료에 큰 도움이 되었다. 환자의 의식을 확장하고 깨어 있는 상태에서는 알지 못했던 지식을 환자가 쉽게 접근할 수 있도록 했기 때문이다. 이를 대체할 방법을 찾는 것은 쉽지 않았다. 그때 베른하임(Hippolyte Bernheim)과 함께 있을 때 자주 목격했던 실험이 떠올랐다. 피실험자가 최면 상태에서 깨어나면 그 상태에서 일어난 일을 모두 잊어버린 것처럼 보였지만, 베른하임은 그 기억이 여전히 존재한다고 주장했다. 피실험자가 이미 모든 것을 알고 있기 때문에 이마에 손을 얹고 "당신은 알고 있어요. 그냥 기억해 내기만 하면 돼요"라고 격려하면 된다는 것이었다. 피실험자는 처음엔 주저하다가 결국에는 잊혀진 기억들이 홍수처럼, 그리고 명료하게 떠올랐다. 나도 같은 방식으로 시도해 보기로 했다.

내 환자들도 최면 상태에서만 접근할 수 있었던 모든 것을 이미 알고 있을 것이다. 내가 그들에게 손을 대고 확신과 격려의 말을 전하면 잊혀진 기억을 의식으로 떠올릴 수 있을 것이라 기대했다. 이 방법은 최면을 사용하는 것보다 더 많은 노력이 필요해 보였지만 매우 유익한 결과를 가져다줄 것 같았다. 그래서 최면술을 포기하고 환자가 소파에 눕도록 한 다음 그가 나를 볼 수 없지만 나는 그를 볼 수 있는 위치에 앉아 내 방식으로 진료를 진행했다. ―《자전적 연구》(1925)

■ 우리가 처음 던진 질문은 "정신분석 치료를 통해 본능과 자아 사이의 갈등, 즉 자아를 병들게 하는 본능적인 욕구를 영구적으로 완전히 해결할 수 있을까?"였다. 여기서 '영구적으로 해결한다'는 것이 무엇을 의미하는지 더 자세히 설명할 필요가 있다. … 우리가 의미하는 것은 본능을 '길들이는' 과정, 즉 본능이 자아와 완전히 조화를 이루고, 자아의 영향을 받아들이며, 더 이상 독자적으로 만족을 추구하지 않는 상태를 말한다. 그러나 이러한 결과가 어떻게 이루어지는지에 대한 구체적인 방법을 묻는다면 답을 찾기가 쉽지 않다. 우리는 단지 '결국 마녀가 그 일을 해냈다!'라고 말할 수 있을 뿐이다 ― 마녀 같은 메타심리학! ―〈종료 가능 및 종료 불가능한 분석〉(1937)

■ 아무리 매력적인 확률이라도 오류로부터 우리를 보호할 수 없다. 문제의 모든 부분이 직소 퍼즐 조각처럼 맞아떨어진다 해도,

확률이 반드시 진실을 의미하지는 않으며 진실이 항상 가능성이 높은 것도 아니라는 점을 기억해야 한다. -《모세와 유일신교》(1939)

■ 과학은 명확하고 날카롭게 정의된 기본 개념 위에 구축되어야 한다는 견해가 종종 옹호된다. 실제로는 가장 정확한 과학조차도 그러한 정의로 시작하지 않는다. 과학적 활동의 진정한 시작은 오히려 현상을 기술하고 그다음 그것들을 그룹화, 분류 및 상관 관계를 진행하는 것으로 이루어진다. -《일반 심리학 이론 : 메타심리학에 관한 논문》(1963)

■ 정신분석은 … 개인의 최고의 윤리적, 지적 발달을 도모하는 방법 중 하나로 자리 잡아야 합니다. -제임스 잭슨 퍼트남에게 보낸 편지(1914)

■ 인간은 강력한 신념을 따를 때 강하지만 그 신념에 반대할 때 무력해진다. 정신분석은 이러한 손실을 극복하여 새로운 지지자들을 얻게 될 것이고 우리의 심층 연구는 끝까지 계속될 것이다. 결론적으로 정신분석의 심오한 세계에서 머무는 것이 불편했던 사람들에게 행운을 빌며, 나머지 우리들은 방해 없이 그 작업을 끝까지 수행할 수 있기를 바란다. -《정신분석 운동의 역사》(1917)

■ 쾌락 또는 고통은 정신과 신체의 상호작용 속에서 안정과 불안정 상태와 밀접하게 연관되어질 수 있다. ─《쾌락 원칙을 넘어서》(1920)

■ 옛날 사람들은 꿈을 악마나 신과 같은 초자연적인 힘의 메시지로 여겼다. 즉 꿈을 통해 신들이 인간에게 좋은 징조나 경고를 보낸다고 믿었던 것이다. 하지만 과학적 사고가 발달하면서 이러한 꿈에 대한 종교적인 해석은 뒤로 물러나고 개인의 무의식적인 상태를 반영하는 심리적 현상이라는 해석이 자리 잡게 되었다. 오늘날 교육받은 사람들 중에서 꿈이란 꿈꾸는 자의 정신적 행위임을 의심하는 사람은 소수에 불과하다. ─《꿈 심리학》(1920)

■ 정신을 의식과 무의식으로 나누는 것은 정신분석의 기본 전제이다. ─《자아와 이드》(1923)

■ 우리는 정신분석이 의학에 흡수되어 단순한 치료 기법으로 축소되는 것을 결코 바람직하게 생각하지 않는다. 정신적 무의식을 탐구하는 심층 심리학으로서 정신분석은 인간 문명의 진화와 예술, 종교, 사회 등 다양한 문화 현상을 이해하는 데 필수적인 역할을 할 수 있다. 신경증 치료는 분석의 다양한 활용 분야 중 하나일 뿐이며 미래에는 분석이 다른 분야에서 더 중요한 역할을

할 수도 있다. -〈비전문가 분석의 문제〉(1926)

■ 고통의 세 가지 근원은 자연의 거대한 힘, 인간 신체의 나약함, 그리고 가족, 국가, 사회 내에서 사람들 간의 관계를 규율하는 제도의 불완전함이다. -《문명 속의 불만》(1930)

■ 사고(思考)는 마치 장군이 실제 병력을 투입하기 전에 지도 위에서 작은 모형을 움직이며 작전을 실험하듯이 소량의 에너지를 다루는 실험적인 과정이다. -《새로운 정신분석 입문 강의》(1933)

■ 비유는 아무것도 증명하지 못하지만 우리를 더 편안하게 만들어 주는 역할을 한다. -《새로운 정신분석 입문 강의》(1933)

■ 우리는 복잡한 세상에 질서를 부여하기 위해 일반적인 법칙을 찾아내려고 노력한다. 이 과정에서 세상을 단순화시키면서 불가피하게 일부 왜곡이 발생하는데, 특히 변화와 발전이라는 동적인 과정을 연구할 때는 질적인 변화에 더 주목하고 양적인 측면은 상대적으로 간과하는 경향이 있다. -〈종료 가능 및 종료 불가능한 분석〉(1937)

■ 분석가는 정신적으로 건강하고 균형 잡힌 상태를 유지하며 높

은 수준의 판단력과 객관성을 갖춰야 한다. 또한 환자에게 모범이 될 수 있는 우월한 지식을 지녀야 하며 때로는 교육자의 역할을 수행해 환자의 성장을 돕는 것이 중요하다. 마지막으로 분석적 관계는 진실에 대한 사랑과 현실 인식을 기반으로 하므로 어떠한 속임수나 기만도 허용되어서는 안 된다. ─〈종료 가능 및 종료 불가능한 분석〉(1937)

■ 고대 그리스 철학자 엠페도클레스*의 이론은 정신분석에서의 본능 이론과 매우 흡사하여 마치 두 이론이 동일한 것처럼 보인다. 그러나 엠페도클레스의 이론이 우주 전체에 적용되는 원리를 다루는 '우주적 상상'인 반면 정신분석 이론은 생물학적 타당성에 중점을 둔다는 점에서 차이가 있다. ─〈종료 가능 및 종료 불가능한 분석〉(1937)

■ 분석 작업 중, 회복에 반대하여 가능한 모든 수단으로 자신을 방어하고 질병과 고통을 단호히 유지하려는 힘이 존재한다는 점보다 더 충격적인 것은 없다. ─〈종료 가능 및 종료 불가능한 분석〉(1937)

---

*엠페도클레스(Empedocles) : 세상의 모든 만물은 바람·불·물·흙 등 4개의 원소로 이루어졌다고 주장).

■ 적어도 증상의 의미 중 하나는 성적 환상의 표현과 일치하지만 그 외 다른 의미의 내용에는 그러한 한계가 없다 -《도라 : 히스테리 사례 분석》(1905)

■ 새로운 동생이 생길 것 같다는 생각에 아이는 자신이 더 이상 부모님의 사랑을 독차지할 수 없을지도 모른다는 불안감을 가진다. 이러한 불안은 아이를 더욱 성숙하게 만들고 동시에 '아이들은 어디에서 오는가?'라는 의문을 품게 된다. 이는 성별의 차이에 대한 호기심보다 더욱 아이들의 관심을 끄는 문제이다. -《성욕에 관한 세 편의 에세이》(1905)

■ 저항이 강할수록 과거의 경험을 기억하기보다는 무의식적인 충동을 행동으로 직접 표현하는 경향이 강해진다. 즉, 억압된 욕구나 트라우마가 현재의 성격에 영향을 미치면서 과거의 상황을 반복적으로 재현하게 된다는 것이다. -〈회상, 반복 및 훈습〉(1914)

■ 그러나 불쾌한 생각을 사실로 받아들이기를 꺼리는 것은 인간의 일반적인 성향이다. 사람들은 불쾌한 진실을 부정하고 싶어하며 이를 뒷받침할 논리적인 이유를 찾아내곤 한다. 이렇게 하여 사회는 정신분석의 결론을 부정하고 불쾌한 것을 거짓으로 몰아

세운다. 하지만 이러한 논리적인 주장들은 사실 감정적인 뿌리를 가지고 있는데, 사회는 이러한 편견을 쉽게 버리지 못한다. ─《정신분석 입문》(1917)

■ 끊임없이 새로운 지식을 탐구하던 한 친구는 요기(Yogi)들이 특별한 수행을 통해 새로운 감각과 감정을 경험한다고 주장한다. 그는 요가 수행자들이 세상과 단절하고 몸에 집중하며 특별한 호흡법을 통해 깊이 숨겨진 원시적인 정신상태로 돌아갈 수 있다고 생각한다. ─《문명 속의 불만》(1930)

■ 운동 격리(motor isolation)는 정신적인 에너지의 흐름을 차단하여 특정한 생각이나 감정에 집중하는 것을 의미한다. 우리는 중요한 작업을 수행할 때 다른 관련 없는 생각들이 방해하지 않도록 이러한 격리 과정을 자연스럽게 사용한다. 하지만 이는 단순히 불필요한 정보를 차단하는 것을 넘어 신과의 관계에서 나타나는 아버지 콤플렉스의 양가감정이나 사랑과 관련된 억압된 욕구와 같이 자아가 받아들이기 어려운 충동이나 기억을 억누르는 역할도 한다. 정신분석에서는 이러한 격리 과정을 해체하여 무의식적인 갈등을 드러내고 치료하는 것을 목표로 한다. ─《억압, 증상 및 불안》(1936)

■ 나는 '방어기제'라는 용어를 사용하여 신경증으로 이어질 수 있는 갈등 상황에서 자아가 사용하는 모든 방어적 수단을 포괄적으로 지칭하는 것이 효과적이라고 생각한다. 이때 '억압'은 우리가 가장 먼저 연구했던 특수한 방어기제로서 그 자체의 의미를 유지해야 한다고 본다. -《억압, 증상 및 불안》(1936)

■ 물론 모든 사람이 모든 방어기제를 사용하는 것은 아니다. 각 개인은 자신에게 맞는 몇 가지 방어기제를 선택하여 사용한다. 그러나 이러한 방어기제들은 자아에 고착되어 마치 굳어버린 틀처럼 반복적으로 사용된다. 유사한 상황이 발생할 때마다 과거의 방식대로 반응하는데, 이는 유아기에 형성된 미성숙한 대처 방식을 끊임없이 반복하는 것과 같다. 이러한 방어기제는 마치 시대에 뒤떨어진 제도처럼 더 이상 유용하지 않음에도 불구하고 계속해서 유지되려는 경향을 보인다. 어떤 시인이 말했다.
"이성은 무의미해지고 선행은 고통이 될 수 있다." -〈종료 가능 및 종료 불가능한 분석〉(1937)

■ 정신분석이 신경증 환자의 전이 현상에서 드러내는 바는 정상인의 삶에서도 관찰될 수 있다. 이러한 현상은 마치 추적하는 운명처럼 보이며 그들의 운명 속에 악마적인 특성이 존재하는 듯하

다. 정신분석은 이러한 삶의 역사를 상당 부분 자아가 부과한 것으로, 유아기의 영향에 의해 결정된 것으로 간주해 왔다. 이에 따라 표현되는 강박은 신경증 환자의 반복 강박과 전혀 다르지 않다. 비록 신경증적 갈등으로 인한 증상을 전혀 보이지 않더라도 마찬가지이다.

우리는 모든 인간관계가 같은 방식으로 끝나는 사람들을 알고 있다. 예를 들어 후원자가 아무리 도움을 주더라도 시간이 지나면 도움을 받은 사람이 그를 배신하고 떠나는 고통을 겪게 된다. 모든 우정이 친구의 배신으로 끝나는 사람도 있고, 어떤 사람은 누군가에게 권위를 부여했다가 그가 반란을 일으키는 바람에 쫓겨나고, 사랑하는 사람과의 관계가 매번 같은 단계를 거쳐 같은 결말에 이르는 경우도 마찬가지이다. 만약 어떤 사람의 행동이 일관되게 특정한 패턴을 보이고 이러한 패턴이 그의 성격과 깊이 연결되어 있다면 우리는 그러한 반복적인 행동을 더 이상 놀라운 일로 여기지 않게 된다. ─《쾌락 원칙을 넘어서》(1920)

■ 저항에 직면하여 환자의 자아는 분석 상황을 방해하려는 경향을 보인다. 즉 무의식적인 욕망을 드러내려는 분석가의 노력에 반대하고, 자유 연상과 같은 분석의 기본 규칙을 무시하며, 억

압된 내용이 의식으로 떠오르는 것을 방해한다. 이러한 상태에서 환자는 분석가를 단순히 불쾌한 요구만 하는 낯선 사람으로 인식하여 얼굴이 익지 않은 사람을 믿지 않는 어린아이처럼 분석가를 대한다. 이는 환자가 무의식적으로 자신의 내면 깊숙한 곳에 숨겨진 고통스러운 기억이나 충동을 드러내는 것을 두려워하기 때문이다. 따라서 분석가가 환자의 방어기제를 설명하고 수정하려 해도 환자는 이를 이해하지 못하고 논리적인 설명을 받아들이지 않는다. −〈종료 가능 및 종료 불가능한 분석〉(1937)

오이디푸스

■ 어린 시절엔 아버지의 보호만큼 절실한 것은 없다. −《문명 속의 불만》(1930)

■ 어머니에 대한 성적 욕구가 강렬해지고 아버지는 그러한 욕구를 방해하는 존재로 여겨지면서 오이디푸스 콤플렉스가 형성된다. −《자아와 이드》(1923)

■ 아버지에게 먹힌다는 상상은 아버지의 사랑을 깊이 갈망하는

마음이 퇴행적으로 변형된 모습이다. -《억압, 증상 및 불안》(1936)

■ 오이디푸스 콤플렉스는 초기 아동기의 성적 발달에 있어 핵심
적인 부분으로 그 중요성이 더욱 부각된다. -《오이디푸스 콤플렉스
의 해소》(1924)

■ 오이디푸스 콤플렉스 영역에서, 사랑을 얻기 위해서는 소중한
성기를 포기해야 한다는 두려움이 아이에게 생겨나면서, 자신의
몸에 대한 자기애와 부모에 대한 애착 사이에 심각한 갈등이 발
생한다. 이러한 갈등 상황에서 대부분의 아이들은 자기애적인 욕
구를 더 중요하게 여기면서 오이디푸스 콤플렉스를 극복하게 된
다. -《오이디푸스 콤플렉스의 해소》(1924)

■ 거세에 대한 공포가 오이디푸스 콤플렉스를 해체한다는 것은
명백히 남자아이들에게만 적용되는 이야기이다. 그렇다면 여자
아이들은 어떤 발달 과정을 거치는 것일까? -《오이디푸스 콤플렉스
의 해소》(1924)

■ 아버지 혹은 부모의 권위가 자아 안으로 받아들여지면서 초자
아라는 새로운 구조가 형성된다. 이 초자아는 아버지의 엄격함을

이어받아 근친상간을 금하는 명령을 내면화하고 이를 통해 근친상간에 대한 죄책감을 유발함으로써 리비도가 다시 부모에게 집중되는 것을 막는 역할을 한다. –《오이디푸스 콤플렉스의 해소》(1924)

■ 나는 자아가 오이디푸스 콤플렉스를 회피하는 것을 '억압'이라고 부르는 데 문제가 없다고 본다. 비록 이후의 억압은 주로 초자아의 개입으로 이루어지지만, 이 경우 초자아는 이제 막 형성되고 있을 뿐이다. 하지만 우리가 설명한 이 과정은 단순한 억압을 넘어서며 이상적으로 이루어진다면 콤플렉스를 파괴하고 소멸시키는 것과 같다. 우리는 여기서 정상과 병리의 경계, 결코 명확하게 그어진 적 없는 경계에 도달했다고 볼 수 있다. 만약 자아가 콤플렉스를 단순히 억압하는 데 그친다면 그 콤플렉스는 무의식적인 상태로 이드에 남아 훗날 병리적인 영향을 미칠 수 있다. –《오이디푸스 콤플렉스의 해소》(1924)

■ 이 시점부터 우리의 논의는 갑작스럽게 모호해지고 허점투성이가 된다. 왜 그런지는 알 수 없다. 여성 역시 오이디푸스 콤플렉스, 초자아, 잠복기를 경험한다. 그렇다면 여성에게도 남근기와 거세 콤플렉스를 적용할 수 있을까? 답은 '그렇다'이다. 하지만 남성의 경우와는 다르다. 형태학적 차이가 심리적 발달에 영향을

미치기 때문에 성별 간의 평등을 주장하는 페미니즘의 관점에서도 이러한 차이를 무시할 수는 없다. 나폴레옹의 말을 변형해 보자면 '신체 구조가 운명을 결정한다(Anatomy is destiny)'는 것이다. 어린 소녀는 처음에 클리토리스를 마치 남성의 성기처럼 인식한다. 하지만 다른 성의 또래와 비교하면서 자신이 '손해를 본 것'처럼 느끼고, 이를 불공평하고 열등한 것으로 받아들인다. 소녀는 나중에 자라면 남성처럼 될 것이라는 기대감으로 한동안 위안을 삼는다. ─《오이디푸스 콤플렉스의 해소》(1924)

■ 여아는 자기 성기가 남성과 다르다는 것을 성적인 차이로 인식하기보다는 한때 자신에게도 남성과 동일한 크기의 성기가 있었으나 거세를 통해 잃어버렸다고 생각한다. 흥미롭게도, 여아는 다른 여성들에게는 이러한 사고방식을 적용하지 않고 오히려 모든 여성이 남성과 동일한 완전한 성기를 가지고 있다고 믿는 경향이 있다. 이러한 차이로 인해 여아는 거세가 이미 일어난 사실로 받아들이지만, 남아는 미래에 거세가 일어날까 두려워한다. ─《오이디푸스 콤플렉스의 해소》(1924)

■ 여자아이는 거세에 대한 공포가 없으므로 초자아 형성이나 초기 성적 발달 단계에서의 변화에 대한 동기가 상대적으로 약하

다. 오히려 양육 환경이나 사랑을 잃을지 모른다는 외부의 압력이 이러한 변화에 더 큰 영향을 미치는 것으로 보인다. 내 경험상, 여자아이의 오이디푸스 콤플렉스는 남성에 비해 단순하여 어머니를 대체하고 아버지에게 여성적인 태도를 보이는 정도에 그치는 경우가 많다. 여자아이는 페니스를 포기하는 대신 무의식적으로 아기를 갖고 싶어 하는 욕구로 이를 보상하려 한다. 즉, 아버지에게서 아기를 선물 받고 싶어 하는 욕망이 오이디푸스 콤플렉스의 정점이라고 할 수 있다. 하지만 이러한 소망이 실현되지 않으면서 오이디푸스 콤플렉스는 점차 해소되는 경향을 보인다. 페니스와 아이를 갖고 싶어 하는 두 가지 욕망은 무의식 속에 남아 여성의 성적 역할을 준비하게 한다. 하지만 여자아이의 발달 과정에 대한 우리의 이해는 여전히 불완전하고 모호하다는 점을 인정해야 한다. ―《오이디푸스 콤플렉스의 해소》(1924)

■ 초기 유아기의 성욕에서 또 다른 특징은 아이들이 여성 성기의 기능을 인지하지 못한다는 것이다. 아이들의 관심은 전적으로 남성 성기에 집중되어 있으며, 자기 성기와 비교하면서 열등감을 느낀다. 우리는 여자아이들의 초기 성 발달에 대해 상대적으로 아는 것이 적다. 하지만 이 차이를 부끄러워할 필요는 없다. 결국 성인 여성의 성 심리가 심리학에서는 '어둠의 대륙'으로 불리기

때문이다. 하지만 우리는 여자아이들이 남성의 성기와 동등한 가치를 지닌 성기가 없다는 것을 깊이 느끼고, 그로 인해 자신을 열등하게 여기며, 이 '페니스에 대한 부러움'이 여러 가지 여성 특유의 반응을 형성하는 기원이 된다는 것을 알게 되었다.

아이들에겐 두 가지 배설 욕구에 성적인 관심이 결합되는 경향이 있다. 이후 교육을 통해 이 둘을 명확히 구분하게 되지만 농담을 통해 이러한 구분이 다시 흐려지기도 한다. 이는 불쾌한 사실일 수 있지만 아이들이 혐오감을 가지기까지는 상당한 시간이 걸린다. 이는 아이의 천사 같은 순수성을 주장하는 사람들조차 부인하지 않는 사실이다.

그러나 가장 주목할 만한 사실은 아이들이 정기적으로 가장 가까운 친척들에게 성적인 욕구를 표현한다는 점이다. 처음에는 아버지와 어머니에게, 그리고 나중에는 형제자매에게 향한다. 남자아이의 첫사랑의 대상은 어머니이고, 여자아이의 첫사랑의 대상은 아버지이다(다만, 타고난 양성적 성향으로 인해 반대되는 태도가 동시에 존재할 수도 있다). 다른 쪽 부모는 방해가 되는 경쟁자로 느껴져서 종종 강한 적대감을 갖고 바라보게 된다. 내 말을 제대로 이해하길 바란다. 내가 말하고자 하는 것은 아이가 좋아하는 부모에게서 받기 원하는 것이 단순히 우리가 흔히 생각하는 부모와 자녀 사이의 애정만은 아니라는 것이다. 분석에 따르면 아이의 욕구는 그러한 애정을 넘어 우리가 감각적인 만족이라고 이해하는 모든 것에 이른다.

하지만 분석 결과 아이들의 욕구는 단순한 애정을 넘어 우리가 성적인 만족이라고 이해하는 모든 것으로 확장된다는 것을 명확히 알 수 있다. 물론 아이들의 상상력이 허용하는 범위 내에서 말이다. 아이들은 실제 성관계에 대한 정확한 지식이 없기 때문에 자신의 경험과 감정을 바탕으로 다른 상상을 한다. 일반적으로 아이들은 아기를 낳거나 어떤 방식으로든 새로운 생명을 탄생시키고 싶어 한다. 놀랍게도 남자아이들 역시 아기를 낳고 싶어 하는 환상을 품기도 한다. 우리는 이러한 무의식적인 심리적 구조를 그리스 신화의 오이디푸스 이야기에서 따와 '오이디푸스 콤플렉스'라고 부른다.

초기 성적 발달 단계가 지나면 이 콤플렉스는 자연스럽게 해소되고 다른 형태로 변화해야 한다. 이러한 변화는 이후 성인이 되어서도 중요한 영향을 미친다. 하지만 많은 경우 콤플렉스가 완전히 해소되지 않고 남아 있다가 사춘기가 되면 다시 활성화되어

176

심리적인 문제를 야기하는 경우가 흔하다.

사람들이 침묵하는 것을 보고 놀랍지만 그 침묵이 내 주장에 대한 동의를 의미한다고 생각하지 않는다. 아이의 첫 번째 애정의 대상이 근친상간적인 경향을 보인다는 주장은 인류의 가장 신성시되는 감정을 건드려 많은 사람에게 충격을 주었고, 당연히 강한 반발과 비난에 직면했다. 실제로 이러한 주장은 많은 비판을 받아왔다. 특히 오이디푸스 콤플렉스를 모든 인간에게 공통적인 보편적인 현상이라고 주장한 것은 더욱 큰 논란을 불러일으켰다. 흥미로운 점은 그리스 신화 역시 이와 유사한 내용을 담고 있다는 것이다. 대부분 사람은 학식이 있는 사람이나 없는 사람 할 것 없이 인간의 본성 속에 근친상간에 대한 혐오감이 자리 잡고 있어 이러한 일이 일어나지 않는다고 믿는 경향이 있다.

하지만 먼저 역사를 소환해 보자. 카이우스 율리우스 카이사르가 이집트에 도착했을 때, 그는 곧 자신에게 매우 중요한 인물이 될 젊은 여왕 클레오파트라가 그녀보다 더 어린 남동생 프톨레마이오스와 결혼한 상태임을 알게 되었다. 이집트 왕조에서는 이러한 결혼이 전혀 특이한 일이 아니었다. 그리스 출신의 프톨레마이오스 왕조는 수천 년 동안 고대 파라오들이 시행해 온 관습을 그저 이어갔을 뿐이었다. 그러나 이것은 단지 형제자매 간의 근친상간일 뿐으로, 오늘날에도 그렇게 가혹하게 여겨지지는 않는다. 그러므로 태고 시대에 관한 문제에 있어서 우리의 주요 증인인 신화로 눈을 돌려보도록 하자. 그리스인뿐만 아니라 모든 민족의 신화는 아버지와 딸, 심지어 어머니와 아들 사이의 사랑에 관한 사례가 가득 차 있다는 것을 알려준다.

왕족의 계보뿐만 아니라 우주론도 근친상간에 기반을 둔다. 이 전설은 어떤 목적으로 만들어졌다고 생각하는가? 신과 왕을 범죄자로 낙인찍기 위해서인가? 인류의 혐오감을 그들에게 씌우기 위해서인가? 오히려 근친상간적인 욕망은 인간 본성의 아주 오래된 부분으로, 완전히 사라지지 않았기 때문일 것이다. 대부분의 사람들은 이 욕망을 포기해야 했지만 신들과 그 후손들은 여전히 이를 충족할 수 있었다. 이런 이유로 우리는 오늘날에도 아이들 사이에서 이러한 욕망을 볼 수 있는데, 이는 역사와 신화에서 가르치는 내용과 일치하는 것이다. －〈비전문가 분석의 문제〉(1926)

■ 소년의 경우, 남근기 단계에서 어머니를 욕망하고 아버지를 경쟁 상대로 여기는 오이디푸스 콤플렉스가 자연스럽게 발달한다. 하지만 거세에 대한 불안으로 인해 이러한 욕망을 포기하게 된

다. 성기를 잃을지도 모른다는 두려움에 오이디푸스 콤플렉스는 억압되고, 심지어 완전히 사라지는 경우도 있다. 이후에는 강력한 초자아가 형성되어 이 자리를 대신한다. 소녀의 경우는 이와는 상반된 양상을 보인다. 거세 콤플렉스는 오이디푸스 콤플렉스를 끝내는 것이 아니라 오히려 그 무대를 마련한다. 여자아이는 질투심 때문에 어머니와의 애착에서 멀어지고, 오이디푸스 상황에 들어서면 마치 피난처처럼 느낀다.

소년에게 거세에 대한 두려움이 없다면 오이디푸스 콤플렉스를 극복하려는 핵심 동기도 사라진다고 볼 수 있다. 반면 소녀들은 오이디푸스 콤플렉스에 더 오랫동안 머물며 이를 늦게 그리고 불완전하게 해소하는 경향이 있다. 이러한 상황에서는 초자아 형성에 장애가 생겨 충분한 힘과 독립성을 갖추지 못해 문화적으로 중요한 역할을 하지 못하게 된다. 우리가 이러한 요인이 여성의 평균적인 성격에 미치는 영향을 지적하면 페미니스트들은 이를 쉽게 받아들이려 하지 않는다.

게다가, 여성적 역할을 수행할 때 성욕에 더 많은 제약이 가해지는 것처럼 보인다. 목적론적 관점에서 보면 자연은 남성의 경우보다 여성의 요구에 덜 세심하게 반응하는 듯하다. 이는 생물학적 목표의 달성이 남성의 공격성에 의존하면서 여성의 동의 여부와는 어느 정도 무관하게 이루어진다는 사실에서 그 이유를 찾을 수 있을 것이다. –《정신분석 입문 새로운 강의》(1933)

■ 억압의 과정은 오이디푸스 콤플렉스의 거의 모든 구성 요소, 즉 아버지에 대한 적대적인 충동과 애정 어린 충동, 그리고 어머니에 대한 애정 어린 충동을 의식 밖으로 강제로 밀어내려 한다. –《억압, 증상 및 불안》(1936)

■ 당신은 아버지를 죽여 자신이 아버지가 되고자 했다. 이제 당신은 아버지가 되었지만 죽은 아버지가 된 것이다. –《모세와 유일신교》(1939)

성적 욕구

■ 섭식 행위는 대상을 파괴하여 자신의 일부로 만들어 소화하는 과정이고, 성행위는 겉으로는 공격적인 성격을 띠지만 궁극적으로는 상대와 완전히 하나가 되고자 하는 깊은 결합을 추구하는 행위이다. –《정신분석의 개요》(1940)

■ 성관계 중 타인에게 고통을 주는 것에서 성적 쾌감을 느끼는 사람은 반대로 자신이 고통을 받는 것에서도 쾌감을 느낄 수 있다. 즉, 사디스트는 동시에 마조히스트의 성향을 지닐 수 있다.

−《성욕에 관한 세 편의 에세이》(1905)

■ 초기에 변형적 성행위를 연구한 의사들은 자연스럽게 변형된 성행위를 성적전도(性的轉倒, inversion)와 유사한 병적이거나 퇴행적인 징후로 간주하는 경향이 있었다. 하지만 이러한 주장은 이전의 경우보다 더 쉽게 반박할 수 있다. 일반적인 경험에서 알 수 있듯이 이러한 일탈 행위, 특히 경미한 수준의 일탈은 정상적인 성생활에서 다른 친밀한 행위와 마찬가지로 자연스럽게 받아들여지는 경우가 많다. 적절한 조건이 주어진다면 정상적인 사람도 일시적으로 비정상적인 성적 욕구를 정상적인 욕구로 대체하거나 병행할 수 있다. 사실 정상적인 성적 욕구에도 다양한 변형이 존재한다는 점에서 이러한 보편성은 '비정상'이라는 딱딱한 틀로 모든 성적 행위를 구분하는 것이 부적절함을 보여준다. 성생활의 다양성을 고려할 때 정상과 비정상의 경계를 명확히 긋는 것은 현실적으로 어렵다.

이에 덧붙여 말하자면 건강한 사람이라도 정상적인 성적 목표에 다소 비정상적인 요소를 더하는 경우가 있다는 사실을 부정할 수 없다. 이러한 현상이 보편적이라는 사실만으로도 '도착'이라는 용어를 비난의 의미로 사용하는 것이 얼마나 부적절한지를 명확히 알 수 있다. 성생활의 다양성을 고려할 때 '정상적'인 성적 행위와 '병적'인 성적 행위 사이의 경계를 명확히 긋는 것은 사실상 불가능하다. -《성 이론에 관한 세 가지 에세이》(1905)

■ 남자아이가 자신의 성기에 관심을 가지면 자주 만지작거리며 이를 드러내고자 한다. 그러면 어른들은 아이의 이러한 행동을 못마땅하게 여겨 소중하게 여기는 성기를 빼앗길지도 모른다는 암시를 주곤 한다. 이는 아이에게 심리적인 위협으로 작용한다.
… 처음에 아이는 그 위협을 대단치 않게 여기다가 여자아이의 성기를 보고 나서 자신의 성기를 잃을 수 있다는 상상을 하게 되면서 거세에 대한 공포가 현실적으로 느껴지기 시작한다. -《성 이론에 관한 세 가지 에세이》(1905)

■ 우리는 성적 본능과 성적 대상 간의 관계를 실제보다 더 밀접하게 생각해 왔다는 사실을 알게 되었다. 비정상적인 사례들을 통해, 정상적인 경우의 일관성 때문에 간과할 뻔했던 사실, 즉 성적 본능과 성적 대상이 단지 임시로 결합하여 있을 뿐이라는 점

을 확인할 수 있었다. 정상적인 상황에서는 대상이 본능 일부분처럼 보일 수 있지만 실제로는 그렇지 않다. 따라서 우리는 성적본능과 대상 간의 연결을 더 느슨하게 사고해야 한다는 경고를받는다. 성적 본능은 처음에는 특정 대상과 독립적으로 존재할가능성이 높으며 그 기원은 대상의 매력에 의한 것이 아닐 수 있다. ―《성 이론에 관한 세 가지 에세이》(1905)

■ 교육자들은 유아의 성적 발달을 마치 악마처럼 취급한다. 유아의 성적 표현이 도덕성 발달을 방해하고, 아이를 교육하기 어렵게 만든다고 생각하기 때문이다. 그들은 유아의 성적인 측면을회피하려 하며 이러한 현상에 맞닥뜨리면 거의 아무것도 할 수없다고 여긴다. 하지만 우리는 교육자들이 두려워하는 바로 이러한 현상 속에서 성적 충동이 어떻게 형성되는지에 대한 해답을찾을 것을 기대한다. ―《성 이론에 관한 세 가지 에세이》(1905)

■ 어린아이는 기본적으로 부끄러움이 없으며 어린 시절엔 자신의 몸, 특히 생식기를 드러내는 데에서 뚜렷한 즐거움을 느낀다.이러한 행동은 도착적인 것으로 볼 수 있는데, 이와 유사하게 다른 사람의 생식기를 보고자 하는 호기심은 아동기 후반, 즉 수치심이 어느 정도 발달한 뒤에야 나타날 가능성이 있다. ―《성 이론에

관한 세 가지 에세이》(1905)

■ 우리는 먼저 사람마다 타고난 성적 취향이 다르다는 사실에 주목해야 한다. 이러한 타고난 성적 취향은 개인의 성적인 경험과 행동에 큰 영향을 미친다. 즉 어떤 자극에 흥분을 느끼고 어떤 방식으로 성적 쾌감을 느끼는지는 사람마다 다를 수 있다는 것이다. 물론 후천적인 경험과 사회적 환경도 성적 취향에 영향을 미치지만, 타고난 기질이 성적 발달의 기본적인 토대가 된다고 볼 수 있다. -《성 이론에 관한 세 가지 에세이》(1905)

■ 이전에 항문 에로티시즘을 경험했던 사람들에게서 흔히 두드러지는 질서 정연함, 인색함, 그리고 고집스러움과 같은 성격적 특성은 항문 에로티시즘의 승화로 인해 나타난 첫 번째이자 가장 지속적인 결과로 간주되어야 한다. -〈성격 및 항문 에로티시즘〉(1908)

■ 수학은 성적인 욕망에서 벗어나기 위한 가장 좋은 방법으로 널리 인식되어 있었다. 장 자크 루소도 그에게 불만을 품은 한 여성으로부터 "여자를 잊고 수학을 공부하세요!"라는 충고를 들어야 했다. 나의 환자는 학교에서 배운 수학과 기하학에 특별한 열의를 가지고 몰두했지만, 어느 날 갑자기 겉보기에는 단순해 보이

는 몇몇 문제들 앞에서 이해력이 마비되고 말았다. 예를 들어 '두 개의 물체가 서로 충돌하는데 그중 하나의 속도는 …' 또는 '지름이 ~m인 원통 위에 원뿔을 …' 같은 문제들이었다. 다른 사람들은 이러한 문제들을 성적 사건에 관한 특별한 암시로 여기지 않았겠지만, 그는 수학마저도 자신을 배신했다고 느끼며(성적 욕망을 불러일으켰다고 느끼며) 결국 수학으로부터도 등을 돌리고 말았다. −《지그문트 프로이트 전집》 9권(1906~1908), 표준판

■ 모든 도착(perversion)의 공통적인 특징은 생식(生殖)을 목적으로 삼지 않는다는 것이다. 우리는 생식이라는 목적을 포기하고 쾌락을 독립적인 목표로 추구하는 성행위를 '도착'이라고 한다. 따라서 성생활 전개 과정에서 생식을 목적으로 하느냐가 그 전환점이 되어야 한다는 것을 깨닫게 된다. 전환점 이쪽의 모든 것, 즉 생식의 목적을 포기하고 쾌락만을 추구하는 모든 것에는 '도착'라는 용어를 붙여, 경멸의 대상으로 삼는다. −《정신분석 입문 강의(Introductory Lectures on Psychoanalysis)》(1917, ※ 이에 대해 칼 C. 지머만 하버드대학교 교수는 1956년 《결혼과 가정Marriage and the Family : A Text for Moderns》이라는 저서에서, 프로이트가 초기엔 피임 행위를 포함하여 생식을 목적으로 하지 않은 성행위를 본질적으로 '도착증'으로 보았다고 주장했다.)

■ 꿈 분석 결과, 겉으로 보기엔 성적인 요소가 전혀 포함되지 않는 것 같은 꿈들도 실제로는 억압된 성적 욕망을 반영하고 있음이 밝혀졌다. 반대로 깨어 있을 때의 많은 생각, 즉 일상생활을 하며 머리에 남은 생각들은 꿈속에서 억압된 성적 욕망과 결합하여 나타나는 경우가 많다. ─《꿈 심리학》(1920)

■ 나는 일반적으로 성적 금욕이 활력 있고 독립적인 행동가나 독창적인 사상가, 대담한 해방자나 개혁가를 만들어 낸다고 생각하지 않는다. 오히려 성적 금욕은 순종적이고 나약한 사람을 만들어 내도록 하는데, 이러한 사람들은 나중에 강한 개인의 뒤를 마지못해 따르는 대중 속으로 합류하는 경우가 더 많다고 본다.
─《문명 속의 불만》(1930)

■ 어린 시절의 성적 발달은 사춘기 이후의 성적 성숙 방향에 큰 영향을 미친다. 사춘기가 되면 어린 시절의 공격적인 충동이 다시 나타날 뿐만 아니라 새로운 성적 욕구의 상당 부분, 심지어 전부가 과거의 미성숙한 방식으로 되돌아가 공격적이고 파괴적인 성향으로 표출될 수 있다. 이처럼 성적 욕구가 변형되고 이를 억누르려는 강한 자아 방어기제가 작동하면서 성적인 충동이 도덕적 원칙이라는 기치 아래 더욱 강하게 억압된다. ─《억압, 증상 및 불안》(1936)

■ 초기 유아기 자위에 대한 엄격한 금지는 퇴행적 사고(사디즘-항문기적 사고)와 연결되어 있으며, 여전히 억제되지 않은 남근기적 성향을 반영하는 것으로, 항상 성공적이지는 않을 수 있다. 이는 자위 행위가 성적 발달 과정에서 부정적인 영향을 미칠 수 있음을 시사한다. –《억압, 증상 및 불안》(1936)

■ 우리는 인간의 성적 발달이 동물들과 달리, 5세까지 초기 성적 발달을 거친 뒤 잠시 중단되었다가 사춘기에 다시 시작된다는 사실을 발견했다. 이는 인류의 역사 속에서 어떤 중대한 사건이 발생하여 개인의 성적 발달에 이러한 중단이라는 흔적을 남겼음을 시사한다. 유아기의 성적 충동이 자아에 의해 위험으로 인식되고 억압되었기 때문에, 사춘기에 자연스럽게 나타나는 성적 충동마저도 유아기의 성적 충동에 영향을 받아 다시 억압될 위험이 크다. –《억압, 증상 및 불안》(1936)

■ 본능을 생명 본능과 죽음 본능으로 나눈다는 새로운 관점은 지금까지 성립되어 온 성적 욕망의 발달 단계에 대한 이해를 뒤흔드는 것처럼 보인다. 하지만 이 문제를 해결하기 위해 새로운 이론을 만들 필요는 없다. 우리가 경험하는 본능은 순수한 형태로 나타나는 것이 아니라, 생명 본능과 죽음 본능이 복합적으로 작

용하는 경우가 대부분이기 때문이다. 따라서 성적 욕망의 조직화에 대한 기존의 관점을 수정할 필요는 없다. 예를 들어 다른 사람을 해치고 싶은 사디즘적인 충동도 성적인 욕구의 한 형태로 볼 수 있다면, 아버지에 대한 공격적인 충동도 어머니에 대한 애정 어린 충동처럼 억압될 수 있는 것이다. -《억압, 증상 및 불안》(1936)

■ 잠복기 동안 가장 중요한 과제는 자위 충동을 억누르는 것이다. 이 과정에서 많은 사람들에게 공통적으로 나타나는 강박적인 행동 양식이 관찰되는데, 이는 마치 의식처럼 반복되는 특징을 보인다. 아직까지 이러한 강박적인 행동 양식을 체계적으로 수집하고 분석한 연구가 부족하다는 것은 매우 유감이다. -《억압, 증상 및 불안》(1936)

■ 성에 관한 한 현재 우리 모두가 아프든 건강하든 그저 위선자일 뿐이다. -《심리학 전집 표준판 24권》(1937~1939)

■ 저는 양성성(bisexuality)을 조금도 과소평가하지 않습니다. … 저는 그것이 더 많은 깨달음을 줄 것으로 기대합니다. -빌헬름 플리스에게 보낸 편지(1898)

■ 자, 이제 가장 중요한 부분입니다! 제가 보기에, 다음 연구는 '인간의 양성성(bisexuality)'에 대한 깊이 있는 탐구가 될 것입니다. 문제의 근원을 파고들어, 이 주제에 대해 마지막이자 가장 심오한 이야기를 하고자 합니다. −빌헬름 플리스에게 보낸 편지(1901)

■ 잔인함은 어린아이의 성격과 특히 가까운데, 이는 지배하려는 충동을 억제하는 공감 능력이 타인에게 고통을 주기 전에 발달하는 것이 아니라 늦게 생기기 때문이다. 우리가 알다시피 이 충동에 대한 철저한 심리 분석은 아직 성공적으로 이루어지지 않았다. 잔인한 감정은 지배하려는 충동에서 비롯되는데, 성기가 나중에 중요한 역할을 하기 전 성적 발달의 초기 단계에서 나타나는 것으로 볼 수 있다. 이후 우리가 성기 발달 이전 단계라고 부르는 시기에는 잔인함이 특징적으로 나타난다. 동물이나 또래에게 특히 잔인한 행동을 보이는 아이들은 성적으로 민감한 부위에서 조숙하고 강렬한 쾌감을 추구하는 경향이 있는데, 이러한 성적 충동이 전체적으로 조숙하게 나타날 때 더욱 두드러진다. 공감 능력의 부재는 어린 시절 형성된 잔인함과 성적 충동 사이의 연결이 성인이 되어서도 끊어지지 않을 위험을 내포한다. −《성욕에 관한 세 편의 에세이》(1905)

■ 많은 사람들의 성적 성향에는 마조히즘적 요소가 있는데, 이는 공격적이고 가학적인 성향이 그 반대로 전환된 결과로 나타난 것이다. 육체적 고통이 아닌 굴욕감이나 정신적 징계에서 쾌락을 찾는 사람들은 '이상적 마조히스트(ideal masochist)'라고 불린다. 이러한 사람들은 때로 자신들의 욕구와 반대되는 소망적 꿈이나 불쾌한 꿈을 꾸기도 하지만, 그 꿈들은 그들에게 오히려 소망 성취의 일환으로 작용해 마조히즘적 성향에 대한 만족감을 제공한다. -《꿈 심리학》(1920)

■ 성적인 사랑은 두 개인 사이의 관계로, 그 관계 속에 제삼자는 불필요하거나 방해가 될 뿐이다. 반면 문명은 다수의 개인 간의 관계에 의존한다. 사랑이 절정에 달하면 주변 환경에 관한 관심은 사라지고 두 연인은 서로만으로 충분해져서 그들이 함께 낳은 아이조차 그들의 행복에 꼭 필요한 것이 아니게 된다. 에로스는 둘 이상의 존재를 하나로 만드는 자신의 본질과 목적을 이처럼 분명하게 드러낸다. 그러나 두 사람이 사랑을 통해 이 목적을 달성하면 에로스는 그 이상 나아가기를 거부하는 듯하다. -《문명 속의 불만》(1930)

■ 동성애는 분명 어떤 이점이 있는 것은 아니지만, 부끄러워할

일도, 악행도, 타락도 아니며 질병으로 분류될 수도 없습니다.
−아들의 동성애를 치료해달라는 미국인 어머니의 탄원에 대한 편지(1935)

■ 남성의 이성애는 동성애를 용납하지 않으며, 이는 동성애의 경우도 마찬가지다. −〈종료 가능 및 종료 불가능한 분석〉(1937)

■ 지배적인 견해에 따르면 인간의 성생활은 본질적으로 자신의 생식기를 이성의 생식기와 접촉시키려는 노력으로 이루어진다. −《정신분석의 개요》(1940)

■ 성생활에서 보이는 인간의 행동은 곧 그가 삶의 다른 영역에서 반응하는 방식의 기본 모델이 된다. −《성과 사랑의 심리학》(1963)

03

정신질환

"프로이트의 연구는
인간 정신에 대한 이해에 중요한 기여를 했다.
특히 그의 무의식 개념은 매우 통찰력 있다."

자크 라캉(Jacques Lacan)

신경증

■ 억압이 불안을 유발하는 것이 아니라 불안이 억압을 야기한다.

－《억압, 증상 및 불안》(1936)

■ 외상적인 경험은 정신이 외부 자극을 견디는 보호막이 뚫리고 과도한 흥분이 정신 기구에 영향을 미치면서 발생한다. 이로 인해 불안은 단순히 감정으로 표출되는 것뿐만 아니라 극심한 정신적 긴장 상태로 인해 새롭게 생성될 수도 있다.

자아가 반복적인 대상 상실을 경험하며 거세에 대한 두려움을 갖게 된다는 주장은 불안이라는 감정을 새로운 시각에서 바라보게 한다. 지금까지 우리는 불안을 단순히 위험에 대한 반응으로만 보았지만 이제는 상실과 분리에 대한 두려움, 특히 거세에 대한 공포와 깊이 연결되어 있다는 것을 알게 되었다. –《억압, 증상 및 불안》(1936)

■ 공포증의 핵심인 불안은 억압된 욕구나 그 욕구에 대한 집착 때문이 아니라 억압 자체를 수행하는 자아에서 비롯된다. 즉, 동물 공포증에서 나타나는 불안은 원초적인 거세 공포에서 직접적으로 유래된 것이다. –《억압, 증상 및 불안》(1936)

■ 반응이 억제되면, 감정은 기억과 결합된 채로 남아 있게 된다. –〈히스테리 현상의 정신적 메커니즘〉(1895)

■ 실러(Friedrich Schiller)의 말을 빌리자면, 나 같은 사람은 열정적으로 빠져드는 대상, 일종의 '폭군' 없이는 살 수 없습니다. 나는 드디어 나의 폭군을 찾았고, 그를 섬기는 데 있어 한계를 알지 못합니다. 그 폭군은 바로 심리학입니다. 오랫동안 멀리서 나를 유혹하던 목표였지만, 이제 신경증을 발견한 이후로 그 목표가 한

충 더 가까워졌습니다. —빌헬름 플리스에게 보낸 편지(1895)

■ 트라우마의 기억은 마치 상처처럼 깊이 새겨진 채 남아 있다. 처음에는 오래전 경험한 사건들이 그렇게 생생하게 기억되고 여전히 강한 영향력을 미친다는 것이 놀라웠다. 우리의 모든 기억은 시간이 흐르면서 자연스럽게 잊혀지는데, 트라우마의 기억은 그 과정에 굴복하지 않는다는 점이 이상하게 보일 수 있다. 그러나 다음 몇 가지를 고려하면 이 점이 조금 더 이해될 수 있을 것이다.

기억이 희미해지거나 감정이 사라지는 것은 여러 요인에 좌우된다. 그중 가장 중요한 것은 감정을 유발한 사건에 대해 강력한 반응이 있었는지 여부이다. 여기서 '반응'이란 자발적 및 비자발적 반응을 포함해 감정이 방출되는 모든 종류의 행동을 의미한다. 충분한 반응이 일어나면 감정의 큰 부분이 사라지게 된다. 그러나 반응이 억제되면 감정은 기억에 계속해서 붙어서 남게 된다.

트라우마를 입은 사람의 반응은 복수와 같은 적절한 반응일 때만 완전한 '카타르시스' 효과를 낼 수 있다. 하지만 정신적 외상을 겪은 정상적인 사람에게는 그 상황에 대처할 수 있는 여러 가지 방법이 있다. 언어는 행동을 대신하는 수단으로, 이를 통해 감정을 거의 같은 효과로 '방출'할 수 있다. 그러나 행동이나 말로 그런 반응이 이루어지지 않으면 그 사건에 대한 기억은 감정적인 영향을 계속 유지하게 된다.

이러한 트라우마에 대한 기억은, 비록 감정이 방출되지 않았더라도, 거대한 연상 체계에 들어가 다른 경험들과 나란히 존재하며 때로는 그들과 모순될 수 있다. 그러나 다른 생각들이 개입되어 재구성되면서 정상적인 사람은 연상 과정을 통해 그에 수반되는 감정을 소멸시킬 수 있다. 따라서 트라우마 기억이 여전히 신선함과 감정적 강도를 유지하는 이유는 그것들이 정상적인 마모 과정을 거치지 못하고 억제되지 않은 연상 상태에서 감정의 방출과 재생산이 이루어지지 않았기 때문이라고 할 수 있다.

우리는 의식의 분열, 즉 '이중 의식(double conscience)'의 형태가 모든 히스테리에서 기본적인 수준으로 존재하며 해리 경향과 함께 비정상적인 의식 상태의 출현이 이 신경증의 핵심 현상이라는 점에 확신을 갖게 되었다. 이 점에서 우리는 자네(Pierre Janet)의 견해에 동의하지만 또 다른 주목할 만한 사실을 언급해야 한다. 즉 이러한 기억들은 평소의 다른 기억들과 달리 환자가 자유롭게 접근할 수 없다는 것이다. 오히려 환자가 정상적인 정신상태에 있을 때, 이러한 경험은 완전히 기억에서 사라지거나 매우 간략한 형태로만 남아 있는 경우가 많다. ─〈히스테리 현상의 물리적 메커니즘에 대하여〉(1893)

■ 당신의 고통을 덜어주는 것은 나보다 운명이 더 쉽게 할 수 있을 것이라 확신한다. 하지만 우리가 당신의 극심한 불행을 그저 평범한 슬픔으로 바꿀 수 있다면 그것만으로도 큰 발전이라는 것을 알게 될 것이다. ─《히스테리 연구》(1895)

■ 두 가지 완전히 다른 의식 상태가 매우 빈번하게, 그리고 예고 없이 번갈아 나타났으며, 병이 진행됨에 따라 그 차이는 더욱 뚜렷해졌다. 한 상태에서는 주변 환경을 인식하고 우울하고 불안해했지만 상대적으로 정상적인 모습을 유지했다. 반면 다른 상태에서는 환각을 경험하고 난폭한 행동을 보였다. 즉 욕설하거나 경련이 있는 상태에서도 사람들에게 방석을 던지거나, 움직일 수 있는 손가락으로 침구의 단추를 뜯는 등의 행동을 반복했다. 병이 진행된 다른 의식 상태에선 방 안에서 무언가가 움직이거나 누군가가 들어오거나 나가기만 해도 시간이 멈춘 것 같다며 의식의 흐름에 공백이 생겼다고 불평했다. ─《히스테리 연구》(1895)

■ 카타르시스 치료를 통해 환자들에게 도움이나 호전을 약속하면 종종 이런 반론에 직면하곤 한다.

"제 병이 제 환경이나 삶의 사건들과 관련이 있다면, 그것들을 바꿀 수 없는 당신이 어떻게 저를 도울 수 있겠습니까?"

그러면 나는 이렇게 대답한다.

"물론 운명이 당신의 고통을 덜어주는 것이 제가 하는 것보다 더 쉬울 것입니다. 하지만 우리가 당신의 히스테리적 고통을 일반적인 불행으로 바꿀 수만 있다면, 당신은 더 강해진 정신력으로 그 불행에 더 잘 맞설 수 있을 것입니다." −《히스테리 연구》(1895)

■ 프로이트는 정신분석 이론에서 다양한 개념들을 마치 뇌의 특정 공간에 존재하는 실체처럼 표현했다. 이는 그가 초기 연구에서 정신 현상을 신경학적 관점에서 설명하려 했던 시도와 맥락을 같이 한다. 〈과학적 심리학을 위한 프로젝트(Project for a Scientific Psychology)〉(1895)〉에서 보듯, 그는 정신적 과정을 뇌의 특정 부위에 국한시켜 설명하려고 노력했다. −《꿈의 해석》(1899)

■ 약하고 신경증에 갇힌 사람들은 자신의 마음속 어두운 부분에 강한 빛 비추기를 원하지 않는다. −《꿈의 해석》(1899)

■ 사랑의 실제적인 요구를 충족시키지 못하는 것은 신경증의 주요 특징 중 하나이다. 신경증 환자들은 현실과 환상 사이에서 갈등하며 자신이 환상 속에서 가장 간절히 원하던 것을 현실에서 직면하게 되면 오히려 도망친다. 또한 그것이 현실에서 실현될 것 같은 두려움이 사라질 때, 오히려 환상에 더 깊이 빠져들기 쉽다. ─《도라 : 히스테리 사례 분석》(1905)

■ 나처럼 인간의 마음속에 존재하는 반쯤 길들여진 사악한 악마들을 불러내어 그들과 맞서 싸우려는 사람은 그 싸움에서 상처 없이 빠져나올 수 없다는 것을 깨달아야 한다. ─《도라 : 히스테리 사례 분석》(1905)

■ 나는 도라의 아버지가 도라의 건강을 위해 K 부인(도라의 아버지와 불륜 관계)과 결별하겠다고 말하면 그녀의 상태가 즉시 나아질 것이라고 확신했다. 하지만 나는 그가 그렇게 하지 않기를 바랐다. 그렇게 되면 그녀는 자신이 얼마나 강력한 무기를 쥐고 있는지 깨닫고 이후에도 병을 이용해 모든 상황을 자신에게 유리하게 만들려 할 것이기 때문이다. 반대로 아버지가 그녀의 요구를 거절한다면 그녀는 자신의 병자 신분을 쉽게 포기하지 않을 것이라는 확신이 들었다. ─《도라 : 히스테리 사례 분석》(1905)

■ 개인이 성장하면서 부모의 권위로부터 해방되는 것은 성장과정에서 가장 필요한 과정이지만 가장 고통스러운 결과 중 하나이다. 이러한 해방은 매우 중요한데 정상적인 발달을 이룬 사람이라면 누구나 어느 정도 이러한 해방을 경험한다. 실제로 사회의 모든 발전은 세대 간의 대립에 기반을 두고 있다. 하지만 부모와의 분리를 충분히 이루지 못한 경우 신경증적인 어려움을 겪을 수 있다. -〈어린이의 성적 깨달음〉(1908)

■ 이론적으로 오늘날 공포증을 유발하는 대상은 과거에 한때 강렬한 쾌락의 원천이었을 가능성이 있다. -〈어린이의 성적 깨달음〉(1908)

■ 출생은 첫 번째 불안 경험이며, 따라서 불안이라는 감정의 근원 및 원형이 된다. -《꿈의 해석》(프로이트가 1909년 제2판 각주에 추가한 내용)

■ 우리는 모든 신경증이 환자를 현실로부터 도피하게 하고, 그를 실제 생활에서 소외시키는 결과를 낳는다는 사실을 오랫동안 관찰해왔다. 따라서 이것이 신경증의 근본적인 목적일 가능성이 있다고 생각할 수 있다. -〈정신 기능에 관한 두 가지 원칙에 대한 공식화〉(1911)

■ 편집증 환자의 망상은 철학자들의 사상 체계와 불편할 정도로

외적으로 유사할 뿐만 아니라 내적으로도 밀접한 관련성을 지니고 있다. −〈레이크의 의식에 관한 평론〉(1911~1913), 스트레이치 편집 및 번역,《지그문트 프로이트 전집》표준판 17.

■ 신경증 환자의 자살 충동은 타인에 대한 살해 충동이 자신에게로 전환된 것이다. −《토템과 터부》(1913)

■ 정신신경 장애에 대한 우리의 연구는 웨스터마르크*의 이론을 포함한 보다 포괄적인 설명을 제시한다. 아내가 남편을 잃거나 딸이 어머니를 잃었을 때, 남은 사람이 종종 '강박적 자책'이라 불리는 고통스러운 양심의 가책에 시달리며, 자신이 부주의하거나 태만해서 사랑하는 사람의 죽음에 책임이 있는 것은 아닌지 의문을 품는 경우가 적지 않다. 그녀가 병든 이를 정성껏 돌본 기억이나 죄책감이 없다는 사실을 논리적으로 반박하는 것만으로는 이 고통을 멈출 수 없다. 이는 병리적인 애도의 표현으로, 시간이 지나면서 서서히 가라앉는다.

---

*웨스터마르크(Edvard Westermarck) : 근친혼 금지의 원인에 대한 연구로 유명. 프로이트는 이 사람의 정신신경증적 장애에 대한 연구와 관련이 있다고 보았다.

정신분석적인 연구를 통해 우리는 이러한 고통의 근원이 무의식적인 죄책감에 있다는 사실을 알게 되었다. 즉 비록 의식적으로는 부정하고 싶지만, 그녀의 마음속 깊은 곳에서는 자신이 잘못을 저질렀다는 믿음이 자리잡고 있는 것이다. 이러한 강박적인 자책은 어떤 면에서 정당화될 수 있기 때문에, 논리적인 반박이나 이의 제기로는 쉽게 사라지지 않는다. 애도하는 사람이 실제로 죽음에 대한 책임이 있는 것은 아니지만 강박적인 죄책감에 시달린다. 이는 그녀 깊은 내면에 의식하지 못하는 사이에 죽음을 바라는 소망이 있었기 때문이다. 즉, 죽음이 다가오는 것을 불쾌하게 여기기보다는 오히려 바랐던 측면이 있었던 것이다. 이러한 무의식적인 소망은 사랑하는 사람의 죽음 이후에 죄책감으로 표출되면서 고통을 야기한다.

부드러운 사랑 뒤에 숨겨진 무의식적 적대감은 특정 인물에 대해 강렬한 감정적 애착을 느낄수록 더욱 뚜렷해지는데, 이는 인간 감정의 양면성을 상징하는 전형적인 사례라고 할 수 있다. 누구에게나 이러한 양면성이 어느 정도 존재하지만, 보통은 강박적인 자책감으로 나타날 만큼 강하지는 않다. 그러나 이러한 성향이 강하게 발달한 사람들은 오히려 가장 사랑하는 사람과의 관계에서 예상치 못한 순간에 이런 적대감을 표출할 수 있다. 우리가 금기시하는 문제들에 비교해 왔던 강박신경증은 특히 이러한 감정의 원초적인 양면성이 극도로 강하게 나타나는 특징을 지닌다.

－《토템과 터부》(1913)

■ 원시인과 신경증 환자는 유사한 점이 있지만, 사고와 행동의 관계에서 중요한 차이를 고려해야 한다. 원시인이나 신경증 환자 모두 사고와 행동의 구분이 명확하지 않다. 그러나 신경증 환자는 행동이 억제되어 있어 사고가 행동을 완전히 대체하는 경향이 있다. 반면에 원시인은 행동이 억제되지 않아 사고가 즉시 행동으로 전환된다. 즉 원시인에게 행동은 오히려 사고를 대체하는 역할을 한다고 볼 수 있다. 이러한 이유로 우리가 논의하는 사례에서 절대적인 확신을 가질 수는 없지만, '태초에 행동이 있었다'는 가정을 통해 원시인의 사고와 행동 방식을 이해할 수 있다고 생각한다. －《토템과 터부》(1913)

■ 오랜 세월에 걸쳐 생존자와 죽은 자의 관계를 살펴보면 양가감정이 놀라울 정도로 약해졌다는 점이 분명하다. 이제 우리는 특별한 정신적 노력을 들이지 않고도 죽은 자에 대한 무의식적인 적대감을 쉽게 억제할 수 있다. 과거에는 만족스러운 증오와 고통스러운 애정이 서로 충돌하던 자리에 이제는 경건함이 자리 잡고 있는

데, 이는 마치 흉터처럼 남아 '죽은 자에 대해서는 좋게만 말하라 (De mortuis nil nisi bene)'는 태도를 요구하는 듯하다. 그러나 신경증을 앓는 사람들은 여전히 사랑하는 이를 잃은 슬픔 속에서 강박적인 자책감을 가지곤 하는데, 이는 정신분석을 통해 과거의 양가적인 감정이 다시 표출된 것으로 해석된다. 이러한 변화가 어떻게 이루어졌는지, 그리고 체질적 변화와 가족 관계의 실질적인 개선이 양가감정의 완화에 얼마나 기여했는지는 여기서 논의할 필요가 없다.

그러나 이 예시는 원시 인류의 정신적 충동이 현재의 문명화된 인간보다 더 높은 수준의 양가성을 지니고 있었을 것임을 시사한다. 이러한 양가성이 감소함에 따라 양가적 갈등의 타협 증상인 금기 또한 서서히 사라졌다. 이 갈등과 그로 인한 금기를 재현하도록 강요받는 신경증 환자들은 문화적 요구에 부응하기 위해 끊임없이 투쟁해야 하는 고대적 성향의 잔재를 지니고 있다고 볼 수 있다. ─《토템과 터부》(1913)

■ 환자는 자신이 잊고 억압한 것을 전혀 기억하지 못하고 오히려 그것을 행동으로 재현한다고 말할 수 있다. 그는 그것을 기억으로서가 아니라 행동으로 반복하는데 물론 자신이 그것을 반복하고 있다는 사실을 전혀 인식하지 못한다. ─〈회상, 반복 및 훈습〉(1914)

■ 외부에서 어떤 것이 당신에게 영향을 미친 것이 아니라 오히려 당신 자신의 마음 일부가 당신의 인식과 의지의 통제 밖으로 벗어난 것이 문제이다. 이것이 바로 당신이 방어에 취약한 이유이다. 당신은 자신의 힘 일부를 다른 부분과 싸우는 데 사용하고 있어 외부의 적에 대항할 때처럼 전력을 집중할 수 없다. 더욱이 당신에게 적대적인 것은 약하거나 중요하지 않은 부분이 아니라 오히려 중요한 부분이라는 점이다. - 〈정신분석의 어려움〉(1917)

■ 일반적으로 '하임리히(heimlich)'라는 단어는 모호하여 두 가지 상반된 의미로 사용된다. 하나는 친숙하고 편안한 것을 의미하고, 다른 하나는 숨겨진 것, 즉 드러나서는 안 되는 것을 의미한다. '운하임리히(unheimlich)'는 일반적으로 '하임리히'의 첫 번째 의미, 즉 친숙함의 반대 개념으로 사용된다. 하지만 철학자 셸링* 은 '운하임리히'에 대해 전혀 다른 관점을 제시하는데, 숨겨져 있어야 할 것이 드러났을 때 느껴지는 불안감이라는 것이다. - 〈두려운 낯설음〉(1919)

---

*셸링(Friedrich Wilhelm Joseph Schelling) : 독일 관념론의 대표적인 철학자로, 'unheimlich' 개념과 관련된 논의를 포함하여 인간의 인식과 현실의 본질에 대한 심도 있는 탐구로 잘 알려져 있다.

■ 억압이 쾌락을 고통으로 변환하는 구체적인 과정은 아직 완전히 밝혀지지 않았지만, 모든 신경증적 고통의 근원에는 억압된 쾌락이 자리하고 있다는 사실은 분명하다. 즉 의식적으로는 고통으로 인식되지만 무의식적으로는 여전히 쾌락적인 충동으로 작용하고, 이러한 쾌락 충동과 현실 사이의 갈등이 신경증적인 고통을 야기한다는 것이다. ─《쾌락 원칙을 넘어서》(1920)

■ 불안에 대한 이론은 신경증의 심리에 속한다. 꿈속의 불안은 꿈의 문제가 아니라 불안의 문제라고 말하고 싶다. ─《꿈 심리학》(1920)

■ 외상성 신경증에는 추가 연구를 위한 두 가지 중요한 단서가 있다. 첫째는 주요 원인이 놀라움이나 공포와 같은 심리적 충격 요소에 있다는 점이다. 둘째는 동시에 발생한 신체적 상처나 외상이 신경증의 발생을 억제하는 경향이 있다는 점이다. ─《쾌락 원칙을 넘어서》(1920)

■ 전이 신경증은 자아와 이드 간의 갈등을 반영하고, 자기애적 신경증은 자아와 초자아 간의 갈등을 반영하며, 정신증은 자아와 외부 세계 간의 갈등을 반영한다. ─《일반심리이론 : 메타심리학에 관한 논문》(1924)

■ 신경증은 무례한 행동에 대한 변명이 될 수 없다. ─《문명 속의 불만》(1930)

■ 사회가 문화적 이상을 통해 개인에게 요구하는 욕구 억압과 희생을 견디지 못해 많은 사람들이 신경증에 시달리고 있다는 사실이 밝혀졌다. 이러한 문화적 이상이 완화되거나 유연화된다면 개인은 더 큰 행복을 누릴 수 있을 것이라는 가설이 제기되었다. ─《문명 속의 불만》(1930)

■ 모든 신경증 환자와 그 외 많은 사람들은 "우리는 소변과 대변 사이에서 태어난다"는 사실을 불쾌하게 여긴다. ─《문명 속의 불만》(1930)

■ 자신의 무의식적인 욕구와 충동을 억누르고 이상적인 자아상을 추구하려는 사람들은 신경증에 시달리기 쉽다. 오히려 자신의 욕구를 인정하고 수용하는 것이 더 건강한 삶을 위한 지름길일 수 있다. ─《문명 속의 불만》(1930)

■ 문화적 압력에 의해 일부 문명이나 시대, 혹은 인류 전체가 집단적 신경증에 걸린 것은 아닐까? 하는 의심이 든다. ─《문명 속의 불만》(1930)

■ 크롤리(Alfred Ernest Crawley)는 현대 정신분석 용어와 약간 다른 언어를 사용하여, 각 개인이 '개인적 고립'이라는 금기를 통해 타인과 분리된다고 주장했다. 이는 프로이트의 '사소한 차이의 나르시시즘'과 유사한 개념으로, 개인이 자신만의 차별성을 강조하면서 타인과의 관계를 멀리하는 경향을 설명한다. -《문명 속의 불만》(1930)

■ 일반적으로 사람들은 신경증이 불필요하며 존재할 이유가 없다고 생각하기 때문에 모든 신경증 현상이 치료될 수 있다고 기대하는 경향이 있다. 하지만 실제로 신경증은 단순히 몇 가지 발작으로 끝나는 것이 아니라 대개 장기간에 걸쳐 지속되며 때로는 평생 동안 이어지는 심각하고 체질적으로 고착된 질병이다. -《새로운 정신분석 입문 강의》(1933)

■ 어느 정도의 신경증은 추진력으로서 헤아릴 수 없는 가치가 있는데, 특히 심리학자에게는 더욱 그렇다. -조셉 워티스 저《프로이트와 함께한 분석의 단편》(1935)

■ 강박신경증에선 '반집중(anticathexis)', 즉 특정한 충동에 대한 에너지를 의도적으로 차단하는 현상이 명확하게 나타난다. 이는 자아 내에서 반동형성(reaction-formation)으로 나타나며, 억압해야

할 본능적 충동과 반대되는 태도를 강화하는 것이다. 예를 들어 지나친 동정심, 양심적 태도, 청결에 대한 집착 등이 그 예시다.

−《억압, 증상 및 불안》(1936)

■ 불안 생성은 증상이 형성되기 위한 필수적인 전제 조건이다. 자아가 불안을 통해 쾌−불쾌 기제를 활성화하지 않으면 이드는 억제되지 않은 채 위험을 초래할 수 있는 과정을 진행하게 된다.

−《억압, 증상 및 불안》(1936)

■ 강박신경증과 히스테리의 반응 형성에는 중요한 차이가 있다. 히스테리에서의 반응 형성은 특정한 대상이나 관계에 국한되어 나타나는 경향이 강하다. 예를 들어 히스테리 환자는 내심 싫어하는 자녀에게 과도한 애정을 보일 수 있지만, 이러한 반응은 다른 사람이나 상황으로 쉽게 확장되지 않는다. 반면 강박신경증에서는 반응 형성이 성격 전반에 걸쳐 퍼져나가는 경향이 있다. 즉, 특정 대상에 대한 감정이 다른 대상으로 쉽게 전이되고, 다양한 상황에서 비슷한 강박적인 행동이 나타날 수 있다. 이는 강박신경증 환자의 대상 선택이 더 유동적이며 특정 대상에 대한 애착이 상대적으로 약하다는 것을 의미한다. −《억압, 증상 및 불안》(1936)

■ 우리는 불안 상태가 과거에 극도의 긴장과 자극을 경험했던 상황을 재현하는 것이라고 생각한다. 이러한 과거의 경험은 개인에게 강한 스트레스를 유발하고, 특정한 방식으로 에너지가 방출되면서 불안이라는 특유의 불쾌한 감정을 야기한다. 특히 인간의 출생은 이러한 극한의 경험을 대표하는 사례로 볼 수 있기 때문에 불안을 출생 당시의 트라우마를 재경험하는 것으로 해석하는 경향이 있다. -《억압, 증상 및 불안》(1936)

■ 히스테리 발작을 이해하기 위해선 발작을 일으키는 행동이 과거에 어떤 특정한 상황에서 적절하고 효과적인 방법으로 사용되었던 경험을 찾아보는 것이 중요하다. -《억압, 증상 및 불안》(1936)

■ 우리가 불안의 원인을 설명하는 방식에 약간의 변화를 가하면 히스테리에 대한 이해를 더욱 명확하게 할 수 있다. 즉, 히스테리 환자의 불안은 단순히 대상을 잃는 것에 대한 두려움이 아니라 대상의 사랑을 잃는 것에 대한 두려움에서 기인한다는 것이다. 이는 마치 공포증 환자가 거세에 대한 두려움을 느끼고 강박신경증 환자가 초자아의 비난에 대한 두려움을 느끼는 것과 유사하다. -《억압, 증상 및 불안》(1936)

■ 동물 공포증에서는 위험이 마치 외부의 동물과 같은 구체적인 대상으로부터 직접적으로 오는 것처럼 느껴지는 반면, 강박신경증에서는 위험이 내면 깊숙이 자리 잡은 불안으로 경험된다. 즉 강박신경증 환자는 외부의 위협을 내면화하여 사회적 비난이나 처벌에 대한 불안을 느끼기도 하지만 동시에 자신의 내면에서 발생하는 도덕적 양심에 대한 죄책감이나 불안과 같은 순수한 심리적 고통을 경험하기도 한다. 이러한 내면화된 불안은 외부의 어떤 특정한 대상과 직접적으로 연결되어 있지 않으며 개인의 내면 세계에서 스스로 생성되는 특징을 가진다. ─《억압, 증상 및 불안》(1936)

■ 고통은 대상을 잃었을 때 느끼는 실제적인 반응인 반면 불안은 그 상실이 초래할 위험에 대한 반응이면서 더 나아가 대상 상실 자체에 대한 위험에 대한 반응이기도 하다(불안은 뭔가를 잃어버릴 때 발생하는 위험에 대한 두려움이면서 뭔가를 잃어버린 뒤 발생할 위험까지는 생각하지 않더라도 뭔가를 잃어버리는 그 자체만으로도 두려움을 느낀다는 의미). ─《억압, 증상 및 불안》(1936)

■ 혼자 있거나 어두운 곳에 있거나 낯선 사람과 함께 있을 때 느끼는 두려움은 중요한 사람을 잃는 것에 대한 두려움에 대한 반응으로 설명할 수 있다. 작은 동물이나 천둥 번개에 대한 두려움

은 동물들에게 여전히 강하게 남아 있는 고대의 생존 본능에서 비롯된 것일 수 있다. 하지만 인간의 경우 이러한 본능은 애착 대상과의 분리에 대한 불안과 연결되어 나타난다. 어린 시절의 공포증이 고착되어 성인이 되어서도 지속되면 이러한 공포는 본능적 욕구와 연관되어 내면적인 위험을 상징하게 된다는 것을 알 수 있다. -《억압, 증상 및 불안》(1936)

■ 출생이라는 원래의 위험 상황에서 어떻게 다른 위험 상황들이 발전하는지 설명하는 과정에서 각 새로운 불안의 원인이 이전의 것을 완전히 대체한다는 의미는 아니었다. 자아가 발달함에 따라 초기의 위험 상황들은 그 힘을 잃고 뒷전으로 밀려나기는 하지만 각 개인의 삶의 시기마다 그에 맞는 고유한 불안의 원인이 있다고 할 수 있다. 즉, 심리적 무력감의 위험은 자아가 미성숙한 시기에, 대상 상실의 위험은 초기 아동기에, 거세의 위험은 남근기에, 초자아에 대한 두려움은 잠복기에 주로 나타난다. 그러나 이러한 위험 상황들과 불안의 원인들은 동시에 존재하거나 해당 시기를 지나서도 여전히 영향을 미칠 수 있다. 또한 여러 가지 불안 요인들이 복합적으로 작용하여 개인의 신경증적 증상을 야기할 수도 있다. 즉, 어떤 종류의 불안이 작용하는지에 따라 나타나는 신경증의 형태가 달라질 수 있다는 것이다. -《억압, 증상 및 불안》(1936)

■ 잃어버린 대상에 대한 강렬한 갈망(만족될 수 없기에 계속해서 증가하는 에너지)의 집중은 몸의 부상 당한 부위에 대한 고통에 집중하는 것과 동일한 정신상태를 만들어낸다. … 이러한 과정은 신체적 고통이 정신적 고통으로 전환되는 과정과 유사하다. 즉 자기 자신에게 집중되었던 정신 에너지가 특정 대상으로 이동하면서 마치 신체의 상처 부위가 지속적으로 자극을 받는 것처럼 강렬한 고통을 유발하는 것이다. 이러한 지속적인 정신 에너지의 집중이 억제되지 않으면 결과적으로 정신적 무력감에 빠지게 된다. ─《억압, 증상 및 불안》(1936)

■ 강박적인 생각이 의식에 드러난다는 점에서 의문을 제기할 수 있지만, 이러한 생각들은 의식에 도달하기 전에 이미 억압 과정을 거쳤다는 점을 간과해서는 안 된다. 대부분의 경우 공격적인 본능이 담긴 생각이 자아가 인식하지 못하는 무의식 속에 묻혀 있어서, 이를 끄집어내기 위해서는 심층적인 분석이 필요하다. 의식에 드러나는 것은 원래의 공격적인 생각이 변형된 형태로, 모호하고 꿈같은 이미지나 알아보기 힘든 형태로 나타난다. 즉, 억압은 공격적인 생각의 내용뿐만 아니라 그에 따른 강렬한 감정까지도 함께 억누른다. 결과적으로 자아는 공격적인 충동을 더 이상 위험한 충동으로 인식하지 않고 환자들이 스스로 말하듯이

아무런 감정을 동반하지 않는 단순한 '생각'으로만 인식되어진다.
－《억압, 증상 및 불안》(1936)

■ 불안의 원인에 대한 연구는 자아의 방어 행위가 이성적인 관점
에서 변형된 모습으로 나타난다는 사실을 보여주었다. 즉, 각각
의 위험 상황은 개인의 삶에서 특정한 시기나 정신 발달 단계에
대응하여 그 시기에는 개인이 처한 상황에 대한 합리적인 반응으
로 볼 수 있다는 것이다. －《억압, 증상 및 불안》(1936)

■ 일반적으로 백인 인종에 속하고 비교적 높은 문화적 기준에 따
라 생활하는 도시 아이들을 관찰한 결과 아동기의 신경증은 아동
발달 과정에서 흔히 나타나는 일상적인 에피소드에 해당하지만
여전히 이에 대한 관심이 너무 부족하다. －《억압, 증상 및 불안》(1936)

■ 분석에 따르면 피아노 연주, 글쓰기, 심지어 걷기와 같은 활동
이 신경증적으로 억제되는 이유는 손가락이나 다리와 같은 신체
기관이 지나치게 성적 의미를 띠게 되어 그 기능이 저해되기 때
문이라는 사실이 밝혀졌다. 일반적으로 신체 기관이 성적 의미를
지나치게 부여받으면 그 기관의 자아 기능이 손상된다. 이는 다
소 엉뚱한 비유일 수 있지만 주인과 연애를 시작한 하녀가 더 이

상 요리를 하지 않으려는 것과 같은 이치라고 할 수 있다. -《억압,
증상 및 불안》(1936)

■ 하지만 이렇게 분리하기 어려운 특징 외에도 불안은 특정 신체
기관, 특히 호흡기와 심장과 관련된 꽤 명확한 신체 감각을 동반
한다는 점을 알 수 있다. 가장 뚜렷하고 빈번하게 나타나는 감각
은 호흡기와 심장과 관련된 것이다. 이는 운동 신경 자극, 즉 에
너지를 방출하는 과정이 불안의 일반적인 현상에서 중요한 역할
을 한다는 것을 시사한다. -《억압, 증상 및 불안》(1936)

■ 우리는 다시 한 번 신경증이 어디에서 비롯되는가, 즉 그 궁극
적이고 독특한 존재 이유는 무엇인가? 라는 수수께끼에 직면하게
되었다. 수십 년간의 정신분석적 노력에도 불구하고 우리는 이
문제에 대해 처음과 마찬가지로 여전히 모호한 상태에 머물러 있
다. -《억압, 증상 및 불안》(1936)

■ 억압 이론의 핵심은 억압이 단발적인 사건이 아니라 지속적인
에너지 투입을 필요로 한다는 데 있다. 이러한 에너지 투입이 중
단되면 끊임없이 생성되는 억압된 충동은 언제든지 억압되었던
경로를 따라 다시 흐르게 되어 억압의 실패로 이어지거나 무한한

214

반복을 초래할 것이다. -《억압, 증상 및 불안》(1936)

■ 광장공포증 환자는 에로틱한 욕망이 불러일으킬 수 있는 본능적 위험에서 벗어나기 위해 자아에 제한을 가한다. 즉, 자신의 욕망에 굴복할 위험을 피하고자 특정 상황이나 공간을 피하는 것이다. 하지만 이러한 억압은 단순히 욕망을 포기하는 것으로 끝나지 않는다. 환자는 무의식적으로 더 안전하다고 느끼는 유아기 시절로 퇴행하려는 경향을 보인다. 마치 어머니의 자궁 속처럼 모든 것이 안전하고 보호받는 공간으로 돌아가고 싶어 하는 것이다. 이러한 퇴행은 자아가 욕망을 포기해야 하는 상황을 회피하는 조건으로 작용한다. -《억압, 증상 및 불안》(1936)

■ 출생은 우리가 살아가면서 겪게 되는 모든 위험한 상황의 시작점이자 가장 강렬한 경험으로 여겨져 왔다. 즉, 출생이라는 경험을 통해 우리는 불안이라는 감정을 처음으로 느끼게 되고, 이후의 모든 위험 상황에서 비슷한 불안을 느끼게 되는 것이다. … 이러한 불안은 단순히 생물학적인 반응을 넘어 우리의 정신이 스스로를 보호하기 위해 만들어내는 심리적인 방어기제이기도 하다. 따라서 불안은 우리의 삶에서 매우 중요한 역할을 하며 우리의 정신 상태를 결정하는 데 큰 영향을 미친다. -《억압, 증상 및 불안》(1936)

■ 현재까지의 연구에 따르면 대부분의 공포증은 개인의 본능적인 욕구(리비도)가 사회적 규범이나 도덕적 가치와 충돌할 때 느끼는 불안에서 비롯된다. 즉, 억압은 억압된 욕구 자체에서 발생하는 것이 아니라 이러한 욕구를 억누르려는 자아의 방어적인 반응으로 나타나는 것이다. ─《억압, 증상 및 불안》(1936)

■ 신경성 질환의 단 하나의 명확한 '궁극적 원인'을 찾고자 하는 우리의 욕구는 여전히 충족되지 않을 가능성이 크다. 의사들이 여전히 바라는 이상적인 해결책은 순수 배양에서 분리하고 증식할 수 있으며, 누구에게 주입해도 동일한 질병을 일으키는 세균을 발견하는 것이거나, 혹은 더 현실적인 표현으로 특정 화학 물질을 발견하고 투여해서 특정 신경증을 유발하거나 치료할 수 있다는 사실을 입증하는 것이다. 그러나 이런 해결책이 나올 가능성은 매우 낮아 보인다. ─《억압, 증상 및 불안》(1936)

■ 반집중(anticathexis)이 히스테리와 공포증에서는 억압과 외부 세계를 향한 방어기제와 밀접하게 연결되어 있는 반면, 강박신경증에서는 퇴행과 내면 세계를 향한 방어 기제(반응 형성)와 더 밀접하게 연결되어 있다는 점은 매우 중요한 의미를 지닌다. 비록 이러한 구분이 절대적인 것은 아니지만 각 신경증 유형에서 반집중이

작용하는 방식이 다르다는 사실은 신경증의 다양한 증상과 원인을 이해하는 데 중요한 단서를 제공한다. -《억압, 증상 및 불안》(1936)

■ 거세 불안은 성장하면서 도덕적 불안, 즉 사회적 규범을 위반했을 때 느끼는 불안으로 변화한다. 이러한 불안은 처음에는 부모에게 버려지거나 벌을 받을까 봐 두려워하는 마음에서 비롯되지만, 점차 사회 전체의 규범과 가치에 대한 두려움으로 확장된다. 하지만 이 단계에서는 '무리로부터의 분리와 추방'이라는 단순한 공포를 넘어 더 복잡하고 추상적인 도덕적 양심의 가책으로 발전하게 된다. 즉, 초자아는 단순히 부모의 금기를 내면화한 것뿐만 아니라 사회 전체의 도덕적 가치를 내면화하여 개인의 행동을 통제하는 역할을 한다. 따라서 거세 불안은 단순히 생물학적인 공포를 넘어, 사회적 존재로서의 개인이 느끼는 심리적 갈등을 반영한다. -《억압, 증상 및 불안》(1936)

■ 만약 불안이 위험에 대한 자아의 반응이라면 우리는 죽음의 위기를 간신히 넘긴 뒤 나타나는 외상후스트레스장애와 같은 외상성 신경증을 단순히 죽음에 대한 공포나 생명의 위협에 대한 직접적인 반응으로 이해하고 싶은 유혹을 느낄 수 있다. 이러한 관점에서는 거세 공포나 자아의 의존적인 관계와 같은 심리적인 요

인들이 간과될 수 있다. 하지만 일상적인 신경증의 구조에 대한 우리의 이해를 고려해 볼 때 단순히 객관적인 위험만으로 외상후 스트레스장애와 같은 심각한 신경증이 발생한다는 것은 매우 비현실적인 가정이다. 즉 더 깊은 수준의 심리적 메커니즘이 작용해야만 외상후스트레스장애가 발생할 수 있다. 그러나 무의식에는 '생명 소멸'이라는 개념을 구체적으로 표현할 만한 내용이 없는 것처럼 보인다. —《억압, 증상 및 불안》(1936)

■ 신경증이 진행되는 과정에서 과거의 고통스럽고 충격적인 경험을 되돌리거나 무효화하려는 무의식적인 욕구가 증상 형성의 중요한 동기로 작용하는 경우가 많다. —《억압, 증상 및 불안》(1936)

■ 억압은 매우 독특한 것으로 다른 메커니즘보다 훨씬 뚜렷하게 구분된다. 나는 비유를 통해 이러한 억압이 다른 메커니즘과 어떤 관계에 있는지 명확하게 설명하고자 한다. … 책이 판형으로 인쇄되지 않고 개별적으로 필사되던 시절에 책에 어떤 일이 일어났을지를 상상해 보자. 이런 종류의 책에 후대가 바람직하지 않게 여길 내용이 포함되어 있었다고 가정해 보자. … 오늘날 공식 검열이 의지할 수 있는 유일한 방어 수단은 전체 판본의 모든 사본을 압수하여 파쇄하는 것이다.

그러나 그 당시에는 문제가 되는 부분을 검게 칠하거나 긁어내어 읽을 수 없도록 만들기도 했다. 그런 경우엔 필사자는 그 구절을 적지 못하거나 엉뚱한 텍스트를 대신 적어넣었다. 그러나 당국이 여기에 만족하지 않고 텍스트가 변형되었다는 징후를 감추려 한다면 텍스트를 왜곡하는 방법을 사용할 수 있었다. 단어를 생략하거나 다른 단어로 바꾸고 새로운 문장을 삽입하는 방식이었다. 최종적으로는 전체 구절을 지우고 그 자리에 정반대의 내용을 삽입하는 것이 최선의 방법이었다. 그러면 다음 필사자는 전혀 의심하지 않고 그걸 베껴 쓰게 될 것이므로 거짓된 글을 만들 수 있었다. ―〈종료 가능 및 종료 불가능한 분석〉(1937)

■ 개인의 성장과정에서 사춘기와 폐경기처럼 특정 시기에 본능적인 욕구가 강하게 나타나는 경우가 있다. 이 시기에는 이전에 잘 조절되었던 욕구가 강해져 통제하기 어려워지면서 신경증으로 이어질 수 있다. 마치 댐이 붕괴되기 직전 물이 넘실대는 것처럼 억눌린 욕구가 폭발할 수 있는 것이다. ―〈종료 가능 및 종료 불가능한 분석〉(1937)

■ 만약 우리가 목표로 하는 것이 현재는 활성화되지 않았지만 잠재적으로 존재하는 본능적 갈등을 미리 예방하는 치료라면 단순히 환자가 이미 겪고 있는 고통만을 완화하는 것으로는 충분하지

않다. 즉, 우리는 환자에게 새로운 고통을 안겨주는 치료를 감행해야 할지도 모른다. 하지만 이는 마치 운명이라는 거대한 힘에 맞서려는 듯한 인간의 오만한 시도로 비춰질 수 있고, 무고한 사람에게 고통을 가한다는 비난에서 자유롭지 못할 수도 있다. -〈종료 가능 및 종료 불가능한 분석〉(1937)

■ 선천적인 체질적 소인이 강할수록 트라우마는 더 쉽게 고착되어 개인의 발달에 지속적인 장애를 남길 가능성이 높다. 반대로 트라우마의 강도가 클수록 개인의 내면 상태가 안정적이더라도 그 유해한 영향이 더욱 명확하게 드러난다. -〈종료 가능 및 종료 불가능한 분석〉(1937)

■ 모든 신경증은 다양한 요인이 복합적으로 작용하여 발생하는 질환이다. 강한 본능이 자아에 의해 통제되지 못하거나 어린 시절 겪은 심각한 정신적 상처로 인해 미성숙한 자아가 손상되는 경우 신경증이 발생할 수 있다. 일반적으로는 선천적인 체질적 요인과 후천적인 경험이 함께 작용하여 신경증을 유발하는 것으로 볼 수 있다. -〈종료 가능 및 종료 불가능한 분석〉(1937)

■ 신경증 환자들은 자신의 병에 대해 불평하지만 그 병을 최대한

활용하기도 한다. 그래서 그 병을 없애려 하면 마치 암사자가 새끼를 지키듯 필사적으로 방어한다. 그들의 모순을 지적해봤자 아무런 소용이 없다. −《정신분석의 개요》(1940)

■ 경험에 따르면 대부분의 사람들은 자신의 체질이 감당할 수 있는 수준을 넘어서는 문명 사회의 요구를 충족시키려고 노력하다 신경증에 시달리게 된다. 즉, 자신의 체질이 허용하는 것보다 더 높은 수준의 완벽함을 추구하는 것은 오히려 해롭다는 것이다. 차라리 덜 완벽한 상태에 머무르는 것이 더 건강한 선택일 수 있다. −《지그문트 프로이트의 심리학 논문집》9, (2001)

정신병

■ 프로이트는 멜랑콜리에 빠진 사람들이 자기 자신을 유난히 비판적으로 바라보는 경향이 있다고 지적한다.

특히 자신을 '속 좁고 이기적이며 부정직하고 독립성이 부족한 사람'이라고 묘사하며 자신의 약점을 숨기는 데만 급급했던 사람이라고 자책하는 경우가 많다. 이는 어쩌면 그들이 자신을 매우 객관적으로 파악하고 있다는 것을 의미할 수 있다. 다만, 왜 건강한 상태에서는 이러한 진실에 도달하지 못하고 병이라는 상태에서야 비로소 자기 자신을 깊이 이해할 수 있는지 궁금해진다. ―〈애도와 멜랑콜리아〉(1917)

■ 질병 상태에서는 리비도와 자아의 이익이 밀접하게 연결되어 개인은 이기적인 태도를 보이게 된다. 즉, 아픈 사람은 자신을 돌보는 데 집중하며 다른 사람에 대한 관심을 줄인다. 이는 매우 일반적인 현상으로, 우리는 누구나 비슷한 상황에 처하면 자신도 마찬가지로 행동할 것이라고 생각한다. 사랑이 많은 사람이라 할지라도 질병에 걸리면 갑자기 주변 사람들에게 무관심해지는 모습을 보인다. 이러한 현상은 희극 작품에서 자주 다루어지는 소재이기도 하다. ―《정신분석 입문》(1917)

■ 신경증은 자아와 이드 사이의 갈등에서 비롯된 결과이고 정신병은 자아와 환경(외부 세계) 사이의 관계에서 발생하는 유사한 장애의 결과이다. ―《일반심리이론 : 메타심리학에 관한 논문집》(1924)

■ 자아와 초자아 간의 갈등을 바탕으로 하는 질병이 존재한다고 추측할 수 있다. 분석 결과 우울증이 이러한 질병의 대표적인 예라고

할 수 있으며, 따라서 이러한 종류의 질환을 '나르시시즘적 신경증'
이라고 부를 수 있다. —《일반 심리학 이론: 메타심리학에 관한 논문》(1963)

치료

■ 꿈에서 두 사람이 동일시되는 현상은 여러 가지 목적을 가진
다. 첫째, 두 사람이 공통으로 지닌 특징을 나타내기 위해 동일시
가 일어난다. 둘째, 원래는 다른 사람에게 속했던 특징이 한 사
람에게 옮겨지는 경우를 나타낸다. 셋째, 두 사람이 공유하길 바
라는 특정한 특징에 대한 욕망을 표현하기 위해 동일시가 발생할
수 있다. 두 사람이 어떤 공통점을 가지길 바라는 욕망은 종종 그
들을 교환하려는 욕구와 같은 의미로, 꿈속에서 동일시로 나타난
다. 예를 들어 이르마에게 주사를 놓는 꿈에서 나는 이르마를 다
른 환자와 바꾸고 싶어 하는 욕망을 드러낸다. 꿈속에서 이르마
는 다른 환자와 동일한 자세로 진찰을 받고 있는데, 이는 내가 다
른 환자를 진찰하는 상황을 꿈속에서 재현한 것으로 볼 수 있다.
—《꿈의 해석》(1899)

■ 놀랍게도 우리는 히스테리 증상을 유발한 외상적인 경험과 그때 느꼈던 감정을 환자가 생생하게 회상하고 이를 통해 정서적 카타르시스를 경험하도록 유도했을 때 증상이 완전히 사라지고 재발하지 않는다는 사실을 발견했다. 단순히 기억만을 떠올리는 것만으로는 충분하지 않으며 당시의 감정을 생생하게 재현하여 이를 자유롭게 표현하는 과정이 필수적이었다. 흥미로운 점은 경련이나 환각과 같은 신체적 증상이 치료 과정에서 일시적으로 악화되는 현상이 나타났다가 이후 완전히 사라진다는 사실이다. 이는 억압된 감정이 표출되는 과정에서 나타나는 일시적인 현상으로 볼 수 있다. 마비나 감각 둔화와 같은 기능적인 신체 증상 또한 유사한 경과를 보였지만 증상 악화 정도는 상대적으로 미미했다.

초기에는 환자의 치료에 대한 기대감이 증상 완화의 주요 요인이라고 생각했다. 즉, 치료 과정을 통해 증상이 호전될 것이라는 암시적인 기대가 작용하여 증상이 완화된 것으로 여겼던 것이다. 하지만 1881년 심리적 암시 기법이 체계화되기 훨씬 이전에 진행된 한 연구에서 이러한 가설이 틀렸음이 밝혀졌다. 당시 복잡한 히스테리 증상을 가진 환자를 대상으로 심층적인 분석을 진행한 결과 각각의 증상이 유발된 원인을 규명하고 이를 해결함으로써 증상을 완전히 제거할 수 있었던 것이다. 놀랍게도 이 환자는 스스로 무의식 상태에 빠져들어 치료 과정에 적극적으로 참여했으며 이를 통해 놀라운 치료 효과를 얻었다. 이러한 결과는 치료 효과가 단순한 기대감에 의한 것이 아니라 심리적 갈등 해소를 통한 실질적인 변화에 기인한다는 것을 보여주는 것이었다. -《히스테리 및 기타 정신분석에 관한 선별된 논문》(1909)

■ 가장 중요한 것은 치료가 시작되는 순간부터 환자의 질병에 대한 의식적 태도가 변화한다는 점이다. 환자는 자신의 강박적인 생각이 자신에게 무엇을 말하고 있는지 충분히 주의 깊게 듣지 않거나 강박적 충동의 진정한 의도를 제대로 파악하지 못할 수도 있다. -〈회상, 반복 및 훈습〉(1914)

■ 말은 원래 마법이었고 오늘날에도 그 오래된 마법의 힘을 많이 간직하고 있다. 말로 다른 사람을 축복하거나 절망에 빠뜨릴 수 있다. 선생은 말로 지식을 제자에게 전하고 연설자는 말로 청중을 휩쓸어 그들의 판단과 결정을 좌우한다. 말은 효과를 불러일으키는, 인간에게 영향을 미치는 보편적인 수단이다. 따라서 우리는 심리 치료에서 말의 중요성을 간과해서는 안 된다. 분석가와 환자 사이에 오가는 말을 주의 깊게 들어보는 것만으로도 큰 의미를 얻을 수 있는 것이다. -《정신분석 입문》(1917)

■ 우리 환자들의 주변인 중 교육 수준이 낮은 사람들은 눈에 보이는 구체적인 행위, 예컨대 영화에서처럼 화려한 치료 장면에만 주목하며 정신 치료의 효과를 의심하는 경우가 많다. '단순히 말로 병을 고칠 수 있을까?'라는 질문을 던지며 치료의 효과를 의심하는 것이다. 하지만 이러한 생각은 매우 모순적이다. 왜냐하면 이들은 정작 환자의 고통을 '단순한 상상'이라고 치부하며 환자의 증상을 진지하게 받아들이지 않기 때문이다. ─《정신분석 입문》(1917)

■ 분석적 치료는 의사와 환자 모두에게 내부 저항을 극복하기 위한 진지한 노력을 요구한다. 이러한 저항을 극복함으로써 환자의 정신 생활은 영구적으로 변화하고 더 높은 발달 단계로 향상되며 새로운 질병에 걸릴 가능성으로부터 보호받게 된다. ─《정신분석 입문》(1917)

■ 잔인하게 들릴지 모르지만 우리는 환자의 고통이 치료에 어느 정도 기여할 수 있도록 인위적으로 유지해야 할 필요가 있다. 증상이 분석되고 그 의미를 잃어버리면 환자의 고통이 줄어들겠지만 우리는 다른 방식으로 환자에게 고통을 가해야 한다. 물론 이는 환자가 감당할 수 있는 수준의 고통이어야 한다. 만약 이러한 과정을 거치지 않는다면 치료는 미미하고 일시적인 효과에 그칠

226

수 있다. −〈정신분석 치료의 발전 방향〉(1919)

■ 환자는 억압된 내용의 전부를 기억하지 못할 수 있는데, 기억하지 못하는 부분이 가장 중요한 부분일 수도 있다. 억압된 내용은 과거의 경험으로 기억되는 것이 아니라 현재의 경험으로 재현되는 방식으로 나타난다. −《쾌락 원칙을 넘어서》(1920)

■ 분석 작업 중에 특이한 행동을 보이는 사람들이 있다. 이들에게 희망적인 말을 하거나 치료가 진전되고 있다는 만족감을 표현하면 그들은 불만스러운 기색을 보이는데, 그러면 상태가 항상 악화된다. 처음에는 이것을 반항, 혹은 의사보다 우월함을 증명하려는 시도로 여기지만 나중에는 더 깊고 공정한 시각을 갖게 된다. 이러한 사람들은 칭찬이나 인정을 전혀 견디지 못할 뿐만 아니라 치료가 진전될수록 반대로 반응한다는 확신을 얻게 된다. 다른 사람들에게는 개선이나 일시적인 증상 완화를 가져오는 부분적 해결책이 그들에게는 오히려 병을 악화시킨다. 치료를 받는 동안 상태가 호전되기는커녕 도리어 더 나빠진다. 이들은 '부정적 치료 반응'이라고 알려진 현상을 나타낸다. 이러한 사람들에게는 회복을 방해하는 무언가가 분명히 존재하는데, 이는 마치 위험처럼 두려움을 불러일으킨다. 우리는 이들이 회복을 원하는 것보다

질병에 대한 욕구가 더 강하다고 말하는 데 익숙해져 있다. 이러한 경우 우리는 이들이 회복을 바라는 것보다 질병에 대한 욕구가 더 강하다고 말하곤 한다.

이 저항을 일반적인 방식으로 분석해 보면 의사에 대한 반항적 태도나 질병에서 얻는 다양한 이득을 고려하더라도 여전히 대부분의 저항이 남아 있음을 알 수 있다. 이는 회복을 가로막는 가장 강력한 장애물로, 나르시시즘적 접근 불가능성, 의사에 대한 부정적인 태도, 질병에서 얻는 이득에 대한 집착보다도 더 강력하다. 결국 우리는 '도덕적' 요소, 즉 죄책감과 마주하게 된다. 이 죄책감은 질병을 통해 만족을 찾고 고통이라는 형벌을 포기하지 않으려 한다. 우리는 이 낙담스러운 설명을 최종적인 것으로 간주할 수 있다. 환자는 자신의 죄책감에 대해선 입도 뻥긋하지 않으면서 그저 병에 걸렸다는 느낌을 가진다. 이 죄책감은 회복에 대한 저항으로만 드러나며 이를 극복하는 것은 매우 어렵다. 또한, 환자에게 이 동기가 그가 계속 아픈 이유라고 설득하기도 매우 어렵다. 환자는 분석적 치료가 자신에게 적합한 치료법이 아니라고 주장하며, 그 입장을 고수하려 한다. −《자아와 이드》(1923)

■ 크리스털을 바닥에 던지면 깨지지만 무작위로 조각나지는 않

는다. 크리스털의 구조에 따라 보이지 않는 경계선이 미리 정해져 있어, 그 선을 따라 분리된다. 정신질환자는 이와 같은 방식으로 쪼개지고 부서진 구조를 가진다. 그들은 외부 현실에서 내면으로 눈을 돌리지만 바로 그 때문에 내면적이고 심리적인 현실에 대해 더 많이 알게 되는 것이다. -《새로운 정신분석 입문 강의》(1933)

■ 내가 언급하는 두 가지 기법은 '이미 일어난 것을 되돌리는 것' 과 '격리하는 것'이다. 첫 번째 기법은 매우 오랜 역사를 가지고 있으며 넓은 범위에서 적용된다. 마치 금지된 마술처럼 운동적 상징을 통해 어떤 사건(또는 경험이나 인상)의 결과뿐만 아니라 그 사건 자체를 '날려버리려는(blow away)' 시도를 한다. 내가 이 '날려 버리기'라는 표현을 선택한 이유는 이 기법이 신경증뿐만 아니라 마술 행위, 대중적 관습, 종교의식에서도 중요한 역할을 한다는 점을 상기시키기 위함이다.

… 신경증 환자들이 반복적인 행동에 집착하는 이유는 무의식적 으로 여러 상반되는 욕구를 동시에 충족시키려는 시도와 관련이 깊다. 원하는 결과를 얻지 못했을 때 그 행동을 반복함으로써 마 치 시간을 되돌려 원하는 결과를 만들어 내려는 듯한 것이다. 행 동을 반복하게 되면 얽혀있는 모든 동기들이 작용하게 된다. …

우리가 처음으로 설명하려는 두 번째 기법은 '격리(isolation)'이다. 이는 강박신경증에 특징적으로 나타나는데 어떤 불쾌한 일이 일어났거나 환자 자신이 신경증과 관련된 행동을 했을 때, 그 이후에 아무 일도 일어나지 않도록 스스로 시간을 두고 그 무엇도 인식하거나 행동하지 않는 상태를 만들어내는 것을 의미한다. –《억압, 증상 및 불안》(1936)

■ 정신분석을 통해 자아는 성숙해지면서 과거에 억눌렀던 감정이나 생각을 다시 들여다보는 힘을 얻는다. 이 과정에서 일부 억압은 해소되고 다른 억압은 더 현실적이고 성숙한 방어기제로 재구성된다. 이렇게 새롭게 구축된 방어 체계는 이전보다 훨씬 견고하여 깊이 잠재되어 있던 욕구가 다시 표면으로 떠오르더라도 쉽게 무너지지 않는다. 즉, 정신분석 치료는 본능적인 욕구에 의해 억눌렀던 감정이나 생각을 자유롭게 표현하고 처리할 수 있게 함으로써 억압의 양적인 우위를 극복하고 심리적 안정을 가져다준다. –《억압, 증상 및 불안》(1936)

■ 분석 경험은 우리에게 '더 나은 것(the better)'이 항상 '좋은 것(the good)'의 적이 된다는 사실을 가르쳐주었고, 환자의 회복 과정에서 우리는 불완전한 해결책에 만족하려는 환자의 타성과 끊임없

이 싸워야 한다는 것을 알게 되었다. -〈종료 가능 및 종료 불가능한
분석〉(1937)

■ 우리는 환자에게 다양한 무의식적 갈등이 존재할 수 있음을 알
리고 특정 환자에게도 이러한 갈등이 무의식적으로 작용할 가능
성이 있음을 제시하여 환자가 이를 의식하고 문제를 해결하도록
돕고자 한다. 그러나 기대한 결과는 나타나지 않는다. 환자는 우
리의 말을 듣지만 아무런 반응을 보이지 않는다. 그는 마음속으
로 '흥미롭긴 하지만 나와는 관련이 없는 것 같다'라고 생각할 뿐
이다. 지식은 늘었지만 다른 변화는 없다. 이는 사람들이 정신분
석 관련 서적을 읽을 때와 비슷하다. 독자는 자신에게 적용된다
고 느끼는 부분, 즉 그 순간에 자신에게 작용하는 갈등과 관련된
부분에서만 '자극'을 받을 뿐 다른 부분에서는 전혀 반응하지 않
는다. 우리가 아이들에게 성교육을 할 때도 이와 유사한 경험을
할 수 있다. 성교육이 해롭거나 불필요하다고 주장하는 것은 아
니지만 이 교육의 예방적 효과가 과대 평가되었음은 분명하다.
성교육 후 아이들은 새로운 지식을 얻지만 그 지식을 실질적으로
활용하지는 않기 때문이다. -〈종료 가능 및 종료 불가능한 분석〉(1937)

04
꿈의 이해

"프로이트는 천재였다.

그는 인간 정신의 완전히 새로운 대륙을 발견했다."

- 카를 융(Carl Jung)

■ 생각들과 항상 연결된다. 신중하게 분석해 보면 꿈이 전날의 경험과 어떻게 연결되어 있는지를 거의 항상 찾아낼 수 있다. -《꿈의 해석》(1899)

■ 우리는 우리가 본 것, 말한 것, 원하는 것, 또는 행한 것을 꿈꾼다. -《꿈의 해석》(1899)

■ 나는 잠자는 동안에도 외부 세계가 존재한다고 가정하는 무의식적인 습관 때문에 꿈속의 이미지를 현실로 착각하는 경우가 많다. -《꿈의 해석》(1899)

■ 잠을 자려고 할 때 우리는 깨어 있는 동안의 생각을 일시적으로 멈추려 하지만, 항상 완벽하게 성공하는 것은 아니다. 해결되지 않은 문제들, 걱정거리, 강렬한 인상들은 잠든 상태에서도 사고 활동을 계속하게 하는데 이는 우리가 '전의식'이라고 부르는 정신 시스템 내에서 이루어진다. -《꿈 심리학》(1920)

■ 사람들은 자신이 이미 일어나 있거나 씻고 있거나 정해진 시간에 있어야 할 학교나 사무실에 이미 있는 꿈을 꾸곤 한다. 여행을 떠나기 전날 밤에는 이미 목적지에 도착한 꿈을 꾸는 경우가 많으며 연극이나 파티에 가기 전에는 기대되는 즐거움을 마치 조바심내듯 꿈에서 미리 경험하는 경우도 흔하다. -《꿈 심리학》(1920)

■ 꿈이 미래를 예측하는 데 어떤 가치를 지닐까? 물론 이것은 우리가 쉽게 고려할 수 없는 문제이다. 대신 "과거를 이해하는 데 어떤 가치를 지닐까?"라는 질문으로 바꾸고 싶어진다. 왜냐하면 꿈은 모든 면에서 과거에서 비롯되기 때문이다. 물론 꿈이 미래를 보여준다는 오래된 믿음이 완전히 틀린 것은 아니다. 꿈은 소망이 이루어진 모습을 보여주면서 우리를 미래로 이끈다. 하지만 이 미래는 꿈꾸는 사람이 현재라고 여기는 것이며 파괴되지 않는 소망에 의해 과거의 모습으로 형성된 것이다. -《꿈 심리학》(1920)

■ 꿈에서 실현되는 욕망은 대부분 그날이나 보통 그 전날의 잔상이다. 낮 동안 반복되거나 강하게 인상을 남긴 생각이나 감정들이 꿈속에서 표현된다. 반면 우연히 겪은 사소한 일이나 별 의미 없어 보이는 일들은 꿈의 내용으로 나타나지 않는 경우가 많다.

–《꿈 심리학》(1920)

■ 누군가는 이런 연구가 심리적 지식과 개인의 성격적 특성을 발견하는 데 어떤 실질적인 가치가 있는지 물을 수 있다. 꿈에서 드러난 무의식적 감정이 정신 생활에서 실제로 중요한 힘을 지니고 있는 것은 아닌가? 지금은 꿈을 만들어 내는 억압된 소망이 언젠가 다른 것을 만들어 낼 수도 있다는 윤리적 중요성을 가볍게 여겨도 되는 것일까? 나는 이 문제에 대해 깊이 생각해 보지 않았기 때문에 이 질문에 명확히 답할 수 없을 것 같다.

그러나 로마 황제가 한 신하가 자신을 죽이는 꿈을 꾸었다는 이유로 그를 처형한 것은 분명 잘못되었다고 생각한다. 그는 먼저 그 꿈의 의미를 파악하려고 노력했어야 했다. 아마 그 꿈은 겉으로 드러난 것과는 다른 의미를 가지고 있었을 가능성이 크다. 그리고 설령 그 꿈이 실제로 황제에 대한 범죄를 상징했더라도 덕 있는 사람은 악인이 현실에서 저지르는 일을 꿈속에서만 실행한다고 했던 플라톤의 말을 기억하는 것이 더 적절했을 것이다. 따라서 나는 꿈에 자유를 허용하는 것이 가장 바람직하다고 생각한다. −《꿈 심리학》(1920)

■ 꿈을 유발하는 원인과 그것이 일상적인 문제들과 어떻게 연결되는지에 대한 질문에 답할 때 우리는 표면적인 꿈의 내용을 잠재적인 꿈의 의미로 대체하여 얻은 통찰력을 바탕으로 말할 수 있다. 꿈은 낮 동안 우리가 신경 쓸 가치가 없는 일들에는 전혀 신경 쓰지 않으며 낮 동안 우리를 괴롭히지 않았던 사소한 일들은 잠자는 동안에도 우리를 괴롭히지 못한다. −《꿈 심리학》(1920)

■ 어린아이들의 꿈은 종종 단순한 소망의 실현으로, 이 때문에 성인의 꿈과 비교하면 결코 흥미롭지 않다. 이러한 꿈들은 해결해야 할 문제를 제시하지 않지만 꿈의 가장 깊은 본질이 소망의 실현임을 입증하는 데 매우 귀중하다. −《꿈의 해석》(1899)

■ 꿈−작업은 우리의 무의식적인 욕구를 충족시키기 위해 불안한 사건이나 상황을 긍정적인 방식으로 재해석하는 놀라운 능력이 있다. 예를 들어 꿈꾸는 사람은 고대 에트루리아(Etruscan) 무덤에 내려가 있는 자신을 보며 고고학적 탐구에 대한 열망을 충족시키

는 즐거움을 느낀다. 이처럼 꿈은 무서운 경험이나 불안한 감정을 긍정적인 소망으로 변화시켜 우리의 심리적인 안정을 도모한다. 마찬가지로 인간은 자연의 막강한 힘과 아름다움에 경외감을 가지고, 이를 설명하고 통제하기 위해 신이라는 개념을 만들었다. 즉, 인간은 자연을 단순히 자신과 동등한 존재로 보는 것이 아니라 아버지와 같은 존재로 숭배하며 신성시했다. 이러한 현상은 단순히 어린 시절의 사고방식을 반영하는 것이 아니라 인류가 자연과의 관계 속에서 발전해 온 오랜 역사를 보여주는 진화적인 과정이라고 할 수 있는 것이다. -《꿈의 해석》(1899)

■ 꿈은 우리가 억눌렀던 욕망을 위장된 방식으로 실현시키는 현상이다. 즉, 꿈속에서 우리는 현실에서는 이루기 어려운 소망을 간접적으로 경험하는 것이다. 하지만 꿈 중에서도 불안하고 고통스러운 내용을 담은 꿈이 있는데, 이러한 불안 꿈을 긍정적인 욕구의 표현으로 보는 것은 일반인들에게 다소 낯설게 느껴질 수 있다. 일반적으로 사람들은 꿈속의 불안을 현실의 불안과 동일시하고 꿈이 긍정적인 욕구를 충족시킬 수 있다는 것을 쉽게 받아들이지 않는다.

하지만 프로이트는 불안 꿈 역시 억눌린 욕구의 표현이라고 주장한다. 즉, 꿈속의 불안이 억눌린 성적인 에너지(리비도)가 변형된 형태로 나타난 것이라는 의미이다. 예를 들어 사랑하는 사람에게 표현하지 못한 욕구가 불안으로 나타나 꿈속에서 공격적인 상황을 연출할 수 있다. 이처럼 불안 꿈은 단순히 부정적인 경험이 아니라 우리 내면의 억눌린 욕구를 이해하는 중요한 단서가 될 수 있는 것이다. -《꿈 심리학》(1920)

■ 빈츠(Karl Binz)는 "꿈은 언제나 쓸모없고, 자주 병적인 신체적 과정으로 간주되어야 한다"고 말한다. -《꿈 심리학》(1920)

■ 대다수의 의학 연구자들은 꿈이 정신적인 현상이라는 것을 거의 인정하지 않는다. 그들에 따르면 꿈은 감각이나 신체에서 유래한 자극에 의해서만 유발되며 이러한 자극은 외부에서 잠자는 사람에게 도달하거나 내부 장기의 우연한 장애로 인해 발생한다는 것이다. -《꿈 심리학》(1920)

■ 우리가 너무 서두른 것 같다는 생각이 들었다. 초기에는 왜곡이 전혀 없거나 왜곡이 거의 없는 꿈만을 다루는 것이 어려움을 피하는 가장 좋은 방법이라고 판단했지만 이는 우리의 지식이 발전해 온 과정을 벗어난 것이었다. 실제로 왜곡이 없는 꿈을 인식

하게 된 것은 일관된 해석 방법을 적용하고 왜곡된 꿈을 완전히 분석한 이후에야 가능했다. -《정신분석 입문》(1917)

■ 꿈은 유사성, 일치성, 또는 수렴과 같은 관계, 즉 '꼭 닮은 것'을 다른 어떤 것보다도 더 다양하게 표현하는 수단을 가지고 있다. -《꿈의 해석》(1899)

■ 꿈-작업에서 어떤 정신적 힘이 작용하여 한편으로는 중요한 정신적 요소들의 강도를 약화시키고, 다른 한편으로는 과잉결정을 통해 덜 중요한 요소들로부터 새로운 가치를 창출한다는 생각이 떠오른다. 이렇게 생성된 새로운 가치들이 꿈의 내용으로 나타난다. -《꿈의 해석》(1899)

■ 정상적인 꿈은, 말하자면 두 다리로 서 있는데 그중 하나는 실제 상황의 본질에서 비롯되고, 다른 하나는 심각한 결과를 초래한 어린 시절의 사건에서 비롯된 것이다. -《히스테리 사례 : 도라》(1905)

■ 일반적인 흐름은 에너지가 지각 체계에서 시작하여 의식으로 전달되고 그 뒤 운동 체계로 이어져 행동을 통해 방출되는 것이다. 예를 들어 모기에게 물린 불쾌한 감각을 느끼고 이를 인식한 뒤 손

을 들어 모기를 때리는 것이 그 예이다. 하지만 꿈에서는 에너지가 반대 방향으로 흐른다. 검열로 인해 의식에 도달하지 못한 소망은 행동으로 방출되지 않고 무의식 속으로 밀려 들어가면서 과거의 기억들과 결합한다. 이 과정에서 꿈-작업에 의해 변형된 소망들이 낮아진 의식 상태에서 다시 드러나게 된다. -《꿈의 해석》(1899)

■ 각성 상태에서의 삶은 끊임없이 변화하기 때문에 우리는 매 순간 다양한 감정과 경험을 한다. 꿈은 현실의 제약과 책임에서 벗어나 자유롭게 상상하고 욕망을 표현하는 공간을 제공하며, 심리적인 안정을 가져다준다. 즉, 꿈은 현실의 고통스러운 경험으로부터 우리를 일시적으로 해방시켜 주는 역할을 한다. 꿈은 현실의 논리와는 다른 방식으로 사건과 인물들을 연결하며, 때로는 비현실적인 상황을 연출하여 우리의 억눌린 욕망이나 감정을 상징적으로 표현한다. 꿈은 우리의 무의식적인 욕구를 반영하는 거울과 같아서 우리는 꿈 분석을 통해 자신을 더 깊이 이해할 수 있는 것이다. -《꿈의 해석》(1899)

■ 꿈-사고(dream-thought)*들의 전체 덩어리가 꿈-작업(dream-

---

*꿈-사고(dream-thought) : 꿈의 근본적인 원인이나 꿈의 배후에 있는 무의식적 사고.

work)*의 압박을 받아 조각들이 마치 강을 따라 흘러가는 얼음덩이처럼 소용돌이치고 부서지고 서로 밀쳐지면서 이전에 그 구조에 형태를 부여했던 논리적 연관성은 어떻게 되었을까? 라는 의문이 생긴다. -《꿈의 해석》(1899)

■ 대부분의 사람은 주로 시각적 이미지로 꿈을 꾼다고 보고한다. 그러나 프로이트는 꿈이 말로 가장 잘 표현될 수 있는 꿈-사고에서 시작되어 논리적 연결을 전달할 수 없어서 지적으로 열등한 그림 언어로 번역된다고 가정한다. 그리고 나서 분석가가 꿈의 언어적 특성을 복원한다는 것이다. -《꿈의 해석》(1899)

■ 간단히 말해 꿈은 우리가 억압을 우회하기 위해 사용하는 장치의 하나로 마음속에서 간접적으로 표현하는 주요 방법의 하나라할 수 있다. -《히스테리 사례 : 도라》(1905)

■ 모든 꿈의 공통점은 분명하다. 그것은 낮 동안 실현되지 못한소망을 완전히 충족시킨다는 것이다. 꿈은 소망을 단순하고 가식

**꿈-작업(dream-work) : 무의식적인 소망과 욕구가 검열을 피해서 꿈의 형태로 나타나는 과정으로 압축(Condensation), 전위(Displacement), 상징화(Symbolization), 이차적 수정(Secondary Revision)으로 메커니즘이 구성된다.

없이 실현한다. ─《꿈의 해석》(1899)

■ 꿈은 결코 사소한 것에 연연하지 않는다. ─《꿈의 해석》(1899)

■ 우리는 다른 상황에 직면해 있다. 우리의 관점에서 볼 때 꿈의 내용과 우리의 성찰 결과 사이에는 새로운 종류의 정신적 자료가 개입하고 있다. 이는 우리의 절차를 통해 도달한 잠재적 꿈─내용*, 즉 꿈─사고들이다. 우리가 꿈에 대한 해결책을 도출한 것은 명백한 내용이 아닌 이 잠재적 내용에서 비롯된 것이다. ─《꿈의 해석》(1899)

■ '꿈─전위(dream─displacement)**'와 '꿈─응축(dream─condensation)***'은 꿈─작업을 주도하는 두 가지 핵심 기제로, 꿈의 형성 과정은 주로 이들의 작용에 의해 이루어진다고 볼 수 있다. ─《꿈의 해석》(1899)

■ 꿈이 어린 시절의 기억을 세세하게 기억해 낸다는 사실과 어린

---

*꿈─내용(dream─content)은 꿈에서 나타나는 이미지, 사건, 감정, 상징 등을 포함한 모든 요소.
**꿈─전위(dream─displacement)는 꿈의 중요한 요소나 감정이 덜 중요해 보이는 다른 대상이나 사건으로 이동되는 과정.
***꿈─응축(dream─condensation)은 여러 가지 생각이나 감정이 하나의 꿈 이미지나 사건으로 결합되는 과정.

시절의 욕망이 꿈 형성의 필수적인 동력이 된다는 점은 꿈 이론을 지탱하는 두 가지 중요한 기둥이다. 이 이론에 따르면 꿈은 어린 시절의 억압된 욕망이 표출되는 방식으로 해석된다. -《꿈의 해석》(1899)

■ 나는 항상 동일한 원리가 확인되는 것을 발견한다. 꿈을 구성하는 요소들은 꿈을 이루는 다양한 사고들에서 가져오며 각 요소는 꿈-사고와 다양하면서도 복합적인 방식으로 연결되어 있는 것처럼 보인다. -《꿈의 해석》(1899)

■ 꿈-사고와 꿈-내용은 마치 서로 다른 언어로 옮겨진 동일한 이야기의 두 가지 버전처럼 우리 앞에 놓여 있다. 꿈-내용은 꿈-사고를 다른 표현 방식으로 바꾼 것처럼 보인다. 우리는 원문과 번역문을 비교하여 꿈의 언어, 즉 꿈의 상징과 구조를 파악해야 한다. -《꿈의 해석》(1899)

■ 꿈이 꿈-사고의 논리적 구조를 그대로 담아내지 못하는 이유는 꿈-사고의 논리적 관계를 표현할 수단이 부족하기 때문이다. 꿈은 꿈-사고의 사실적인 내용만을 취하여 이를 시각적인 이미지나 상징으로 변형시킨다. 즉, 꿈은 꿈-사고의 논리적 연결을 끊어버리고 새로운 방식으로 재구성하는 것이다. 이렇게 끊어진

연결을 다시 이어 붙여 꿈의 의미를 파악하는 것은 꿈 해석의 주된 과제이다. 꿈이 논리적인 표현에 어려움을 겪는 것은 꿈을 구성하는 정신적인 재료의 특성 때문이다. 마치 회화나 조각이 언어를 사용하는 문학에 비해 복잡한 사상이나 논리를 표현하는 데 한계가 있는 것처럼 말이다. -《꿈의 해석》(1899)

■ 꿈-내용과 꿈-사고를 비교해 보면 많은 정보가 압축되어 하나의 꿈으로 표현되었다는 것을 알 수 있다. -《꿈의 해석》(1899)

■ 꿈이 형성되는 과정에서 정신적인 에너지가 특이한 방식으로 작용한다는 것을 알 수 있다. 강렬한 정신적 의미를 지닌 요소들의 힘이 약해지고 반대로 중요하지 않게 여겨졌던 요소들이 더욱 부각되는 현상이 발생한다. 이는 마치 중요한 문서의 내용을 암호화하여 숨기고 대신 덜 중요한 정보를 부각시켜서 보는 이를 혼란스럽게 하는 것과 같다. 이러한 과정을 통해 꿈-내용과 꿈-사고 사이에는 큰 차이가 생겨난다. 꿈 해석가는 이러한 꿈의 변형 과정을 이해하고 숨겨진 의미를 찾아내기 위해 노력한다. 꿈의 형성 과정에서 일어나는 이러한 현상을 '꿈-전위'라고 부른다. 꿈-전위와 함께 꿈-응축이라는 개념을 통해 꿈의 구조를 더욱 명확하게 설명할 수 있다. 꿈-전위와 꿈-응축은 꿈이라는 복잡한 구조

물을 만들어내는 두 명의 장인이라 할 수 있다. -《꿈의 해석》(1899)

■ 물론 수면 중 외부 감각 자극의 중요성이 실험적으로 입증되었음을 의심할 생각은 없지만 우리는 이러한 자극을 꿈-소망*과 관련하여 낮 동안 남은 사고의 잔재와 같은 위치에 두었다. 꿈이 객관적인 감각 자극을 마치 환상처럼 해석한다는 점에는 논쟁의 여지가 없지만 기존의 연구자들이 그러한 해석의 동기를 명확히 밝히지 못한 부분에 대해서는 우리가 이를 보완했다. -《꿈의 해석》(1899)

■ 수면 상태는 단순히 정신적인 연결이 끊어진 무의식적인 상태가 아니라 낮 동안 우리의 생각과 행동을 조절하던 정신 시스템이 수면이라는 목표에 집중하는 활동적인 상태라고 할 수 있다.
-《꿈의 해석》(1899)

■ 꿈은 일상생활의 기억이 어떻게 한 사람이 다른 사람으로 대체될 수 있는 구조로 짜여질 수 있는지, 인정받지 못한 감정인 질투와 죄책감이 어떻게 표현될 수 있는지, 아이디어가 언어적 유사

---

*꿈-소망(dream-wish)은 억압된 욕망이나 소망이 꿈을 통해 위장된 방식으로 실현된다는 이론.

성에 의해 연결될 수 있는지, 논리의 법칙이 어떻게 중단될 수 있는지를 보여준다. ─《꿈의 해석》(1899)

■ 신화적 가설이 쇠퇴한 이후로 꿈에 대한 해석은 계속해서 갈망의 대상이 되어 왔다. 꿈의 기원, 깨어 있는 상태에서 우리의 정신생활과의 관계, 수면 중 나타나는 방해 요소로부터의 독립성, 깨어 있을 때의 사고방식과 맞지 않는 다양한 특성, 꿈속 이미지와그 이미지들이 불러일으키는 감정 사이의 불일치, 꿈이 덧없이 사라지거나 깨어났을 때 기괴하다고 여겨져 우리의 기억 속에서 왜곡되거나 거부되는 현상 등, 이러한 문제들은 수백 년 동안 답을요구해 왔지만 지금까지 만족스러운 해답을 얻지 못했다. 무엇보다 중요한 것은 꿈의 의미에 관한 질문이다. 이 질문은 두 가지 측면을 가지고 있다. 첫째, 꿈의 정신적 중요성, 즉 꿈이 정신적 과정에서 차지하는 위치나 생물학적 기능에 관한 질문이다. 둘째, 각꿈이 다른 정신적 합성물처럼 개별적인 의미를 지니고 있는지, 즉해석할 수 있는 의미를 지니는지에 대한 것이다. ─《꿈의 해석》(1899)

■ 꿈을 평가하는 데는 세 가지 경향이 관찰된다. 많은 철학자들은 이 중 하나의 경향을 지지하는데 이는 꿈에 대한 과거의 과대평가를 어느 정도 유지하는 것이다. 그들에게 꿈의 기반은 독특

한 정신 활동 상태이며 이를 더 높은 차원으로 승화된 상태로 찬미하기도 한다. 예를 들어 슈베르트는 "꿈은 외부 자연의 압력에서 정신이 해방되고 물질의 족쇄에서 영혼이 벗어나는 것이다"라고 주장했다. 모든 철학자들이 이렇게 극단적인 주장을 하는 것은 아니지만 많은 이들이 꿈이 실제로 영적 자극에서 비롯되며 낮 동안 억제된 영적 힘이 자유롭게 표출된 것이라고 믿는다(셰르너Karl Albert Scherner와 폴켈트Johannes Volkelt의 《꿈의 판타지Dream Phantasies》에 언급된 바와 같이). 많은 관찰자들은 꿈의 세계가 특히 '기억'과 같은 특정 영역에서 놀라운 성과를 이룰 수 있음을 인정한다. −《꿈의 해석》(1899)

■ 꿈은 '… 또는'이라는 양자택일을 표현할 방법이 전혀 없다. 꿈은 두 가지 가능성을 마치 동등한 자격을 가진 것처럼 하나의 상황으로 통합해 표현한다. −《꿈의 해석》(1899)

■ 서문 ; 이 책에서 나는 꿈 해석의 방법과 그 결과를 설명하려고 시도했으며 그 과정에서 신경병리학의 범위를 넘지 않았다고 생각한다. 심리학적 분석을 통해 꿈이 비정상적인 정신 작용의 첫 번째 단계임을 알 수 있다. 이는 히스테리적 공포증, 강박신경증, 망상과 같은 심각한 정신질환으로 이어질 수 있기에 의학적 관심

이 필요하다. 꿈은 실질적인 중요성은 없을지 모르지만 인간 마음의 작동 방식을 밝히는 데 있어 매우 중요한 역할을 한다. 꿈의 기원을 규명하지 못하는 의사는 공포증, 강박 관념, 망상 등 다양한 정신질환의 근원을 파악하고 치료하는 데 어려움을 겪을 수밖에 없다.

본 연구의 주제가 지닌 중요성에도 불구하고 다음 장들에서는 몇몇 부분을 생략할 수밖에 없었다. 이는 꿈 형성이라는 문제가 정신병리학이라는 더욱 광범위한 영역과 깊이 얽혀 있으며, 그 연결고리를 따라가다 보면 인간 심리의 기저를 탐구할 수 있음을 시사한다. 이 책에서는 이러한 연결고리를 모두 다룰 수 없지만 시간이 허락하고 더 많은 자료를 얻을 수 있다면 더 많은 연구를 통해 꿈의 신비를 풀어낼 수 있을 것으로 기대하는 바이다.

꿈 해석을 예시하기 위해 사용된 자료의 독특한 특성 때문에 이 논문을 작성하는 과정 자체가 어려웠다. 꿈 해석 방법을 고려해 보면 관련 문헌에 기록된 꿈이나 내가 알지 못하는 사람들이 수집한 꿈은 내 목적에 적합하지 않다는 것을 알게 되었다. 결국 내가 선택할 수 있는 것은 내 자신의 꿈과 정신분석적 방법으로 치료하던 환자들의 꿈뿐이었다. 하지만 후자의 자료는 신경증적인 성향의 개입으로 인해 꿈의 과정이 지나치게 복잡해져 적합하지 않았다. 그리고 내 자신의 꿈을 이야기하자면 필연적으로 낯선 이들에게 내 정신적 삶의 매우 개인적인 부분을 원치 않는 정도로 드러내야 하고 시인이 아닌 과학적 연구자로서 적절치 않게 보일 수 있는 것들까지도 공개해야 하는 상황이 생긴다.

그렇게 하는 것은 고통스럽지만 피할 수 없는 일이었다. 나는 그 필요성을 받아들일 수밖에 없었는데, 그렇지 않으면 내 심리학적 결론을 입증할 수 없었을 것이다. 물론 때때로 불필요한 부분을 생략하거나 다른 것으로 대체하고 싶은 유혹을 느낀 적도 있었다. 하지만 그렇게 할 때마다 인용한 예시의 가치가 분명히 감소되었음을 인정하지 않을 수 없었다. 독자 여러분께서 나의 어려운 입장을 이해하고 너그럽게 봐주셨으면 한다. 또한 기록된 꿈에 관련된 모든 분들이 우리의 꿈에 대한 자유로운 사고를 허용해 주시길 진심으로 바란다. -《꿈의 해석》(1899)

■ 다음 장들에서는 꿈을 해석할 수 있는 심리학적 기법이 존재함을 입증하고 이 기법을 적용함으로써 <u>모든 꿈이 깨어 있는 상태의 정신 활동에서 유의미한 자리를 차지하는 심리적 구조임</u>을 밝힐 것이다. 또한 꿈의 기묘함과 모호함을 불러일으키는 과정을

탐구하여, 결합하거나 대립하는 방식으로 꿈을 생성하는 심리적 힘들을 발견하고자 한다. 이러한 연구는 꿈이 보다 광범위한 정신 작용과 연결되는 지점에서 마무리될 것이며 그 이후의 문제들은 다른 자료를 통해 탐구해야 할 것이다. -《꿈의 해석》(1899)

■ 꿈 해석의 두 가지 유명한 방법의 하나는 꿈을 일종의 비밀 암호로 간주하는 방식이다. 이 방법에서는 미리 정해진 해석 체계에 따라 꿈속의 모든 상징을 각기 알려진 의미의 다른 상징으로 바꾸어 풀이하는 것이다. 예를 들어 편지나 장례식을 꿈꾸었다면 해몽책을 참고하여 '편지'는 '걱정'을, '장례식'은 '약혼'을 의미한다고 풀이한다. 이제 남은 것은 이러한 해석을 서로 연결하는 것이다. 이 방식에서 중요한 점은 꿈 전체를 해석하는 것이 아니라 꿈-내용의 각 부분을 개별적으로 다루어 해석한다는 것이다. 이는 꿈을 각각의 조각들이 특별한 해석이 있어야 하는 혼합물인 것처럼 다룬다는 의미이다. -《꿈의 해석》(1899)

■ 수년 동안 나는 히스테리성 공포증, 강박 관념 등과 같은 정신 병리학적 구조를 해결하기 위한 치료적인 목적으로 연구에 매진해 왔다. 특히 조셉 브로이어의 탁월한 통찰에 크게 영감을 받았는데, 그는 병리적인 증상들을 치료하는 과정에서 그 근본적인

문제를 해결해야 한다는 점을 강조했다. 그의 이러한 주장은 나의 연구에 지속적인 영향을 미쳐 왔다.

환자의 병리적인 사고를 구성하는 심리적 요소를 분석하여 그 기원이 밝혀지면 해당 사고는 해체되고 환자는 증상으로부터 자유로워질 수 있었다.

다른 치료적 시도가 실패하고 이러한 병적인 상태의 불가사의한 성격을 고려했을 때 나는 이 주제를 완전히 밝히기 위해 브로이어가 시작한 방법을 끝까지 따라가는 것이 매력적으로 느껴졌다. 비록 많은 어려움이 있었음에도 이 절차의 기법이 최종적으로 어떻게 형성되었는지 그리고 내 노력이 어떤 결과를 가져왔는지는 다른 기회에 자세히 설명할 예정이다.

정신분석 연구를 진행하면서 나는 우연히 꿈 해석이라는 주제에 흥미를 느끼게 되었다. 환자들에게 특정 주제와 관련된 모든 생각을 이야기해 달라고 요청한 결과 꿈이 병리적인 사고와 깊은 연관이 있다는 사실을 발견하였다. 즉, 꿈은 병리적인 사고의 근원을 추적하는 과정에서 중요한 단서가 된다는 것이다. 이러한 발견을 바탕으로 나는 꿈 자체를 하나의 증상으로 보고 기존의

증상 해석 방법을 꿈에 적용하기 시작했다. –《꿈의 해석》(1899)

■ 이를 위해 환자는 일정한 심리적 준비가 필요하다. 두 가지 노력이 요구되는데, 첫째는 환자의 정신적 지각에 대한 주의력을 높이는 것이고, 둘째는 떠오르는 생각에 대해 평소에 취하던 비판적인 태도를 제거하는 것이다. 집중적으로 자기 관찰을 하기 위해서는 환자는 편안한 자세를 취하고 눈을 감는 것이 도움이 된다. 또한 환자에게 그가 떠올리는 생각들에 대해 어떠한 비판도 하지 않도록 명확히 지시해야 하며 정신분석의 성공은 그의 마음속에 떠오르는 모든 것을 기록하고 전달하는 데 달려 있다는 점을 알려야 한다. 환자는 중요하지 않거나 주제와 관련 없어 보이는 생각 혹은 터무니없다고 느껴지는 생각도 억누르지 말아야 한다. 그는 자신의 생각에 대해 절대적으로 공정한 태도를 유지해야 한다. 만약 꿈이나 강박적인 생각에서 원하는 해결책을 찾지 못한다면 그것은 그가 자신의 생각을 비판적으로 받아들였기 때문일 것이다. –《꿈의 해석》(1899)

■ 정신분석 작업을 통해 나는 성찰하는 사람의 심리 상태가 자신의 정신 과정을 관찰하는 사람의 심리 상태와 완전히 다르다는 사실을 발견했다. 성찰할 때에는 가장 주의 깊은 자기 관찰보

다도 더 활발한 정신 활동이 일어난다. 이는 성찰하는 사람이 긴장된 태도와 주름진 이마를 보이는 반면 자신을 관찰하는 사람은 평온한 표정을 보이는 점에서 명확하게 드러난다.

두 상황 모두 집중력이 필요하지만 성찰하는 사람은 마음에 떠오르는 생각 중 일부를 거부하고 다른 생각들을 빠르게 중단시켜 더 이상 그 생각을 따라가지 않도록 한다. 또한 일부 생각은 아예 의식에 도달하지 못하도록 작동할 수도 있는데, 이는 알아차리기 전에 억압되기 때문이다.

자기 관찰 시에는 오직 하나의 목표, 즉 비판적인 판단을 억제하는 일에 집중해야 한다. 이를 통해 평소에는 쉽게 간과하던 무수한 생각들이 의식 속으로 떠오르게 된다. 이렇게 얻어낸 새로운 자료들은 자기 관찰자에게는 미지의 영역을 탐험하는 듯한 경험을 제공하여 병리적인 사고나 꿈의 형성을 해석하는 데 중요한 단서가 된다. 핵심은 정신 에너지가 집중되는 방식, 즉 주의력의 흐름을 잠들기 직전이나 최면 상태와 유사하게 만들어 무의식의 세계에 더 가까이 다가가는 것이다.

잠이 들 때 불필요한 생각들이 떠오르는 것은 특정한 자의적(그리고 물론 비판적인) 작용이 느슨해지기 때문인데 이 작용은 우리 생각의 흐름에 영향을 미친다. 우리는 보통 이러한 느슨함을 피로 탓으로 돌린다. 떠오른 원치 않는 생각들은 시각적 또는 청각적 이미지로 변환된다. 반면 꿈이나 병리적 사고를 분석할 때 사용하는 상태에서는 이러한 활동을 의도적으로 멈추고 그로 인해 절약된 정신 에너지를(또는 그 일부를) 사용하여 표면에 떠오르는 원치 않는 생각들을 주의 깊게 추적하게 된다. 이때 떠오르는 생각들은 여전히 '사고'의 형태를 유지한다는 점에서 잠들기 전 상태와 다르다. 이렇게 추적된 원치 않는 생각들은 바람직한 생각들로 전환될 수 있다. –《꿈의 해석》(1899)

■ 꿈의 해석은 정신의 무의식적 활동에 대한 지식으로 가는 왕도이다. 꿈속에서 정신은 평소의 억제에서 벗어나 논리나 도덕의 제약을 고려하지 않고 자유롭게 자신을 표현할 수 있다. 꿈의 내용을 분석함으로써 우리는 무의식 깊은 곳에 묻혀 있는 숨겨진 욕망, 두려움, 갈등에 접근할 수 있다. 이것이 바로 꿈 해석이 인간의 마음을 이해하고자 하는 사람에게 필수적이라고 믿는 이유이다. –《꿈의 해석》(1899)

■ 우리가 도달한 꿈의 도식적 그림을 고려해 보면 꿈의 과정을

다음과 같이 설명할 수 있다. 소망 충족은 무의식으로 되돌려져 그 흥분이 여전히 의식화될 수 있는 전의식적 기억으로 전이되면서 지각 체계로 가는 길을 찾게 된다. 그곳에서 소망 충족으로 재가공되고 검열의 요구에 맞추어 조정된다. 그런 다음 운동계로 보내져 환각의 형태로 표현된다.

의식에 굴복하여 잘못된 방향으로 이끌리게 된다. 전의식은 이처럼 지각 체계를 향해 나아가며 의식은 그 과정에서 이루어진 타협을 인지하지 못한 채 그 결과만을 받아들이게 된다. 따라서 의식은 꿈의 본질을 제대로 파악하지 못하고 속아 넘어가게 된다.
-《꿈의 해석》(1899)

■ 자유 연상과 같은 과정에서 떠오르는 모든 생각을 있는 그대로 받아들이고 비판 없이 관찰하는 것은 많은 사람에게 쉽지 않은 일이다. 특히 불편하거나 억압된 욕망과 관련된 생각들은 강한 저항에 부딪혀 의식에 떠오르는 것을 거부한다. 그러나 위대한 시인이자 철학자인 프리드리히 실러에 따르면 특히 시를 쓰는 과정에서는 이러한 저항을 극복하고 무의식적인 영역에서 솟아나는 생각들을 자유롭게 표현하는 것이 중요하다는 것이다. 실러는 코르너(Christian Gottfried Körner)와의 서신에서(이는 오토 랑크의

노력 덕분에 추적할 수 있었다) 자신의 창의력 부족을 불평하는 친구에게 다음과 같은 말로 답했다:

당신이 불평하는 이유는, 제 생각에, 지성이 당신의 상상력에 부과하는 제약에 있는 것 같습니다. 여기서 제가 하나의 관찰을 하고 그것을 비유로 설명하겠습니다. 지성이 이미 문 앞에 다다른 아이디어들을 너무 면밀하게 검토하는 것은 좋지 않으며 이는 정신의 창의적 작업을 방해합니다. 개별적으로 보면 어떤 아이디어는 매우 사소하거나 지나치게 대담해 보일 수 있지만, 이어지는 아이디어와 결합될 때 중요한 의미를 가질 수 있습니다. 혹은 다른 마찬가지로 터무니없어 보이는 아이디어들과 결합될 때 매우 유용한 연결고리가 될 수 있습니다. 지성은 이러한 아이디어들을 다른 아이디어들과 연결하여 충분히 숙고할 수 있을 때만 그 가치를 판단할 수 있습니다.

창의적인 사람은 지성이 문을 지키는 경비병을 물리치고 다양한 아이디어들이 무질서하게 쏟아져 들어오게 한 뒤에야 그 아이디어들을 검토하고 평가하는 것처럼 보입니다. 존경하는 비평가 여러분, 혹은 자신을 그렇게 부르는 여러분은 모든 진정한 창조자에게서 발견되는 순간적이고 일시적인 광기를 부끄러워하거나 두려워하는 것 같습니다. 이러한 광기가 지속되는 시간의 길고 짧음이 사고하는 예술가와 단순한 몽상가를 구분 짓는 것입니다. 따라서 당신들이 불모를 불평하는 이유는 너무 빨리 거부하고 지나치게 엄격하게 선별하기 때문입니다.(1788년 12월 1일의 편지에서)

그러나 실러가 말했듯이 지성의 문에서 경비병을 물리고 비판적이지 않은 자기 관찰 상태로 전환하기는 결코 어려운 일이 아니다. -《꿈의 해석》(1899)

■ 환자 대부분은 내가 처음 지시한 대로 하면 쉽게 이 과정을 수행한다. 나 역시 내 머릿속에 스쳐 가는 생각들을 글로 적어가면서 이 과정을 완전히 수행할 수 있다. 이렇게 비판적 활동을 줄이고 자기 관찰의 집중도를 높이는 데 필요한 정신 에너지는 집중하는 주제에 따라 상당히 달라진다. -《꿈의 해석》(1899)

■ 꿈 해석을 시작할 때 가장 중요한 것은 꿈 전체를 통째로 보는 것이 아니라 꿈을 구성하는 작은 조각들을 하나씩 살펴보는 것이다. 꿈 해석에 익숙하지 않은 환자에게 "이 꿈과 관련하여 어떤 생각이 떠오르나요?"라고 묻는다면 대개 그는 정신적 시야에서 아무것도 떠올리지 못한다. 그래서 내가 먼저 꿈을 작은 조각으

로 나누어 분석해 주어야 한다. 그런 다음 각 조각과 관련하여 그
는 그 부분의 꿈에 숨겨진 생각들을 여러 가지 떠올리게 된다.

이 중요한 첫 번째 조건에서 내가 사용하는 꿈 해석 방법은 상징
을 통한 대중적, 역사적, 전설적인 해석 방법과 달리 암호 해독
방법에 더 가깝다. 이 방법은 꿈을 통째로 해석하는 것이 아니라
세부적으로 하나하나 해석하는 것이며, 처음부터 꿈을 여러 정신
적 형성물들의 집합으로 보고 이를 분석하여 전체적인 의미를 이
해하는 방식이다. —《꿈의 해석》(1899)

■ 신경증 환자들을 대상으로 한 정신분석 과정에서 나는 이미 천
개가 넘는 꿈을 해석했지만 지금 이 자료를 꿈 해석 이론과 기술
에 대한 기초 자료로 사용하고 싶지는 않다. 신경병 환자의 꿈이
라는 이유로 그로부터 도출된 결론이 건강한 사람들의 꿈에는 적
용되지 않을 것이라는 반론을 받을 수 있다는 사실과는 별개로
내가 그것들을 사용하지 않는 데에는 또 다른 이유가 있다.

이 꿈들이 가리키는 주제는 결국 신경증을 낳은 근본적인 원인
과 깊이 연결되어 있다. 따라서 모든 꿈을 분석하려면 각 신경증
의 성격과 발생 원인에 관한 장대한 연구가 필요한데, 이는 꿈 해

석이라는 본래 목표에서 벗어나 다른 주제로 시선을 돌리게 만들 수 있다. 나의 목표는 꿈을 분석하여 얻은 결과를 바탕으로 신경증 심리학의 더 복잡한 문제들을 풀어나가는 것이다. 하지만 내 주요 연구 자료인 신경증 환자들의 꿈을 제외하고 나면 나머지 꿈들에 대해 지나치게 까다롭게 다루기는 어렵다. 남는 것은 내가 아는 건강한 사람들이 우연히 이야기해 준 꿈들이나 꿈에 관한 문헌에서 예시로 언급된 꿈들뿐이기 때문이다.

안타깝게도 이 모든 꿈은 꿈의 의미를 풀어내기 위한 깊이 있는 분석이 부족한 상태이다. 내가 사용하는 방법은 단순히 꿈의 내용을 정해진 기준에 따라 해석하는 대중적인 암호 해독 방법과는 달리 훨씬 복잡하고 개별적인 접근을 필요로 한다. 같은 내용의 꿈이라도 꾸는 사람이나 상황에 따라 전혀 다른 의미가 있을 수 있기 때문이다.

따라서 나는 비교적 정상적인 사람이 제공한 일상생활의 다양한 사건들을 담고 있는 풍부하고 편리한 자료로서 내 자신의 꿈에 의지해야 할 것이다. 물론 이러한 자기 분석의 신뢰성에 대해 의문이 제기될 것이고, 자의성이 배제되지 않았다는 지적을 받을 것이다. 그러나 내 판단으로는 자기 관찰이 타인의 관찰보다 유리한 조건을 제공할 가능성이 더 크다고 생각한다. 어쨌든 자기 분석을 통해 꿈 해석에서 얼마나 많은 것을 이룰 수 있는지 연구해 보는 것은 충분히 허용된다고 본다.

따라서 나는 내 해석 방법을 설명하기 위해 내 꿈 중 하나를 선택하려고 한다. 모든 꿈은 사전 설명이 필요하므로 이제 독자 여러분께 잠깐 나의 관심사를 여러분의 것처럼 여기고 나와 함께 나의 삶 속 가장 사소한 세부 사항들에 몰두해 주길 요청하는 바이다. 꿈의 숨겨진 의미를 이해하려는 관심은 필연적으로 이러한 몰입과 전이를 요구하기 때문이다. ─《꿈의 해석》(1899)

■ 1895년 여름, 나는 나와 내 가족과 친하게 지내던 한 젊은 여성을 정신분석으로 치료했다. 이처럼 친밀한 관계 속에서 치료를 진행하다 보니 치료자로서 다양한 감정이 교차했다. 환자에 대한 개인적인 관심이 커질수록 치료자로서의 권위는 자연스럽게 약해질 수밖에 없었다. 만약 치료에 실패했다면 환자 가족과의 관계까지도 틀어질 수 있었을 것이다. 다행히 치료는 부분적으로 성공하여 환자의 히스테리성 불안은 완화되었지만 신체적인 증상은 완전히 사라지지 않았다.

당시 나는 히스테리 증상이 완전히 치료되었는지 판단하는 명확한 기준을 가지고 있지 않은 상태에서 그녀가 그녀에게 적합하지 않은 것처럼 보이는 해결책을 받아들일 것이라 예상했다. 하지만 이러한 예상과 달리 그녀는 내가 제시한 해결책을 받아들이지 않았고, 결국 여름 휴가를 맞아 치료를 중단하게 되었다. 얼마 후 이르마와 그녀의 가족이 머물고 있는 시골 별장을 방문했던 친한 동료가 나를 찾아왔길래 그녀의 상태를 물어보았다. 그러자 동료는 "이르마가 좀 나아지긴 했지만 아직 완전히 회복된 것은 아닙니다"라고 답했다. ―1895년 7월 23일에서 24일 사이의 꿈.

■ 오토의 말, 또는 그 말투가 나를 불쾌하게 만들었다는 것을 깨달았다. 그의 말 속에서 내가 환자에게 지나치게 많은 것을 약속했다는 비난의 뉘앙스를 느꼈고, 옳든 그르든 오토가 나를 편들지 않는 태도를 보인 것은 환자의 친척들이 내 치료를 마뜩잖아 여겼기 때문이라고 생각했다. 하지만 이런 불쾌한 감정이 명확하지 않기에 나는 그에 대해 언급하지 않았다. 그날 저녁, 당시 우리 모임에서 가장 영향력 있던 인물인 M 박사에게 마치 나 자신을 정당화하려는 듯 이르마의 치료 기록을 보냈다. 그날 밤 아니 새벽녘에 나는 다음과 같은 꿈을 꾸었고 깨어나자마자 기록했다. ―1895년 7월 23일에서 24일 사이의 꿈.

■ 넓은 홀에는 많은 손님들이 있었고, 그중에 이르마도 있었다. 나는 마치 그녀의 편지에 답장이라도 하듯 그녀를 조용히 불러내 아직 제시한 해결책을 받아들이지 않은 것에 대해 넌지시 책임을 돌리는 듯한 태도를 보였다. 나는 그녀에게 "아직도 아프다면 그건 당신 잘못이에요"라고 말했다. 그녀는 "목과 위, 배가 너무 아파서 숨이 막힐 지경이에요"라며 고통스러워했다. 나는 놀라 그녀를 자세히 보니 얼굴이 창백하고 부어 있었다. 어쩌면 내가 어떤 신체적인 질병을 간과했는지도 모른다는 생각이 들어 창가로 데려가 목 안을 살펴보았다. 그녀는 틀니를 낀 사람처럼 약간 저항했지만, 틀니가 필요할 리 없다고 생각하며 입을 벌리게 했다. 그러자 오른쪽에 큰 흰 반점이 있었고, 다른 곳에는 코의 비갑개 뼈처럼 생긴 이상한 조직에 회백색 딱지가 넓게 붙어 있었다.

나는 급히 M 박사를 불렀고, 그는 다시 한 번 검사를 진행한 뒤 나의 진단을 확인했다. 평소 건강하던 M 박사는 창백하고 절뚝이며 수염도 깎지 않아 매우 수척해 보였다. 그의 옆에는 오토가 서 있었는데, 나의 친구 레오폴드는 이르마의 가슴을 두드리곤 "왼쪽 아래가 둔탁하군"이라고 말하며 왼쪽 어깨에 만져지는 딱딱한 멍울을 가리켰다. 옷 위로도 그 멍울이 선명하게 느껴졌다. M 박사는 "분명히 감염된 것 같지만 걱정할 필요는 없어요. 이질이 생기면서 독소가 자연스럽게 배출될 겁니다"라고 말했다. … 우리는 감염의 원인을 정확히 알고 있었다. 얼마 전 오토가 이르마에게 몸이 좋지 않다는 이유로 프로필, 아니 프로피온산, 트리메틸아민(이 화학공식은 지금 내 눈앞에 굵은 글씨로 인쇄되어 있다)이라는 물질이 들어간 주사를 놓았던 것이다. 그런 주사를 함부로 놓아서는 안 되는데 … 아마도 주사기가 깨끗하지 않았던 것 같다. -《꿈의 해석》(1899)

■ 이 꿈은 다른 꿈들과 달리 전날의 어떤 사건과 직접적으로 연결되어 있어 무엇에 대한 꿈인지 명확하게 알 수 있다는 장점이 있다. 보고서에 언급된 내용이 이를 잘 보여준다. 오토에게서 들은 이르마의 건강 상태와 내가 밤늦게까지 작성하던 임상 기록은 잠자는 동안에도 내 정신을 사로잡고 있었다. 그럼에도 예비 보고서를 읽거나 꿈의 내용을 알고 있는 사람이라 할지라도 이 꿈이 무엇을 의미하는지 짐작할 수 없었을 것이다. 나 역시 그 이유를 알 수 없었다. 꿈속에서 이르마가 호소하던 병증은 내가 치료했던 증상과 전혀 달라 당황스러웠다. 프로피온산 주사라는 어처구니없는 처방과 M 박사의 위로에 피식 웃음이 나왔다. 꿈은 갈수록 모호해지고 빠르게 지나가는 듯했다. 도대체 이 모든 것이 무엇을 의미하는 걸까? 나는 꿈을 낱낱이 분석하기로 결심했다. -《꿈의 해석》(1899)

■ 나는 내가 제시한 '해결책'을 받아들이지 않은 이르마를 비난한다. "아직도 통증이 있다면, 그건 정말 당신 잘못입니다"라고 말한다. 깨어 있을 때도 이런 말을 했을 가능성이 있고, 실제로 그렇게 말했을지도 모른다. 당시 나는 내 임무가 환자들에게 그들의 증상에 숨겨진 의미를 설명하는 것에 그친다고 생각했었는데, 나중에 이 생각이 잘못되었다는 것을 알게 되었다. 성공적인 치료가 이루어지기 위해 환자가 그 해결책을 받아들이느냐 마느냐는 내 책임이 아니라고 여겼었다. 나는 이 오류에 감사하고 있다. 다행히 지금은 이 오류를 극복했지만, 불가피한 무지 속에서도 성공적인 치료를 기대했던 시절 그 오류로 인해 나는 보다 편안한 삶을 영위했기 때문이었다. 하지만 꿈속에서 이르마에게 말을 할 때 내가 가장 염려했던 것은 그녀가 아직도 겪고 있는 고통에 대해 내가 비난받지 않을까 하는 것이었다. 만약 그것이 이르마 자신의 잘못이라면 그 고통에 대한 책임은 내게 있을 수 없다. 바로 이 지점에서 꿈의 목적을 찾아야 하는 것이 아닐까? –《꿈의 해석》(1899)

■ 나는 왜 꿈에서 트리메틸아민의 공식이 그렇게 집요하게 등장하는지 추측하게 된다. 이 단어 하나에 너무나 중요한 것들이 얽혀 있다. 트리메틸아민은 성(性)이라는 중요한 요소에 대한 암시일 뿐만 아니라 내 의견이 고립될 때마다 나를 위로해 주는 친구에 대한

암시이기도 하다. 그리고 내 삶에서 중요한 역할을 하는 이 친구가 이 꿈의 아이디어 연결 속에서 다시 등장하지 않을까? 물론 그럴 것이다. 그는 코와 부비동 질환에 대한 특별한 지식을 가지고 있으며, 비갑개 뼈와 여성 성기 사이의 매우 주목할 만한 몇 가지 관계를 과학적으로 밝혀냈다(이르마의 목에서 보이는 세 개의 곱슬곱슬한 형상). 나는 이르마의 위 통증이 코에서 기인한 것인지 알아보기 위해 그에게 그녀를 검사하게 했었다. 그런데 그 자신도 화농성 비염을 앓고 있어서 내가 걱정하고 있었는데, 꿈에서 떠오른 패혈증은 아마도 그것에 대한 암시일지도 모른다. -《꿈의 해석》(1899)

■ 이제 나는 꿈의 해석을 마쳤다. 해석 과정에서 나는 꿈의 내용과 그 뒤에 숨겨진 꿈 생각들을 비교함으로써 생길 수 있는 암시적인 해석을 최대한 피하려고 노력했다. 그동안 꿈의 의미가 나에게 분명하게 드러났다. 꿈속에서 나는 꿈을 꾸게 만든 의도를 발견했는데, 그것이 내가 꿈을 꾸게 된 동기가 되었음에 틀림없다. 꿈은 전날 저녁 오토의 소식과 임상 기록을 작성하면서 내 안에 생긴 여러 소망을 충족시키고 있었다. 꿈의 결과는 이르마가 여전히 겪고 있는 고통에 대한 책임이 나에게 있지 않고 오토에게 있다는 것이었다. 오토가 이르마의 불완전한 치료에 대해 나를 비난했던 것이 나를 불쾌하게 했었는데, 꿈은 그 비난을 그에

게 돌려줌으로써 나를 그 책임에서 벗어나게 했다. 꿈은 이르마의 상태를 다른 원인들로 돌리며 여러 가지 설명을 제공한다. 꿈은 내가 바라는 상황 즉 내가 책임이 없다는 상태를 묘사했다. 꿈의 내용은 그 소망을 충족시켜 준 것이었다. -《꿈의 해석》(1899)

■ 이 정도의 사실은 누가 봐도 분명하다. 하지만 꿈의 세세한 부분들을 자세히 들여다보자면 내가 바라는 것을 이루고 싶은 욕망이라는 관점에서 보아야 그 의미를 알 수 있다. 나는 오토가 나에게 반대 입장을 취하고 부주의하게 주사를 놓고 퓨젤유 냄새가 나는 술을 권한 것에 대해 화가 났다. 꿈속에서 나는 이러한 불만들을 하나로 합쳐 프로필렌 주사라는 상황으로 표현하며 복수를 하는 것이다. 여기서 프로필렌은 부주의한 의료 행위와 나쁜 술을 상징한다. 그럼에도 나는 아직 화가 풀리지 않아 오토를 더 믿을 만한 동료와 비교하며 계속해서 그를 깎아내린다. 마치 "나는 너보다 그 사람이 더 좋아"라고 말하는 것처럼.

오토만이 내 분노의 유일한 대상은 아니었다. 나는 반항적인 환자를 보다 이성적이고 순종적인 환자로 바꿈으로써 그녀에게 복수하고, M 박사의 반대 의견도 그냥 넘기지 않았다. 나는 '이질이 발생할 것'이라는 그의 무지한 태도를 분명한 암시로 비판하고 있다. 실제로 나는 더 지식이 있는 사람에게 도움을 요청하는 것처럼 보인다(트리메틸아민에 대해 이야기해 준 친구). 이르마 대신 그녀의 친구에게로, 오토 대신 레오폴드에게로 눈을 돌린 것처럼 말이다. 이는 마치 '이 세 사람을 내가 원하는 세 사람으로 바꾸면 내가 자격이 없다고 느끼는 비난에서 벗어날 수 있을 것'이라고 말하는 것과 같다. 내 꿈에서는 이러한 비난의 부당함이 매우 정교하게 증명된 셈이었다.

이르마의 고통은 전적으로 내 책임이 아니다. 그녀가 내가 제시한 해결책을 거부했기 때문이다. 게다가 그녀의 고통은 유기적인 원인에서 비롯된 것이라 정신적인 치료로는 해결될 수 없는 것이다. 다시 말하지만 나는 이 문제에 책임이 없다. 이르마의 고통은 그녀가 과부라는 사실과 관련이 깊다(트리메틸아민이라는 물질이 그녀의 상태를 더 악화시켰을지도 모른다). 이건 내가 어찌할 수 없는 문제다. 오토가 부주의하게 잘못된 약물을 주사했기 때문에 이런 일이 발생했다. 나라면 절대 그런 실수를 저지르지 않았을 거다.

이르마의 불편함은 내가 예전에 치료했던 정맥염에 걸린 노인 환자의 경우처럼 더러운 주사기로 인한 것이 분명하다. 반면 내가 놓은 주사는 결코 부작용을 일으킨 적이 없다. 이르마의 병에 대한 나의 설명들이 서로 일치하지 않고 심지어 서로를 배제한다는 사실을 나도 잘 알고 있다. 이 꿈 전체는 마치 이웃에게 빌려 간 주전자를 망가뜨려 돌려줬다는 비난을 받은 사람이 자신을 변호 하는 상황을 떠올리게 한다. 첫째, 그는 주전자를 손상되지 않은 상태로 돌려줬다고 주장하고, 둘째, 빌릴 때부터 주전자에 구멍 이 있었다고 말하며, 셋째, 아예 주전자를 빌린 적이 없다고 주장 했다. 복잡한 변호지만 이 세 가지 주장 중 하나만 인정되어도 그 사람은 무죄가 될 수 있는 것이다. ─《꿈의 해석》(1899)

■ 이 꿈에는 이르마의 병과 직접적인 연관이 없어 보이는 여러 주제가 등장한다. 예를 들어 내 딸의 병, 같은 이름을 가진 환자 의 병, 코카인의 해로움, 이집트로 여행 중인 환자의 애정, 아내 의 건강에 대한 걱정, 내 형제와 M 박사, 그리고 화농성 비염을 앓고 있는 친구에 대한 염려 등이 그것이다. 하지만 이 모든 것들 을 종합해 보면 결국 '나와 타인의 건강에 대한 염려'와 '직업적 양 심'이라는 하나의 생각 흐름으로 이어진다. 오토가 이르마의 상태 를 이야기했을 때 느꼈던 막연한 불쾌감이 이 꿈의 일부 생각 흐 름으로 나타난 것 같다. 마치 오토가 나에게 "당신은 의료인으로 서의 의무를 충분히 다하지 않았고 약속도 지키지 않았다"라고 말하는 것처럼 느껴졌다.

이러한 생각의 흐름은 내가 친척, 친구, 그리고 환자들의 건강에 대해 극도로 양심적이고 깊은 관심이 있음을 증명하기 위해 나를 돕는 역할을 했다. 그런데 흥미롭게도 이 꿈의 재료에는 나의 무죄를 입증하기보다는 오히려 오토에게 비난의 책임을 돌리는 고통스러운 기억들도 포함되어 있었다. 이 재료는 겉으로는 공정해 보인다. 하지만 꿈의 기반이 되는 더 광범위한 내용과 이르마의 병에 대한 나의 무죄를 주장하는 더 좁은 주제 사이에 연결고리가 존재하는 것이 분명하다. ─《꿈의 해석》(1899)

■ 나는 이 꿈의 의미를 완전히 밝혀냈다거나 내 해석이 완벽하다고 주장할 생각은 없다. 여전히 이 꿈에 대해 많은 시간을 더 들여야 할 것 같고 더 많은 해석을 도출하거나 이 꿈이 제기하는 문제들을 더 논의해야 할 것 같다. 심지어 더 많은 정신적 연관성을 추적할 수 있는 실마리도 보인다. 하지만 자신의 꿈을 해석할 때 늘 수반되는 주관적인 요소들 때문에 더 이상 해석을 진행하지 않기로 했다. 이러한 신중한 태도를 너무 쉽게 비판하는 사람들은 직접 시도해 보며 얼마나 어려운 일인지 체험해 보길 바란다. 현재로서는 막 발견한 하나의 새로운 사실에 만족한다. 즉 여기에서 제시한 꿈 해석 방법을 따르면 꿈은 단순히 분리된 뇌 활동의 산물이 아니라 실제로 의미를 지닌 것이며 소망을 반영한 것

으로, 이러한 해석 방식을 통해 꿈을 소망의 실현으로 이해할 수 있다는 것이다. —《꿈의 해석》(1899)

■ 좁은 협곡을 지나 여러 갈래의 길과 풍요로운 전망이 펼쳐진 높은 곳에 갑자기 도착하면 잠시 멈추어 다음에 어디로 향할지 고민하는 것이 현명하다. 꿈의 첫 번째 해석을 끝낸 뒤 우리는 마치 이와 같은 상황에 서 있는 것과 같다. 뜻밖의 발견 앞에 서 있는 것이다. 꿈은 마치 연주자가 아닌 외부의 힘에 의해 무작위로 울리는 악기의 불규칙한 소리와 같은 것이 아니다. 꿈은 무의미하거나 터무니없는 것이 아니며 우리의 생각이 일부는 잠든 상태이고 다른 일부만 깨어 있는 것을 전제로 하지도 않는다.

꿈은 완전히 유효한 정신 현상이며 실제로는 소망의 실현으로, 깨어 있는 상태의 명확한 정신 활동과 연속성을 가진다. 꿈은 매우 복잡한 지적 활동에 의해 형성된다. 하지만 이러한 발견에 기뻐하기도 전에 우리는 수많은 문제에 직면하게 된다. 꿈이 소망의 실현을 나타낸다면 왜 그 실현이 이렇게 기묘하고 낯선 방식으로 표현되는 것일까? 우리가 잠에서 깨어난 뒤 기억할 정도의 명시적인 꿈이 만들어지기 전에 우리의 꿈—사고에 어떤 변형이 일어났던 것일까? 이러한 변형은 어떻게 일어나는 것일까? 꿈을 구성하는 재료는 어디에서 오는 것일까? 꿈−사고에서 관찰되는 여러 특이점, 예를 들어 꿈속에서 사고들이 서로 모순되는 것처럼 보이는 이유는 무엇일까? 꿈은 우리의 내면적 정신 과정에 대해 새로운 사실을 가르쳐줄 수 있을까? 그리고 꿈의 내용이 우리가 낮 동안 가졌던 의견에 수정을 가할 수 있는 것일까? −《꿈의 해석》(1899)

■ 현재로서는 모든 문제를 잠시 뒤로하고 하나의 의문에 집중하는 것이 좋다고 생각한다. 우리는 꿈이 소망의 실현을 나타낸다는 사실을 발견했다. 이제 우리의 다음 목표는 이것이 모든 꿈에 해당하는 일반적인 특징인지 아니면 우리가 처음 분석을 시작했던 특정 꿈, 즉 이르마의 주사에 관한 꿈에만 우연히 해당하는 내용인지를 확인하는 것이다. 설사 모든 꿈이 의미와 정신적 가치를 지닌다고 결론짓더라도 그 의미가 모든 꿈에서 동일하지 않을 가능성을 고려해야 한다. 우리가 처음 분석한 꿈은 소망이 실현된 것이었지만 다른 꿈은 불안이 실현된 것일 수 있고, 또 다른 꿈은 단순한 반영이나 기억의 재현일 수 있다. 그렇다면 소망 꿈 외에도 다른 형태의 꿈이 존재하는 것인가? 아니면 모든 꿈이 소망 꿈으로 한정되는 것인가? −《꿈의 해석》(1899)

■ 꿈에서 소망이 충족되는 것은 종종 숨김없이 드러나서 쉽게 알

아볼 수 있기에 꿈의 언어가 왜 오래전부터 이해되지 않았는지 의아해할 수 있다. 예를 들어 내가 마치 실험하듯 원하는 만큼 자주 불러낼 수 있는 꿈이 있다. 저녁에 멸치나 올리브, 또는 찐한 소금에 절인 음식을 먹으면 밤에 목이 말라서 깨어난다. 그러나 깨어나기 전에는 항상 같은 내용의 꿈을 꾸는데, 그것은 내가 물을 마시는 꿈이다. 나는 물을 길게 들이키며 목이 마를 때 시원한 음료가 주는 그 특유의 상쾌한 맛을 느낀다. 그리고 깨어나 실제로 갈증을 느끼고 있음을 깨닫는다. 이 꿈의 원인은 내가 깨어났을 때 느끼는 바로 그 갈증이다.

이러한 갈증이라는 감각에서 물을 마시고 싶은 욕구가 생겨나고 꿈은 이 욕구가 충족되는 모습을 보여줌으로써 그 역할을 수행한다. 즉 꿈은 나의 갈증을 해소해 주어 잠든 상태를 유지하게 돕는다. 나는 잠을 깊이 자는 편이라 신체적 욕구 때문에 잠에서 깨는 일이 거의 없다. 꿈속에서 물을 마심으로써 갈증을 해소하면 현실에서 굳이 깨어나 물을 마실 필요가 없어 숙면을 이어갈 수 있다. 따라서 이것은 편리함을 위한 꿈이다. 꿈은 일상생활에서 행동을 대신하듯이 그 역할을 한다. 안타깝게도 현실에서의 갈증은 꿈만으로 해결되지 않지만, 오토와 M 박사에 대한 복수의 갈망처럼 꿈은 그 욕구를 충족시키고자 하는 동일한 의도를 지닌다.

얼마 전에 나는 약간 변형된 형태로 같은 꿈을 꾸었다. 그때 나는 잠자리에 들기 전에 목이 말라 침대 옆 작은 탁자에 있던 물을 다 마셨다. 몇 시간 뒤 밤중에 갈증이 다시 찾아와 불편함을 느꼈다. 물을 마시려면 일어나서 아내의 침대 탁자에 있는 물잔을 가져와야 했는데, 그 대신 나는 아내가 화병에서 물을 따라 나에게 건네주는 꿈을 꾸었다. 그 화병은 내가 이탈리아에서 가져와 나중에 다른 사람에게 준 에트루리아의 유골 항아리였다. 그런데 그 물이 (아마도 유골 때문인지) 너무 짜서 결국 나는 깨어날 수밖에 없었다.

꿈이 얼마나 편리하게 상황을 조정할 수 있는지 알 수 있다. 꿈의 유일한 목적이 소망을 충족시키는 것이라면 그 꿈은 완전히 이기적인 것이라 할 수 있다. 편안함을 추구하는 욕망은 타인에 대한 배려와는 양립하기 어려운 경우가 많다. 꿈속에 등장한 유골 항아리는 아마도 또 다른 소망의 실현일 것이다. 그렇다면 이미 다른 사람에게 준 이 귀중한 물건을 다시 소유하고 싶은 욕망이 꿈속에서 구현된 것이리라. 마치 아내 옆에 놓인 물잔처럼 가까이 있지만 손에 닿지 않는 존재처럼 말이다. 또한 유골 항아리는 점점 짜지는 맛과도 연결되는데, 이는 내가 곧 깨어날 것임을 알리는 신호였다.

272

젊은 시절 나는 이런 편리한 꿈을 자주 꾸었다. 밤늦게까지 일하는 것이 익숙했던 탓에 아침 일찍 일어나는 것이 항상 어려웠다. 그때 나는 잠결에 이미 침대에서 일어나 세면대 앞에 서 있는 꿈을 꾸곤 했다. 하지만 얼마 지나지 않아 내가 아직 침대에서 일어나지 않았다는 사실을 인식하곤 다시 잠들곤 했었다. ―《꿈의 해석》(1899)

■ (우리 의견에 반대하는 사람들을 향해) 겉보기엔 반박하기가 어려워 보이지만 사실은 간단하게 반박할 수 있다. 우리 이론은 꿈의 표면적인 내용에 근거하는 것이 아니라 해석 과정에서 드러나는 숨겨진 사고 내용에 초점을 맞추고 있기 때문이다. 꿈의 명시적 내용과 잠재적 내용을 비교해 보자. 명시적인 내용이 매우 고통스러운 꿈도 분명히 존재한다. 하지만 이러한 꿈들을 해석해 보고 그 숨겨진 사고 내용을 발견하려고 시도한 적이 있는가? 그렇지 않다면 우리 이론에 대한 반론은 더 이상 유효하지 않다. 왜냐하면 해석을 통해 고통스럽고 무서운 꿈조차도 소망 성취로 밝혀질 가능성이 항상 있기 때문이다. ―《꿈의 해석》(1899)

■ 과학 연구에서 한 문제의 해결이 어려울 때 두 번째 문제를 추가하는 것이 오히려 더 유리할 때가 있다. 마치 두 개의 견과류를 따로 깨는 것보다 함께 깨기가 더 쉬운 것처럼 말이다. 따라서 우

리는 단순히 "고통스럽고 두려운 꿈이 어떻게 소망을 충족시킬 수 있는가?"라는 문제에만 직면하는 것이 아니라 이에 더해 또 다른 문제를 제기할 수 있다. 즉 "겉보기에는 별 의미 없어 보이는 꿈이 소망 충족의 결과임에도 불구하고 왜 그 의미를 숨기고 있는 것일까?"라는 질문이다.

예를 들어 철저히 분석된 이르마의 주사에 대한 꿈을 살펴보자. 이 꿈이 반드시 고통스러운 성격을 지닌다고는 말할 수 없다. 오히려 해석을 통해 명백한 소망 충족으로 드러날 수 있다. 그런데 왜 해석이 필요한 것일까? 왜 꿈은 그 의미를 직접적으로 말하지 않는 것일까? 사실 이르마의 주사 꿈은 처음부터 꿈꾸는 사람의 소망이 충족된 것이라는 인상을 주지 않았다. 독자들도 그랬을 것이고 나 자신조차도 분석하기 전까지는 그 사실을 깨닫지 못했다.

꿈에 해석이 필요하다는 이 특징을 '꿈의 왜곡' 현상이라고 부른다면 또 하나의 질문이 생긴다. 꿈이 왜곡되는 원인은 무엇일까?
–《꿈의 해석》(1899)

■ 만약 내 딸이 사과를 좋아하지 않으면 그녀는 맛을 보지도 않고 그 사과가 쓰다고 주장할 것이다. 환자들이 이런 식으로 행동

할 때 나는 그들이 억압하려는 생각과 마주하고 있음을 알게 된다. 내 꿈의 경우도 마찬가지다. 해석을 거부하는 이유는 그 해석 속에 내가 받아들이고 싶지 않은 무언가가 있기 때문이다. -《꿈의 해석》(1899), 4장

■ 소망이 알아보기 어렵고 왜곡되어 나타날 때는 항상 그 소망을 억누르려는 방어기제가 작동하고 있는 것이다. 이 방어기제 때문에 소망은 왜곡된 형태로 표현될 수밖에 없다. 이는 마치 사회생활의 권력관계 속에서 진실이 왜곡되는 것과 유사하다. 한 사람이 다른 사람보다 더 큰 권력을 가지고 있을 때 상대적으로 약한 사람은 자신의 진짜 생각이나 요구를 솔직하게 표현하지 못하고 왜곡된 방식으로 전달하게 된다. 상대적으로 약한 사람은 자신의 진짜 생각이나 감정을 숨기고 다른 모습을 보여주려 할 것이다. 우리가 매일 사용하는 예의 또한 일종의 가면이라고 할 수 있다.

꿈을 해석할 때도 마찬가지다. 내가 독자들을 위해 꿈을 해석한다면 나는 이러한 왜곡을 피할 수 없다. 시인들조차 이러한 왜곡의 필요성에 대해 불평한다.:

"가장 잘 알고 있는 것이라 해도 소년들에게는 말할 수 없는 법이

다."(괴테의《파우스트》1부, 장면 4, 메피스토펠레스) -《꿈의 해석》(1899)

■ 권력자들에게 불편한 진실을 말해야 하는 정치 작가도 이와 유사한 상황에 처하게 된다. 만약 그가 모든 것을 가감 없이 드러낸다면 정부는 구두로 표현된 의견에 대해서는 사후에 억압하고, 언론에 발표될 경우 사전 검열을 통해 이를 차단할 것이다. 작가는 검열을 두려워하여 자신의 의견을 완화하거나 위장하게 된다. 그는 검열관의 민감성을 고려해 일부 공격적인 표현을 아예 피하거나 직접적인 주장 대신 암시로 전달하며 불편한 진술은 겉보기에 무해한 형태로 위장해 숨겨야 한다. -《꿈의 해석》(1899)

■ 검열과 꿈 왜곡 현상이 매우 유사하게 작동한다는 사실을 바탕으로 우리는 꿈의 형성 과정에서도 이와 비슷한 조건이 존재한다고 가정할 수 있다. 즉, 모든 사람의 내면에는 꿈을 형성하는 주요 원인으로 두 가지 정신적 힘(경향 또는 시스템)이 존재한다. 하나는 꿈을 통해 소망을 표현하는 힘이고, 다른 하나는 이 꿈속의 소망에 검열을 가해 그 소망을 왜곡시키는 힘이다. 여기서 중요한 질문은 이 두 번째 힘, 즉 검열을 행사하는 이 기관이 어떤 권위를 바탕으로 그 소망을 검열할 수 있는가 하는 것이다.

우리가 분석하기 전에는 잠재적인 꿈-사고는 의식되지 않지만 그로부터 나타나는 명시적인 꿈-내용은 우리가 의식적으로 기억한다는 점을 고려하면 의식에 접근할 권한이 두 번째 심리 기관에 있다고 보는 것이 자연스러운 추론이다. 첫 번째 심리 기관에서 생성된 어떤 것도 두 번째 심리 기관을 통과하지 않고는 의식에 도달할 수 없는데, 두 번째 심리 기관은 자신의 권한을 행사하여 자신이 원하는 방식으로 내용을 수정하거나 왜곡한 뒤에야 의식에 도달하도록 허용한다.

여기서 우리는 의식의 본질을 다음과 같이 정의할 수 있다. 의식이란 단순히 정보가 고정되거나 표현되는 과정이 아니라 독립적인 정신 작용이라는 것이다. 마치 감각기관이 외부 세계의 정보를 받아들이듯 의식 또한 내면 혹은 외부의 정보를 수용하고 처리하는 주체적인 역할을 한다. 따라서 정신질환을 이해하기 위해서는 이러한 의식의 독립적인 특성을 반드시 고려해야 하는 것이다. -《꿈의 해석》(1899) 4장

■ 일반적으로 다른 사람이 자신의 꿈-내용 뒤에 숨겨진 무의식적인 생각을 우리에게 제공하지 않는다면 우리는 그 사람의 꿈을 해석할 수 없다. 이러한 이유로 꿈 해석 방법의 실용적 적용 가능성

이 종종 심각하게 제한받는다. 하지만 일반적으로 개인마다 고유한 꿈을 꾸는 것과는 달리 거의 모든 사람들이 비슷한 내용의 꿈을 꾸는 경우가 있다. 우리는 이러한 꿈들이 모든 사람에게 동일한 의미를 지닌다고 생각하는 경향이 있다. 이러한 전형적인 꿈들은 특별한 관심을 끌게 되는데 그 이유는 누가 그 꿈을 꾸든지 그 꿈들이 모두 같은 출처에서 비롯되었을 가능성이 높아서 꿈의 근원에 대해 중요한 정보를 제공할 수 있을 것처럼 보이기 때문이다.

우리는 이러한 전형적인 꿈들을 통해 꿈 해석 기법의 유효성을 검증하고자 한다. 즉 많은 사람에게 공통으로 나타나는 이런 꿈들을 분석하여 우리의 꿈 해석 이론이 일반적인 꿈에도 적용될 수 있는지를 확인하고 싶은 것이다. 하지만 안타깝게도 이러한 꿈들을 분석할 때 다른 꿈들을 해석할 때처럼 명확하고 유용한 연상 작용을 얻어내기가 쉽지 않다. 꿈꾸는 사람들이 제공하는 연상이 혼란스럽거나 불충분하면 꿈의 의미를 정확하게 파악하는 데 어려움을 겪을 수 있기 때문이다. -《꿈의 해석》(1899)

■ 낯선 사람들 앞에서 벌거벗거나 옷을 거의 입지 않은 꿈을 꾸더라도 때로는 전혀 부끄러움을 느끼지 않는 경우가 있다. 하지만 꿈속에서 수치심이나 당혹감을 느끼고 도망치거나 숨고 싶은

마음이 들거나 꼼짝 못 하고 갇힌 듯한 느낌을 받는다면 이는 심리적으로 중요한 의미가 있다. 이 꿈이 전형적인 이유는 꿈의 핵심 내용이 개인의 경험에 따라 다양한 방식으로 나타날 수 있기 때문이다. 즉 벌거벗은 상태에서 수치심이 들어 숨고 싶어 하면서도 움직일 수 없는 상황이라는 공통점이 있지만, 주변 환경이나 등장인물은 사람마다 다를 수 있다. 중요한 것은 이러한 수치심과 무력감이다. 나는 많은 사람들이 이와 비슷한 꿈을 꿔본 경험이 있을 것이라고 생각한다. -《꿈의 해석》(1899)

■ 노출의 정도나 방식은 대체로 모호하게 표현된다. 꿈꾸는 사람은 "속옷만 입고 있었다"라고 말하지만 실제로는 명확한 이미지보다는 "속옷이나 속치마만 입고 있었다"처럼 옷이 부족하다는 느낌만 강조하는 경우가 많다. 옷을 제대로 입지 않은 상황이라고 해도 항상 수치심을 느낄 정도로 심각한 것은 아니다. 특히 군대를 다녀온 남성의 경우에는 벌거벗은 모습 대신 군복 규정을 위반한 옷차림으로 나타나는 경우가 많다. 예를 들어 '칼라가 없는 군복을 입고 있었다'거나 '민간인 옷을 입고 있었다'와 같은 표현이 쓰이는 경우다. -《꿈의 해석》(1899)

■ 꿈에서 부끄러움을 느낄 때 우리는 대개 얼굴이 뚜렷하지 않은

낯선 사람들 앞에 서 있는 경우가 많다. 꿈속에서 옷을 벗고 있다거나 하는 이유로 다른 사람들에게 비난받거나 주목받는 일은 거의 일어나지 않는다. 오히려 꿈속의 사람들은 무심한 듯 우리를 바라보거나 심지어 딱딱하고 무표정한 모습을 하고 있다. 이러한 꿈의 특징은 우리에게 흥미로운 시사점을 던져준다. ─《꿈의 해석》(1899)

■ 꿈속에서 벌거벗은 자신에게 낯선 사람들이 무관심한 것은 꿈에서 흔히 나타나는 모순이다. 꿈꾸는 사람의 감정에 더 부합하려면 낯선 사람들이 그를 보고 놀라거나 비웃거나 화를 내는 것이 더 적절할 것이다. 그러나 나는 이 불쾌한 요소가 소원 성취로 대체되더라도 당혹감은 여전히 남는다는 점에서 두 가지 요소가 일치하지 않는다고 생각한다.

소원 성취로 인해 부분적으로 왜곡된 꿈이 제대로 이해되지 않음을 보여주는 흥미로운 예시가 있다. 이는 우리가 잘 알고 있는 안데르센의 동화 〈벌거벗은 임금님(The Emperor's New Clothes)〉에서 명확히 드러나고 풀다(Ludwig Fulda)의 〈탈리스만(Talisman)〉에서도 시적으로 다뤄지고 있다. 안데르센의 동화에서 두 사기꾼은 황제를 위해 매우 값비싼 옷을 짜는데 이 옷은 선하고 정직한 사람에게만 보인다는 설정이다. 황제는 이 보이지 않는 옷을 입고 행차를 나서는데 사람들은 황제가 벌거벗고 있다는 사실을 알면서도 겁에 질려 이를 눈치채지 못한 척 행동한다.

이것이 바로 꿈이 작동하는 방식이다. 꿈은 종종 이해하기 어려운 내용으로 가득 차 있으며 무의식은 이러한 내용에 의미를 부여하기 위해 기존의 기억이나 경험을 활용한다. 즉, 꿈속에서 벌거벗은 상태는 단순한 신체적인 노출을 넘어 숨겨진 감정이나 욕망을 상징적으로 표현하는 수단으로 사용될 수 있다. 이 과정에서 기존의 기억은 왜곡되고 새로운 의미가 부여되어 꿈의 해석을 더욱 복잡하게 만든다. 그러나 우리는 꿈의 내용에 대한 오해가 종종 무의식적인 정신 작용에 의해 발생하고 이것이 꿈의 최종 형태에 영향을 미칠 뿐만 아니라 강박증이나 공포증과 같은 정신병리의 발달에도 중요한 역할을 한다는 것을 알게 될 것이다. -《꿈의 해석》(1899)

■ 꿈에 대한 새로운 해석의 근거가 되는 자료를 구체적으로 파악할 수 있다. 여기서 꿈은 사기꾼이고 황제는 꿈꾸는 당사자이다. 도덕적인 경향의 해석은 꿈의 잠재적 내용에서 억압된 금지된 욕망이 다루어지고 있다는 사실을 흐릿하게나마 인지하게 한다. 신경증 환자를 분석하는 과정에서 나타나는 이러한 꿈들은 그 환자의 어린 시절 경험과 깊은 연관이 있다. 즉 이러한 꿈들은 무의

식 속에 억눌린 어린 시절의 기억을 반영한 것이다. 어린 시절에는 가족이나 낯선 사람들에게 옷을 입지 않은 모습을 보여도 전혀 부끄러워하지 않는다. 하지만 성장하면서 옷을 벗는 행위가 흥미로운 경험으로 여겨지는 경우가 많다. 아이들은 웃고 뛰어다니며 자신의 몸을 때리거나 장난치곤 한다. 그러면 어머니나 주변의 어른들은 그들에게 "이런, 부끄러운 줄 알아야지. 그러면 안 돼!"라고 꾸짖는다.

아이들은 종종 자신을 보여주고 싶어 한다. 시골 마을을 지나다 보면, 여행자에게 자기 옷을 들어 올려 보이며 관심을 끄는 두세 살배기 아이들을 흔히 볼 수 있다. 마치 여행자에게 자신을 보여주고 싶어 하는 것처럼 말이다. 나의 한 환자는 어린 시절 잠옷 차림으로 여동생 방에 들어가 춤을 추고 싶어 했지만 하녀에게 저지당한 기억을 생생하게 떠올렸다.

신경증 환자들의 어린 시절을 살펴보면 이성 앞에서 옷을 벗거나 하는 경험이 자주 등장한다. 이러한 경험은 편집증 환자가 다른 사람에게 관찰당한다는 망상에 시달리게 되는 원인이 될 수 있다. 또한 일부는 어린 시절의 이러한 경험이 강화되어 노출증과 같은 성적 이상 증세를 보이기도 한다. −《꿈의 해석》(1899)

■ 수치심을 몰랐던 어린 시절은 우리가 나중에 되돌아볼 때 마치 낙원처럼 여겨진다. 사실 낙원이란 개념 자체가 개인의 어린 시절에 대한 집단적인 환상에 불과하다. 낙원에서 사람들은 벌거벗고도 부끄러워하거나 두려워하지 않는다. 하지만 수치심과 두려움이 깨어나는 순간이 오면 추방이 뒤따르고 성적인 삶과 문화적 발전이 시작된다. 꿈은 매일 밤 우리를 그 추방 이전의 낙원으로 데려갈 수 있다. 우리는 이미 우리의 가장 초기의 어린 시절(태어나면서 약 세 살 무렵까지)에 대한 인상이 그 내용과는 무관하게 그 자체로 반복을 요구하는 소망 충족의 형태일 수 있다는 추측을 제시한 바 있다. 따라서 벌거벗은 꿈은 노출의 욕망을 반영하는 꿈, 즉 '노출 꿈'이라고 할 수 있는 것이다. ‒《꿈의 해석》(1899)

■ 노출‒꿈의 핵심은 어린 시절의 모습이 아닌 현재의 모습으로, 여러 후속 상황이 겹치거나 검열을 의식한 결과로 희미하게 드러나는 불완전한 옷차림이라는 개념에 의해 형성된다. 여기에 더해 꿈에는 자신이 부끄러워해야 할 사람들도 등장한다. 하지만 어린 시절 자신이 옷을 벗고 있는 모습을 실제로 본 사람들이 꿈에 다시 등장하는 경우는 거의 없다. 꿈은 단순한 과거의 기억이 아니기 때문이다.

이상하게도 어린 시절 성적 대상으로 삼았던 사람들은 꿈이나 히스테리, 강박신경증 등에서는 거의 등장하지 않는다. 오직 편집증에서만 그들이 다시 등장하는데 직접 보이지는 않더라도 그들의 존재를 확신한다. 꿈에서는 특정한 한 사람에게 보여주고 싶었던 장면이 대신 많은 낯선 사람들에게 보여지는 상황으로 바뀌는 경우가 많다. 이는 꿈 꾸는 사람의 원래 의도와는 정반대되는 상황이다.

꿈에서 자주 등장하는 '낯선 사람들'은 종종 비밀을 상징하는데 이는 꿈꾸는 사람의 무의식적인 반소망(counter-wish)과 관련이 있다. 심지어 편집증에서 나타나는 과거 상태의 회복도 이 반소망을 따르는 경우가 많다. 혼자가 아닌 것 같고 누군가에게 분명히 감시당하고 있다는 느낌을 받는다. 이러한 관찰자들이 구체적으로 보이는 것은 아니지만 그 존재 자체가 편집증 환자의 불안과 맞물려 감시받고 있다는 확신을 더욱 강화한다. -《꿈의 해석》(1899), 5장

■ 억압은 노출-꿈에서도 나타난다. 꿈에서 느껴지는 불쾌한 감정은 검열에 의해 비난받은 노출 장면이 그럼에도 불구하고 표현되는 것에 대한 두 번째 심리 기관의 반응이다. 이 불쾌한 감정을 피하는 유일한 방법은 그 장면을 다시 떠올리지 않는 것이다. -《꿈의 해석》(1899)

■ 우리가 흔히 꾸는 꿈과 동화, 소설, 시 사이에는 우연한 연결이 아니라 깊은 연관성이 존재한다. 시인들은 때로 자신이 무의식적으로 수행하는 변형 과정을 객관적으로 분석하여 그 역으로 시의 기원을 꿈에서 찾아내기도 한다. 마치 시를 꿈으로 거슬러 올라가는 셈이다. 한 친구가 고트프리트 켈러(G. Keller)의 소설 《녹색의 하인리히(Der Grüne Heinrich)》에서 이러한 사례를 언급하며 내게 주목을 환기시켰다.

리! 나는 자네가 오디세우스가 벌거벗고 진흙을 뒤집어쓴 채 나우시카*와 그녀의 친구들 앞에 나타나는 상황에서 느꼈을 그 절묘하고 강렬한 진실을 직접 경험하게 되기를 결코 바라지 않네! 그게 어떤 의미인지 알고 싶은가? 잠시 그 장면을 깊이 들여다보도록 하지. 만약 자네가 언젠가 집과 사랑하는 모든 이들과 떨어져 낯선 땅을 헤매고, 많은 일들을 보고 겪으며, 걱정과 슬픔 속에서 완전히 고단하고 지쳐 있다면, 어느 밤엔가 필연적으로 집에 다가가는 꿈을 꾸게 될 걸세. 자네는 꿈속에서 가장 아름다운 색감으로 빛나는 집을 보게 될 것이고 사랑스럽고 우아한 사람들

---

*나우시카 : 호머의 〈오디세이〉에 등장하는 인물로, 파이아키아의 알키노스 왕과 아레테 왕비 사이에서 태어난 딸.

이 자네를 맞이하러 나올 걸세. 그런데 갑자기 자네가 남루하고 벌거벗은 채 먼지로 뒤덮여 있다는 사실을 깨닫게 될 걸세. 설명할 수 없는 수치심과 두려움이 자네를 압도할 것이고, 몸을 가리고 숨으려 하다가 땀에 흠뻑 젖은 채 잠에서 깨어나게 될 거라네. 인류가 존재하는 한 고통과 시련에 시달리는 사람들은 이런 꿈을 꾸게 마련이지. 호머는 인간 본성의 가장 깊은 곳에서 이 진리를 끌어내어 그 장면을 그려냈다네. -《꿈의 해석》(1899)

■ 시인이 독자들에게 깨우고자 하는 인간 본성의 가장 깊은 심연은 마치 선사 시대처럼 잊혀진 어린 시절의 억압된 욕망이 꿈속에서 되살아나는 현상이다. 집 없는 이에게 허용된 소망 뒤에 숨은 어린 시절의 욕망은 꿈속에서 불안으로 변모하여 나타나는데, 특히 '나우시카' 전설 속의 꿈은 이러한 억압된 욕망이 불안으로 변화하는 과정을 보여주는 것이다. -《꿈의 해석》(1899)

■ 내가 계단을 서둘러 오르다가 계단에 몸이 붙어버리는 꿈은 마치 모든 것이 드러나 보이는 듯한 '노출-꿈'이다. 이 꿈은 어린 시절의 경험으로 거슬러 올라갈 수 있다. 하녀가 나에게 카펫을 더럽혔다고 꾸짖었던 기억이 꿈속에서 그녀의 역할을 결정하는 데 중요한 역할을 했을 것이다. 정신분석에서는 시간적으로 가까운

두 가지 사건이나 생각이 실제로는 물질적으로 연결되어 있다고 해석한다. 겉보기에는 연결되지 않을 것 같은 두 가지 생각이 즉각적으로 이어질 땐 그것들은 하나의 의미가 있는 단위로 해석되어야 한다. 마치 알파벳 'a'와 'b'가 연이어 쓰이면 'ab'라는 하나의 음절로 발음되는 것처럼 말이다. 꿈의 상호 관계도 이와 같다. 계단에 관한 꿈은 내가 해석했던 일련의 꿈 중 하나에서 가져온 것으로 그 시리즈에 속하는 다른 꿈들과도 같은 맥락에서 해석되어야 하는 것이다.

이 시리즈에 속한 다른 꿈들은 내가 아직 모유를 먹던 시절부터 두 살 반이 될 때까지 나를 돌봐준 유모에 대한 기억에 기반하고 있는데, 그녀에 대한 흐릿한 기억이 내 의식 속에 남아 있다. 최근 어머니에게 들은 바에 따르면, 그녀는 나이가 많고 못생겼지만 매우 똑똑하고 철저한 사람이었다고 한다. 내 꿈에서 도출할 수 있는 추론에 따르면 그녀가 항상 나를 친절하게 대한 것은 아니었다. 내가 청결의 필요성을 충분히 이해하지 못했을 때는 거칠게 대했다. 하녀가 이 점에서 계속해서 나를 교육시키려 했기 때문에 그녀는 꿈속에서 선사 시대의 노파의 화신으로 등장할 자격이 있다. 물론 아이는 그녀의 거친 행동에도 불구하고 그녀를 좋아했을 것으로 추정된다. -《꿈의 해석》(1899)

■ 전형적인 꿈의 또 다른 유형은 사랑하는 친척, 부모, 형제, 자매, 자녀 등의 죽음을 내용으로 하는 꿈들이다. 우리는 이 꿈들을 두 가지로 구분할 수 있다. 첫째, 꿈속에서 사랑하는 사람의 죽음에 대해 아무런 감정도 느끼지 않는 경우가 있고, 둘째, 그 죽음에 깊은 슬픔을 느끼며, 심지어 잠 속에서도 눈물을 흘리며 애도를 표현하는 경우가 있다.

첫 번째 그룹의 꿈은 일반적인 꿈으로 간주되지 않으므로 고려하지 않아도 된다. 이러한 꿈들을 분석해 보면 꿈에 나타난 내용과는 다른 의미를 지니거나 어떤 다른 소망을 감추기 위한 것임을 알 수 있다. 예를 들어 여동생의 외아들이 상여에 누워 있는 것을 본 이모의 꿈이 그러하다. 그 꿈은 그녀가 어린 조카의 죽음을 바란다는 것을 의미하지 않는다. 대신 그 꿈은 오랫동안 떨어져 있던 사랑하는 사람, 즉 다른 조카의 장례식에서 오랫동안 보지 못했던 바로 그 사람을 다시 보고 싶어 하는 소망을 감추고 있다. 꿈의 실제 내용인 이 소망은 슬픔을 유발할 이유가 없기 때문에 꿈에서도 슬픔을 느끼지 않는다. 여기서 우리는 꿈에 나타난 감정이 표면적인 내용이 아니라 잠재적인 꿈의 내용에 속하고 개념적 내용이 왜곡되더라도 감정적 내용은 왜곡되지 않고 그대로 남아 있다는 것을 알 수 있다. -《꿈의 해석》(1899)

■ 사랑하는 사람의 죽음을 상상하고 고통스러운 감정을 느끼는 꿈은 다르다. 이러한 꿈은 그 내용이 말해주듯이 해당 인물이 죽기를 바라는 소망을 반영할 수 있다. 이러한 해석이 모든 독자와 그러한 꿈을 꾼 사람들에 의해 거부될 것이라는 점을 예상할 수 있기에 나는 가능한 한 가장 폭넓은 근거를 바탕으로 내 주장을 뒷받침하려고 한다. −《꿈의 해석》(1899)

■ 우리는 이미 꿈에서 충족된 것으로 나타나는 소망이 항상 현재의 소망만을 의미하지 않는다는 것을 보여주는 꿈을 인용한 바 있다. 이러한 소망은 지나갔거나 버려졌거나 억압된 소망일 수 있지만 꿈에서 다시 나타난다는 사실만으로도 여전히 존재한다고 볼 수 있다. 이러한 소망은 우리가 아는 죽음처럼 완전히 사라진 것이 아니라 〈오디세이〉에서 피를 마시고 어느 정도 생명력을 되찾는 그림자와 비슷하다. 예를 들어 상자 속의 죽은 아이에 대한 꿈은 15년 전에 솔직하게 인정되었던 소망이 꿈속에서 되살아난 것이다. 더 나아가 이는 꿈 이론의 관점에서 중요한 부분일 수 있는데 그 소망의 근원에는 꿈꾸는 사람의 어린 시절 기억이 자리하고 있다. 그녀가 어렸을 때—정확한 시기는 알 수 없지만—어머니가 자신을 임신한 뒤 깊은 감정적 우울에 빠져 뱃속의 아이가 죽기를 간절히 바랐다는 이야기를 들었다. 그리고 그녀가

성인이 되어 임신했을 때 자신도 어머니처럼 동일한 생각을 하게 된 것이다. −《꿈의 해석》(1899)

■ 누군가가 부모나 형제, 자매의 죽음을 꿈꾸며 슬픔을 느낀다고 해서 그가 지금 그들의 죽음을 바라거나 원한다고 해석할 수는 없다. 꿈 이론은 그러한 해석까지 요구하지 않으며 단지 꿈꾸는 사람이 어린 시절에 한때 그들의 죽음을 바랐던 적이 있을 가능성을 제시하는 것으로 만족한다. 그러나 이러한 설명이 비판자들을 충분히 설득하지는 못할 것이다. 아마도 그들은 지금 그런 생각을 하지 않듯이 과거에도 그런 생각을 했을 가능성조차 강하게 부인할 것이다. 따라서 나는 현재의 증거를 바탕으로 억압된 유아기의 심리를 일부 재구성해야 한다고 생각한다. −《꿈의 해석》(1899), 5장

■ 우선 아이들과 그들의 형제자매 간의 관계를 생각해 보자. 우리는 왜 그것이 반드시 애정 어린 관계여야 한다고 가정하는지 알 수 없다. 성인이 된 형제자매들 사이에서 적대감이 흔하게 나타나는 것은 누구나 경험하는 일이며 이러한 소원한 관계가 어린 시절부터 시작되었거나 항상 존재해 왔다는 사실을 쉽게 확인할 수 있다.

게다가 오늘날 형제자매에게 깊은 애정을 보이며 어려운 시기에

서로를 지지하는 많은 성인들도 어린 시절에는 거의 끊임없이 싸우며 자랐다. 형은 동생을 괴롭히고 헐뜯고 그의 장난감을 빼앗았으며, 동생은 형에 대한 무력감과 분노에 사로잡혀 그를 질투하고 두려워했다. 또한 동생이 처음으로 느낀 자유에 대한 갈망과 불공정함에 대한 저항은 자연스럽게 그를 억압하는 형을 향하는 것이다.

부모들은 아이들이 서로 잘 다투는 이유를 이해하지 못한다고 말한다. 하지만 모범적으로 행동하는 아이조차도 성인이 기대하는 다른 성격을 가졌다는 것을 쉽게 알 수 있다. 아이는 본질적으로 이기적이며 자신의 욕구를 강하게 느끼고 이를 충족시키기 위해 다른 아이들, 무엇보다도 형제자매와 경쟁하면서 가차 없이 행동한다. 그럼에도 우리는 아이를 '악하다'고 부르지 않고 그저 '장난꾸러기'라고 부른다. 아이의 잘못에 대해서는 사회나 법적인 시각에서도 책임을 묻지 않는다.

아이들은 아직 자신의 행동에 대한 책임을 완전히 인지하지 못하기 때문이다. 어린 시절에는 이기적인 성향이 강하지만 성장하면서 다른 사람을 배려하고 도덕적인 판단을 할 수 있는 능력이 자연스럽게 발달한다는 것이 일반적인 견해다. 마이네르트(Theodor

Meynert)의 말처럼 이기적인 '본래의 나'를 억제하고 타인과의 관계를 고려하는 '또 다른 나'가 자라나기 때문이다.

도덕성은 모든 측면에서 동시에 발달하지 않으며 어린 시절의 비도덕적 시기가 개인마다 다르게 지속된다. 도덕성이 발달하지 않으면 흔히 퇴행이라고 말하지만 사실 이는 발달이 멈춘 상태일 뿐이다. 어린 시절의 이기적인 성향은 성장과정에서 억눌리지만 심리적 충격이나 스트레스를 받으면 다시 드러날 수 있다. 히스테리 환자의 경우 어린 시절의 장난스럽고 자기중심적인 모습이 다시 나타나는 것이 두드러진다. 반면 강박신경증 환자는 이러한 이기적인 충동을 억누르기 위해 과도하게 도덕적인 성향을 보이기도 한다. -《꿈의 해석》(1899)

■ 지금은 형제자매를 사랑하고 그들의 죽음을 슬퍼할 많은 사람들도 무의식 속에는 어린 시절부터 남아 있던 적대적인 감정을 품고 있을 수 있다. 이러한 감정은 꿈을 통해 드러날 때가 있다. -《꿈의 해석》(1899)

■ 세 번째와 네 번째 생일 무렵의 아이들이 어린 동생들에게 보이는 행동을 관찰하는 것은 매우 흥미롭다. 지금까지 집안에서

아이로선 그가 유일한 존재였다. 이제 아이는 황새가 새로운 아기를 데려왔다는 소식을 듣는다. 아이는 새로운 아기를 쳐다보면서 단호하게 자신의 의견을 표현한다. "황새가 아기를 다시 데려갔으면 좋겠어!"

나는 아이들이 새로 태어난 아기 때문에 자신이 겪을 불이익을 충분히 인식할 수 있다고 진지하게 주장한다. 지금은 여동생과 아주 잘 지내고 있는 한 아이도 여동생이 태어났다는 소식을 듣고 "그래도 빨간 모자는 안 줄 거야"라고 반응했다.

만약 아이가 나중에 어린 동생이 자기의 행복을 해칠 수 있는 생각이 들면, 이 시기에 아이의 적개심이 자극될 것이다. 나는 세 살도 채 되지 않은 한 소녀가 요람에 있는 아기를 질식시키려고 한 사례를 알고 있는데 이는 그녀가 아기의 존재가 자신에게 좋지 않은 일을 예고한다고 의심했기 때문이다. 이 나이의 아이들도 매우 강렬한 질투심을 가질 수 있는 것이다.

만약 동생이 세상을 떠나면 아이는 다시 부모의 사랑을 독차지하며 행복한 나날을 보낼 수 있다고 생각할 수 있다. 그리고 얼마 지나지 않아 새로운 동생이 태어나면 아이는 다시 한 번 자신이 사랑받던 그 시절로 돌아가고 싶어 할 것이다. 즉, 새로운 동생이 첫 번째 동생과 같은 운명을 맞이하길 바라는 어두운 소망을 품게 될 수 있다는 것이다. 하지만 이는 아이의 나이가 어리기 때문에 나타나는 자연스러운 현상일 뿐이다. 시간이 지나면서 아이는 동생을 돌보는 과정에서 모성 본능을 깨닫고 형제애를 느끼게 될 것이다. ─《꿈의 해석》(1899)

■ 아이들은 둔한 어른들이 알아채는 것보다 훨씬 더 자주 형제자매에게 적대감을 가진다. ─《꿈의 해석》(1899), 5장

■ 내 아이들이 연달아 태어나는 바람에 그런 관찰을 할 기회를 놓쳤지만 이제 15개월 동안 확고한 우위를 지켜오던 내 어린 조카가 경쟁자인 여동생의 등장으로 그 기회를 얻게 되었다. 사실 그 어린 남아가 여동생에게 매우 기사도적으로 행동하며 그녀의 손에 키스하고 쓰다듬는다는 이야기를 듣긴 했지만, 그럼에도 불구하고 그는 두 번째 생일이 되기 전에 새로 익힌 언어 능력을 이용해 자신에게 불필요해 보이는 여동생을 비판하고 있었다. 어른들의 대화가 그녀에 관한 주제로 바뀔 때마다 그는 끼어들어 화를 내며 외친다.

"너무 작아, 너무 작아!"

아이는 동생이 놀라울 만큼 빨리 성장하자 더 이상 동생을 깔보기 어려워졌다. 그러자 이번에는 동생의 부족한 점을 찾아내면서 스스로 자랑스러워하기 시작했다. "동생은 이가 없잖아!"라며 동생을 비하하고 다른 사람들에게도 동생이 자신보다 못하다는 것을 알리려고 안달복달했다. 그 아이는 여동생보다 두 살 반이나 많았는데 온 집 안을 돌아다니며 "루시는 아직 그걸 모르잖아, 그렇지?"라고 되물으며 동생을 깎아내리기를 즐겼다. 루시는 바로 그 아이의 라이벌이었던 것이다. -《꿈의 해석》(1899)

■ 형제나 자매가 죽는 꿈은 그들에 대한 강한 적대감을 나타내는 경우가 많다. 나는 단 한 경우를 제외하고는 모든 여성 환자에게서 이러한 꿈을 발견했다. 그러나 그 예외적인 경우조차도 내가 세운 가설을 뒷받침하는 것으로 해석될 수 있었다. 어느 날 상담 중 그날 다루고 있던 증상과 관련이 있어 이 주제에 대해 설명하고 있었는데 그녀는 놀랍게도 그런 꿈을 꾼 적이 없다고 답했다. 그녀는 다른 꿈을 떠올렸는데 그날 다루는 경우와는 무관해 보이는 꿈이었다. 그녀는 네 살 때 처음 그 꿈을 꾸었는데 그 뒤로도 여러 번 반복해서 꾸었다고 했다.
"여러 아이들이 형제자매, 사촌들과 함께 들판에서 뛰어놀다가 갑자기 모두 날개가 돋더니 하늘로 날아올라 사라졌어요."

그녀는 이 꿈의 의미를 전혀 몰랐지만 우리는 이 꿈이 검열의 영향을 거의 받지 않은 형제자매의 죽음을 상징하는 원형적인 꿈이라는 것을 쉽게 알 수 있었다. 그 많은 아이들 중 한 명이 죽었다면 특히 두 가정의 아이들이 형제자매처럼 함께 자란 경우라면 네 살도 되지 않았던 그녀는 어른에게 "아이가 죽으면 어떻게 되나요?"라고 물었을 것이고, 어른은 아마도 "아이들은 날개를 달고 천사가 된단다"라고 답했을 것이다.

어른의 설명에 따르면 꿈속의 모든 형제자매와 사촌들이 이제 천사처럼 날개를 달고 – 이 부분이 중요한데 – 모두 날아가 버린다. 우리의 어린 '천사 제조자'는 혼자 남게 된다. 생각해 보라. 그 많은 아이들 중에서 유일하게 혼자 남은 것이다! 아이들이 초원에서 뛰어놀다가 날아가는 모습은 거의 확실히 나비를 연상시키는데, 이는 고대인들이 영혼을 나비 날개를 단 프시케(Psyche)로 상상했던 것과 같은 연상에서 비롯된 것일지도 모른다. –《꿈의 해석》(1899)

■ 일부 독자들은 아이들이 형제자매에 대해 적대적인 감정을 가질 수 있다는 점은 인정할지 몰라도 어떻게 아이들이 라이벌이나 더 강한 놀이 친구의 죽음을 바라는 것처럼 극단적인 생각을 할 수 있는지 의문을 제기할지도 모른다. 하지만 이들은 아이들이

'죽음'에 대해 갖고 있는 개념이 성인의 생각과는 거의 공통점이 없다는 사실을 간과하고 있다. 아이들은 부패, 차가운 무덤 속에서의 떨림, 무한한 무(無)에 대한 공포 등, 성인이 죽음에 대해 느끼는 공포에 대해 전혀 알지 못한다.

아이들은 죽음에 대한 두려움을 알지 못한다. 그래서 무서운 말을 장난처럼 사용해 다른 아이를 협박하기도 한다.

"너 또 그러면 프란시스처럼 죽을 거야."

이 말을 들은 어머니는 많은 아이들이 성인이 되기 전에 죽는다는 사실을 떠올리며 몸서리를 칠 것이다. 심지어 여덟 살짜리 아이가 자연사 박물관을 다녀온 뒤 어머니에게 "엄마, 정말 사랑해. 만약 엄마가 죽으면 엄마를 박제해서 여기 방에 두고 항상 볼 수 있게 할 거야"라고 말할 수도 있다. 이처럼 아이들이 생각하는 죽음의 개념은 어른들의 생각과는 크게 다르다. –《꿈의 해석》(1899)

■ 아이에게 있어 죽음은 단지 멀리 가버리거나 남아 있는 사람들을 더 이상 괴롭히지 않는 것과 같은 의미일 뿐이다. 아이는 이러한 부재가 멀리 떨어짐, 소원함, 혹은 죽음으로 인해 발생한 것인지를 인식하지 않는다. 만약 아이가 어린 시절에 유모가 해고되고 얼마 지나지 않아 어머니가 사망했다면 분석 결과는 이 두 경험이 아

이의 기억 속에서 하나의 연결고리로 작용하게 된다는 것을 알려준다. 몇 주간 집을 떠났다가 돌아온 어머니는 아이가 어머니를 크게 그리워하지 않았다는 사실을 슬프게도 깨닫게 된다. "아이들이 엄마를 한 번도 찾지 않았어요"라는 말을 듣는 경우가 바로 그것이다. 그러나 어머니가 정말로 '돌아올 수 없는 미지의 나라'로 떠났다면 처음에는 아이들이 어머니를 잊은 듯 보이다가도 시간이 지나면서 죽은 어머니를 서서히 기억하기 시작한다. —《꿈의 해석》(1899)

■ 아이는 다른 아이가 없어지기를 바라는 동기는 가지고 있지만 그 소망을 죽음의 형태로 표현하지 못하도록 막아주는 억제 장치가 부족하다. 그래서 아이는 다른 아이가 죽기를 바라는 형태로 그 소망을 표현할 수 있다. 죽음에 대한 꿈에서의 심리적 반응은 내용의 차이에도 불구하고 아이의 소망이 결국 성인의 소망과 동일하다는 것을 입증한다. —《꿈의 해석》(1899)

■ 만약 아이들이 형제자매를 경쟁 상대로 여겨 그들의 죽음을 바란다면 자신을 사랑하고 보살펴주는 부모에게도 왜 같은 소망을 품는 것일까? 이기적인 관점에서 볼 때 부모는 아이에게 사랑과 보호를 제공하는 존재이므로 아이는 부모의 안위를 기원해야 할 텐데 왜 아이들은 부모의 죽음을 바라는 것일까?

이 현상을 설명하기 위해 우리는 대부분의 사람들이 자신의 성별과 같은 부모, 즉 남성은 아버지의 죽음을 여성은 어머니의 죽음을 꿈꾼다는 사실에 주목할 필요가 있다. 물론 예외가 있지만 이러한 경향은 심리적으로 중요한 의미를 가진다. 이는 어린 시절부터 무의식적으로 남성은 아버지, 여성은 어머니를 사랑의 경쟁자로 여기기 시작한다는 것을 시사한다. 마치 동성 부모가 사라지면 자신에게 더 유리할 것이라는 생각에서 이러한 경쟁 의식이 부모의 죽음을 바라는 꿈으로 나타나는 것이다.

이러한 생각이 끔찍하다고 단정 짓기 전에 우리는 부모와 자녀 사이의 실제 관계를 다시 한 번 자세히 살펴볼 필요가 있다. 일반적으로 부모와 자녀 사이에는 효도라는 미덕이 강조되지만, 일상적인 관찰을 통해 보면 다양한 갈등과 숨겨진 적대감이 존재한다는 것을 알 수 있다. 특히 부모와 자녀의 관계 속에는 검열을 통과하지 못한 채 억눌린 적대적인 소망이 생길 수 있는 조건들이 많이 존재한다. -《꿈의 해석》(1899)

■ 먼저 아버지와 아들의 관계를 생각해 보자. 나는 우리가 십계명의 계율을 신성시하는 것이 현실을 제대로 인식하는 데 방해가 된다고 생각한다. 아마도 우리는 인류 대부분이 다섯 번째 계명,

즉 부모에 대한 효도를 제대로 지키지 않는다는 사실을 깨닫지 못할 것이다. 사회의 가장 낮은 계층에서부터 가장 높은 계층에 이르기까지 부모에 대한 효심은 종종 다른 이익이나 관심사에 밀려난다. 인류 사회의 신화와 전설 속에서 원시 시대부터 전해 내려오는 이야기는 아버지의 독재적인 권력과 그 무자비한 행사에 대해 비통한 인식을 불러일으킨다. 예를 들어 크로노스(Kronos)는 멧돼지가 새끼를 잡아먹는 것처럼 자기 자식을 삼켜버리고, 제우스(Zeus)는 아버지를 거세하고 그의 자리를 차지한다.

고대 가족에서 아버지가 폭군처럼 군림할수록 후계자로 지목된 아들은 더 확실하게 적대적인 입장에 서게 되고, 아버지의 죽음을 통해 지배권을 얻고자 하는 욕망은 더욱 커졌을 것이다. 우리 중산층 가정에서도 아버지가 아들을 자유로운 존재로 만들지 않거나 그렇게 될 수 있는 수단을 거부함으로써 부자 관계에 내재된 증오의 씨앗을 키우는 경우가 흔하다. 의사들은 종종 아들이 아버지를 잃은 슬픔 속에서도 마침내 자유를 얻었다는 만족감을 완전히 억누르지 못한다는 사실을 관찰한다. 일반적으로 아버지들은 현대사회에 여전히 남아 있는 낡은 가부장적 권력에 집착하는 경향이 있다. 따라서 입센(Henrik Ibsen)처럼 아버지와 아들 사이의 오랜 갈등을 드라마의 중심 주제로 삼는 작가는 그 효과를

확신할 수 있다. -《꿈의 해석》(1899)

■ 어머니와 딸 사이의 갈등은 딸이 성장하여 진정한 성적 자유를 갈망하는 시기에 어머니의 감시를 받으면서 발생한다. 동시에 어머니는 딸의 아름다움이 싹트는 모습을 보며 자신에게는 성적인 욕망을 포기해야 할 시기가 왔음을 자각하게 되면서 갈등이 심화된다. -《꿈의 해석》(1899)

■ 누구나 부모와 자식 사이에 다양한 감정이 존재한다는 것을 알고 있지만 효심이 깊은 사람들조차 부모의 죽음을 꿈꾸는 경우가 있다. 이러한 현상을 설명하기 위해서는 어린 시절의 경험에서 그 원인을 찾아볼 필요가 있다. -《꿈의 해석》(1899)

■ 정신 신경증의 경우, 정신 분석은 이 가설을 의심의 여지 없이 확인시켜준다. 분석에 따르면 어린 시절의 성적 욕망은 매우 어린 나이에 깨어나는데 어린 소녀의 초기 애정은 아버지에게 쏟아지고, 어린 소년의 초기 욕망은 어머니를 향한다. 소년에게는 아버지가 소녀에게는 어머니가 불쾌한 경쟁자가 된다. 우리는 이미 형제자매 사이에서 이러한 감정이 죽음에 대한 소망으로 이어질 수 있다는 것을 알고 있다.

일반적으로 부모는 일찍부터 자녀의 성별에 따라 선호도를 보이기 시작한다. 아버지는 자연스럽게 딸을 애지중지하는 경향이 있고 어머니는 아들의 편을 드는 경향이 있다. 하지만 부모 모두 성별에 대한 편견 없이 아이들을 엄격하게 키우려고 한다. 아이는 이러한 부모의 편애를 명확하게 인식하고 자신에게 반대하는 부모에게 저항한다. 아이에게 어른의 사랑은 단순히 특정 욕구를 충족시키는 것 이상의 의미를 가진다. 부모의 사랑은 아이의 모든 소망이 이루어지는 것을 의미하며 그 결과 아이는 자신에게 더 많은 사랑을 베푸는 부모를 선택하게 된다. 이러한 선택은 아이의 성적 본능과 맞물려 부모와의 유대감을 더욱 강화한다. -《꿈의 해석》(1899)

■ 이러한 유아기 성향의 징후는 대개 간과되지만 그중 일부는 어린 시절 초기 이후에도 관찰될 수 있다. 내가 아는 여덟 살짜리 소녀는 엄마가 식탁에서 자리를 비울 때마다 엄마 역할을 자처하며 동생에게 "이제 내가 엄마야. 칼, 채소 더 먹을래? 더 먹어봐"라고 말한다. 특히 똑똑하고 활달한 네 살짜리 소녀는 이러한 심리가 더욱 투명하게 드러나서 솔직하게 "이제 엄마는 가도 돼. 그럼 아빠가 나랑 결혼해야 해, 내가 아빠의 아내가 될 거야!"라고 말한 적이 있다.

이 소망은 아이가 어머니를 매우 다정하게 사랑할 가능성을 전혀 배제하지 않는다. 만약 어린 소년이 아버지가 여행을 갈 때마다 어머니 옆에서 잘 수 있도록 허락받고, 아버지가 돌아오면 덜 좋아하는 보모에게로 돌아가야 한다면 아버지가 항상 부재해서 아름답고 사랑스러운 엄마 곁에 계속 머물 수 있기를 바라는 소망이 쉽게 생길 수 있다. 그리고 아버지의 죽음은 이 소망을 이루는 하나의 방법으로 여겨질 수 있다. 아이는, 예를 들어 할아버지처럼, 죽은 사람들은 항상 부재하며 절대 돌아오지 않는다는 것을 경험으로 배웠기 때문이다. ─《꿈의 해석》(1899)

■ 어린아이들의 행동은 우리가 제시한 해석에 쉽게 맞아떨어질 수 있지만 의사가 성인 신경증 환자의 정신분석을 통해 얻는 명확한 확신만큼 강한 설득력을 주지는 않는다. 신경증 환자의 꿈은 대개 욕망을 드러내는 방식으로 나타나기 때문에 이를 해석하다 보면 꿈이 소망의 실현을 의미한다는 결론에 도달할 수밖에 없다. 어느 날 나는 우울해하며 울고 있는 한 여성을 만났는데 그녀는 "더 이상 친척들을 보고 싶지 않아요. 그들은 분명 나를 보고 소름끼쳐 할 거예요"라고 말했다.

그리고 나서 거의 맥락 없이 그녀는 자신이 기억해 낸 꿈을 이야기했는데, 그 의미는 물론 이해하지 못했다고 했다. 그녀는 네 살 때 여우인지 스라소니인지가 지붕 위를 돌아다니는 꿈을 꾸었다고 했다. 그 꿈에서 어떤 물건인지 아니면 자신이 떨어진 뒤 어머니가 집 밖으로 실려 나가고 그녀는 슬픔에 잠겨 슬피 울었다고 했다. 내가 이 꿈이 어린 시절 어머니가 죽기를 바랐던 무의식적인 소망을 나타내며 그 때문에 친척들이 자신을 보고 소름끼쳐 할 것으로 생각하게 된 것일 수 있다고 설명하자 그녀는 곧 과거의 경험을 떠올렸다. 어릴 적 거리의 아이들이 그녀를 '스라소니 눈'이라고 놀렸던 기억과, 세 살 때 벽돌이나 기와가 어머니 머리 위로 떨어져 어머니가 많은 피를 흘렸던 사건을 알려주었다. ─《꿈의 해석》(1899)

■ 나는 여러 가지 정신적 상태를 겪고 있는 어린 소녀를 철저히 연구할 기회가 있었다. 그녀의 병이 광적인 혼란 상태로 시작되었을 때 환자는 어머니에 대해 매우 특이한 혐오감을 드러냈다. 어머니가 침대에 다가올 때마다 그녀는 어머니를 때리고 욕설을 퍼부었지만 훨씬 나이가 많은 언니에게는 애정 어린 태도와 순종적인 모습을 보였다. 이후 그녀는 명료하지만 다소 무기력한 상태로 접어들었고 수면 장애가 심각하게 나타났다. 바로 이 단계에서 나는 그녀를 치료하며 꿈을 분석하기 시작했다.

이 꿈들 중 상당수는 다소 은밀하게 소녀 어머니의 죽음을 다루는 내용이었다. 그녀는 노파의 장례식에 참석하는 꿈을 꾸기도 했고, 자신과 언니가 상복을 입고 테이블에 앉아 있는 장면을 보기도 했다. 이 꿈들의 의미는 명확했다. 소녀가 점차 회복되는 과정에서 히스테리성 공포증이 나타났는데 그중 가장 고통스러운 것은 어머니에게 무슨 일이 생겼을지 모른다는 두려움이었다. 그녀는 그때 어디에 있든 어머니가 살아 있는지 확인하기 위해 서둘러 집으로 돌아가야만 했다. 이 사례를 다른 경험들과 종합해 보니, 마치 여러 언어로 번역된 것처럼 동일한 사건에 대해 정신이 다양한 방식으로 반응하는 것을 보여주는 매우 흥미로운 사례였던 것이다.

혼란 상태에서 억압되어 있던 어머니에 대한 적대감이 표면으로 드러나 물리적인 증상으로 나타났다. 환자가 안정을 되찾으면서 이 적대감이 다시 억눌리게 되어 꿈속에서 어머니의 죽음을 바라는 형태로만 표출되었다. 이후 정상 상태가 더욱 강화되면서 이 적대감은 어머니에 대한 과도한 걱정이라는 히스테리성 방어 반응으로 변형되었다. 이는 첫 번째 정신 체계가 두 번째 정신 체계를 억누르고 지배하는 과정을 보여주는 사례라 할 수 있다. 이러한 점을 고려해 보면 히스테리성 소녀들이 어머니에게 지나치게 집착하는 이유를 충분히 이해할 수 있다. −《꿈의 해석》(1899)

■ 또 다른 기회에 나는 강박신경증으로 인해 삶이 거의 견딜 수 없을 정도로 고통받는 한 젊은 남성의 무의식적인 정신 세계에 대해 깊이 이해할 기회를 얻었다. 그는 길에서 만나는 모든 사람을 죽일 것이라는 두려움에 시달려 거리에 나가는 것이 불가능했다. 그는 도시에서 발생할 수 있는 살인 사건으로 자신이 기소될 경우를 대비해 알리바이를 만들 증거를 찾는 데 하루를 보냈다. 이 남성이 매우 교양 있고 도덕적인 사람인 것은 두말할 필요가 없다. 치료를 통해 이 고통스러운 강박 증세의 근원이 밝혀졌는데, 그것은 지나치게 엄격했던 아버지에 대한 살인 충동이었다. 더 놀라운 것은 이 충동이 그가 일곱 살이었을 때 의식적으로 표출된 적이 있었다는 사실이었다. 물론 이 충동은 훨씬 더 어린 시절에 그 뿌리를 두고 있었다.

그 젊은이는 31세에 아버지가 고통스러운 병을 앓고 죽은 뒤 강박적인 죄책감이 낯선 사람들에 대한 강박증으로 나타났다. 자신의 아버지를 산꼭대기에서 심연으로 밀어 넣고자 하는 충동을 가진 사람이라면 자신과 덜 가까운 사람들의 생명을 존중할 수 있을 거라고 믿기 어렵기 때문에 그는 스스로를 방에 가두는 것이 오히려 현명한 선택이라고 생각했던 것이었다. -《꿈의 해석》(1899)

■ 광범위한 경험을 통해 알 수 있듯이 부모는 나중에 신경증에 걸리는 사람들의 유아기 심리 발달에서 중요한 역할을 한다. 특히 어린 시절 한쪽 부모를 사랑하고 다른 한쪽 부모를 미워하는 감정은 이후 신경증의 중요한 심리적 갈등의 원천이 된다. 그러나 나는 신경증 환자들이 이 점에서 정상인들과 본질적으로 다르다고 보지 않는다. 즉, 신경증 환자들이 무언가 완전히 새로운 것을 창조해내는 능력이 있다고는 생각하지 않는다. 오히려 정상적인 아이들을 관찰해 보면 신경증 환자들은 부모에 대한 애정이나 적대감에서 다수의 아이들이 경험하는 감정을 단지 더욱 극대화하여 드러낼 뿐이며, 차이는 그 강도와 표현 방식일 뿐이라는 사실이 확인된다. -《꿈의 해석》(1899)

■ 고대의 전설들은 내가 주장하는 유아기 심리학 가설을 뒷받침하는 증거를 제공해 준다. 이러한 옛 전설들이 깊고도 보편적인 타당성을 지닌다는 사실은 위에서 언급한 유아기 심리학 가설이 그만큼 보편적인 타당성을 지니고 있다는 점으로 설명될 수 있다. 내가 참고하고자 하는 것은 소포클레스의 〈오이디푸스 왕〉과 같은 이야기들이다.

테베의 왕 라이오스와 이오카스테의 아들인 오이디푸스는 아직 태어나지 않은 아들이 아버지를 살해할 것이라는 신탁(神託) 때문에 젖먹이 상태로 버려졌다. 그는 구조되어 외국인 코린토스 궁정에서 왕의 아들로 성장하지만 자신의 출생 비밀을 알고자 신탁을 찾아간다. 그는 아버지를 살해하고 어머니와 결혼할 운명이므로 고향인 테베를 피하라는 경고를 받는다. 하지만 그는 고향으로 가던 중 친부인 라이오스 왕과 우연히 마주쳐 다툼 끝에 그를 죽인다. 이후 테베에 도착하여 스핑크스의 수수께끼를 풀고 테베의 왕이 되어 이오카스테와 결혼한다. 오이디푸스는 오랜 세월 평화롭게 왕위를 이어가며 두 아들과 두 딸을 얻는다. 그러나 테베에 큰 전염병이 돌자 사람들은 신탁을 통해 라이오스 왕을 죽인 범인을 찾아야 전염병이 없어진다는 말을 듣는다. 하지만 오래전 일어난 살인 사건의 범인을 어떻게 찾아낸단 말인가? 범인의 흔적은 너무나 희미하여 마치 안개 속에 가려진 듯 찾기 어려웠다.

이 연극은 오이디푸스가 자신이 아버지 라이오스 왕을 죽이고 어머니 이오카스테와 결혼한다는 충격적인 진실을 알게 되는 과정을 그렸다. 마치 정신 분석 과정처럼 진실이 점차 드러나면서 관객들에게 긴장감을 선사한다. 결국 모든 사실을 알게 된 오이디푸스는 자신의 비극적인 운명을 받아들이고 스스로 눈을 멀게 한 뒤 고향을 떠난다. 그렇게 해서 예언이 이루어진다는 것이다. -《꿈의 해석》(1899)

■ 〈오이디푸스 왕〉은 운명의 비극으로 전지전능한 신의 의지와 재앙 앞에서 무력한 인간의 헛된 노력이 충돌하는 내용을 담고 있다. 이 비극을 통해 깊이 감동받은 관객은 신의 뜻에 순응하고 자신의 무력함을 깨닫게 되는 교훈을 얻는다. 현대 작가들은 이러한 비극적 효과를 재현하고자 유사한 주제를 가진 작품을 만들어냈지만 관객들은 저주나 예언에 맞서 싸우는 무고한 인물들의 헛된 노력에 더 이상 공감하지 못했다. 현대의 운명 비극은 과거와 같은 비극적 효과를 발휘하지 못했다.

만약 〈오이디푸스 왕〉이 고대 그리스인들을 감동시켰던 것처럼 현대의 독자와 관객들에게도 여전히 강렬한 감동을 준다면, 그 이유는 운명과 인간의 의지라는 고전적인 갈등 때문만은 아니라 이러한 갈등을 드러내는 소재 자체가 지닌 특별한 힘 때문이라고 볼 수 있다.

우리 마음속에는 〈오이디푸스 왕〉에서 운명의 강력한 힘을 인정하고 싶어 하는 목소리가 존재하는 동시에 프란츠 그릴파르처(Franz Grillparzer)의 《조상인(Die Ahnfrau)》이나 다른 운명의 비극에서 발생하는 상황을 자의적인 발명으로 치부하고 싶어 하는 양면적인 태도가 공존한다.

그렇다면 왜 우리는 오이디푸스의 비극에 더 깊이 공감하는 것일까? 그것은 바로 우리 모두가 태어나기 전부터 운명에 의해 저주받았다는 인간의 보편적인 경험 때문이다. 오이디푸스에게 내려진 저주가 우리에게도 해당될 수 있다는 공포와 연민이 우리를 깊이 사로잡기 때문이다. 우리는 모두 어린 시절 어머니에게 성적으로 끌리고, 아버지에게 증오와 폭력의 충동을 느끼도록 운명 지어졌을지도 모른다. 심지어 꿈속에서 이러한 억압된 욕망이 드러나기도 한다. 아버지를 죽이고 어머니와 결합하는 그의 행위는 우리 모두가 억눌러왔던 잠재의식 속 소망의 투영이라고 할 수 있다.

그러나 다행히도 우리는 성장하면서 어머니에 대한 성적 충동을 멀리하고 아버지에 대한 질투를 잊는 데 성공한다. 우리는 어린 시절부터 깊이 억눌러왔던 원초적인 욕망을 충족시킨 오이디푸스의 모습에서 강한 거부감을 가진다. 작가는 오이디푸스의 죄를 밝히면서 우리 내면의 자아 속에 동일한 욕망이 여전히 존재함을 일깨워준다.

합창대가 남기는 대조적인 장면 : "보라, 이 사람이 위대한 수수께끼를 풀고 권력의 정점에 올랐던 오이디푸스이로다. 모든 백성이 부러워했던 그가 어떻게 비참한 몰락을 맞이했는가!"

이 구절은 우리에게 깊은 성찰을 요구한다. 어린 시절부터 스스로를 현명하다고 여기며 살아온 우리 또한 오이디푸스처럼 도덕적인 한계를 넘어서는 욕망을 품고 있을지도 모른다. 그 욕망이 드러난 뒤에는 어린 시절의 장면에서 눈을 돌리고 싶어 할지도 모른다.

소포클레스의 비극에서는 오이디푸스 신화가 인류의 가장 오래된 꿈, 즉 성적 충동으로 인해 부모와의 관계에서 발생하는 고통스러운 혼란을 반영한다는 사실이 명백하게 드러난다. 신탁의 예언을 떠올리며 괴로워하는 오이디푸스를 이오카스테는 이렇게 위로한다.

"많은 사람들이 꿈속에서 어머니와 결합하는 꿈을 꾸지만 그런 꿈을 신경 쓰지 않는 사람이 더 편안하게 살아간다."

어머니와의 성관계를 꿈꾸는 것은 과거에도 지금도 많은 사람들이 경험하는 보편적인 꿈이다. 사람들은 이러한 꿈을 분노와 경악으로 받아들이지만 이는 오이디푸스 신화의 핵심을 이해하는 중요한 단서이다. 오이디푸스 신화는 어머니와의 성관계와 아버지의 죽음이라는 두 가지 전형적인 꿈에 대한 우리의 무의식적인 반응이 만들어낸 이야기로, 공포와 자기 징벌을 담고 있다. 이 이야기가 현재와 같은 형태를 갖춘 것은 원래의 의미를 제대로 이해하지 못한 채 신학적인 목적에 맞춰 인위적으로 변형되었기 때문이다. 신의 전지전능함과 인간의 책임을 조화시키려는 시도는 이 이야기뿐만 아니라 어떤 경우에도 실패할 수밖에 없다. -《꿈의 해석》(1899)

■ 꿈은 대립과 모순을 다루는 데 있어 독특한 방식을 보인다. 꿈에서는 '아니오'라는 개념이 존재하지 않는 듯하며, 오히려 대립되는 것들을 하나로 합치거나 동일시하는 경향이 강하다. 더 나아가 꿈은 임의의 요소를 그 반대되는 것으로 바꿔치기하여 꿈속에서 어떤 것이 긍정적인지 부정적인지 판단하기 어렵게 만들기도 한다. -《꿈의 해석》(1899)

■ 꿈은 가장 미친 것처럼 보일 때 가장 심오하다. -《꿈의 해석》(1899)

■ 따라서 우리는 새로운 과제에 직면하게 되었다. 바로 겉으로 드러나는 꿈-내용과 숨겨진 꿈-사고 사이의 관계를 밝히고 숨겨진 꿈-사고가 어떻게 꿈-내용으로 변화하는지를 추적하는 것이다. -《꿈의 해석》(1899)

■ 꿈-내용에서 꿈-사고를 찾아내기 어려운 가장 큰 이유는 바

로 '전위'라는 과정 때문이다. 즉, 꿈-내용이 원래의 생각에서 멀리 벗어나 변형되는 과정이기 때문이다. 하지만 이렇게 변형된 꿈-내용 속에서도 우리는 꿈이라는 독특한 작업 방식을 발견할 수 있다. 이는 비록 변형된 형태이지만 우리가 쉽게 이해할 수 있는 새로운 의미를 담고 있다.

분석을 진행하면서 처음 접하는 꿈-사고는 종종 그 표현 방식이 특이해서 우리를 놀라게 한다. 이 생각들은 우리에게 익숙한 일반적인 산문적 언어로 표현되지 않고 대신 은유와 비유를 통해 시적 언어와 유사한 이미지로 상징적으로 나타난다.

꿈-내용이 왜 특정한 형태로 나타나는지 설명하는 것은 어렵지 않다. 꿈은 대부분 시각적인 이미지로 구성되어 있기에 우리의 생각은 꿈을 통해 표현되기 위해 이미지로 변환되는 과정을 거친다. 만약 우리가 정치 논설이나 법정 변론을 그림으로 표현하려 한다면 어떤 어려움에 부딪힐지 상상해 보자. 꿈도 마찬가지다. 꿈을 이해하기 위해선 꿈-작업을 통해 그 꿈-내용을 표현할 수 있게 변형하는 과정을 거쳐야 하는 것이다.

꿈의 사고를 구성하는 정신적 재료에는 대개 어린 시절까지 거슬러 올라가는 인상적인 경험들이 포함되는데, 이러한 경험들은 주로 시각적인 이미지로 기억된다. 이 기억들은 꿈의 내용 형성에 핵심적인 역할을 하여 다른 꿈의 요소들을 끌어모아 꿈의 전체적인 구조를 결정하는 중심축이 되는 경우가 많다. 즉, 꿈속의 상황은 과거의 강렬한 경험을 바탕으로 재구성되어 변형된 것으로 실제 상황이 그대로 반영되는 경우는 드물다.

꿈-내용은 반드시 하나의 완벽한 장면으로만 구성되지 않는다. 때로는 단절된 이미지, 짧은 대사, 또는 수정되지 않은 생각의 일부가 나타나기도 한다. 꿈-작업이 이러한 다양한 꿈-사고를 독특한 표현 방식으로 재현하는 과정과 그 이유를 살펴보는 것은 매우 흥미로울 것이다.

분석을 통해 도달한 꿈-사고는 매우 복잡한 구조의 정신적 복합체로 나타난다. 각 부분은 서로 다양한 논리적 관계를 맺고 있으며 전경과 배경, 조건, 여담, 설명, 증거와 반론의 연결고리 등을 포함한다. 거의 모든 생각에는 그에 상반되는 모순적인 생각이 동반된다. 즉, 우리의 깨어 있는 사고와 유사한 모든 특성을 가진다. 이러한 복잡한 정신적 재료가 꿈으로 변환되기 위해서는 압축, 분열, 전위 등의 과정을 거쳐 새로운 형태로 변형되어야 한

314

다. 이 과정에서 가장 꿈에 적합한 요소들이 선택되어 상황을 구성하게 된다. 이같은 변형 과정을 일종의 '퇴행'이라 할 수 있다. 이 과정에서 정신적 재료를 연결하던 논리적 고리는 사라지고 꿈-작업은 실질적인 내용만을 다루게 된다. 꿈-작업이 무너뜨린 논리적 연결을 복원하는 것은 꿈 분석을 통해 수행해야 할 과제이다. 꿈의 표현 방식은 우리의 지적 언어에 비해 빈약해 보일 수 있지만 꿈은 여전히 그 속에서 논리적 관계를 어느 정도 유지하며, 자신의 방식으로 표현해 낸다.

먼저 꿈은 꿈-사고의 다양한 부분들 사이에 존재하는 연결들을 고려하여 모든 것을 하나의 상황으로 가져온다. 그것들은 시간과 공간에서 사물을 그룹화함으로써 논리적 연결을 보여주는데, 이는 마치 화가가 그림으로 파르나스 산에 모든 시인들이 모여 있는 장면을 묘사하는 것과 유사하다. 비록 시인들이 실제로 그 산에 함께 있지 않았지만 개념적으로는 그룹으로 연결되어 있다. 꿈은 이러한 방법을 세부 사항에 적용한다. 따라서 꿈에서 두 개의 요소가 서로 가까이 있는 것으로 표현되면 이는 그들이 나타내는 생각들 사이에 특별하고도 밀접한 관계가 있다는 것을 의미한다고 볼 수 있는 것이다. -《꿈에 관하여》(1901)

■ 우리는 꿈이 만들어지는 과정에 대한 분석을 아직 마무리하지 못했다. 꿈은 정신적인 내용을 응축하고, 다른 곳으로 옮기고, 이미지로 표현하는 등 다양한 과정을 거친다. 여기에 더해 모든 꿈에서 나타나는 것은 아니지만 꿈의 내용을 추가적으로 가공하는 또 다른 과정이 존재한다. 이 과정에 대해 자세히 다루지는 않겠지만 꿈-내용이 완성된 뒤에 이러한 가공 과정이 이루어진다고 가정해 볼 수 있다. 즉, 초기 해석이 가능할 정도로 꿈의 다양한 요소들을 연결하여 하나의 이야기처럼 만들어 외관을 갖추게 하는 것이다. 하지만 이 과정은 꿈의 진정한 의미를 왜곡시킬 수 있으므로 꿈 분석을 시작하기 전에 가공된 부분을 제거하고 꿈의 원래 의미를 찾는 것이 중요하다.

꿈이 만들어지는 과정에서 이 단계의 목적은 꿈을 더 쉽게 이해할 수 있도록 만드는 것이다. 우리가 일상에서 외부 정보를 받아들이고 해석하는 것처럼 꿈도 우리의 정신 활동에 의해 이해 가능한 형태로 재구성된다. 꿈은 우리가 쉽게 이해할 수 있는 방식으로 내용을 재배열하는데 이 과정에서 원래의 정보가 왜곡될 수 있다. 특히 익숙하지 않은 정보를 처리할 때 이미 알고 있는 것을 바탕으로 낯선 기호나 단어를 보거나 들으면 인식을 변경하여 이해하려는 경향이 있다. 이러한 과정을 통해 수정된 꿈을 '잘 구성된' 꿈이라고 부를 수 있다. 반면 어떤 꿈들은 이런 정리 과정이 전혀 이루어지지 않아 혼란스럽게 느껴질 수 있다. 우리가 깨어난 뒤 꿈을 회상하면서 '꿈이 매우 혼란스러웠다'라고 느끼는 것도 바로 이러한 이유 때문이다.

그러나 꿈 분석의 관점에서 보면 연결되지 않은 조각들로 이루어진 혼란스러운 꿈이라도 잘 구성된 꿈만큼이나 중요한 의미를 가진다. 사실 혼란스러운 꿈은 추가적인 해석 과정 없이도 꿈의 원형적 의미를 더 직접적으로 드러낼 수 있기 때문에 오히려 분석하기 쉬운 경우도 있다.

그러나 이러한 꿈-외관*이 우리 정신생활의 의식적인 부분에서 꿈-내용을 단순히 오류투성이로, 혹은 다소 임의로 수정한 결과물이라고 단정하는 것은 잘못된 생각이다. 꿈-외관을 구성하는 데에는 꿈-사고에 이미 완성된 형태로 존재하는 소망적인 환상이 자주 활용되는데, 이는 우리가 깨어 있는 상태에서 흔히 꾸는 '백일몽'과 유사한 성격을 지닌다. 밤에 꾸는 꿈에 대한 분석을 통해 드러난 희망적인 환상은 유아기 시절의 장면을 반복하거나 변

---

*꿈-외관(dream-facades) : 꿈의 표면적인 모습, 즉 꿈이 외형적으로 나타나는 형식.

형한 경우가 많다. 이는 꿈-외관이 다른 요소들과 뒤섞여 원형이 왜곡되었음을 의미하는데 때로는 꿈의 핵심 내용을 직접적으로 드러내기도 한다.

꿈-작업은 이미 언급된 활동들 외에는 다른 활동을 보여주지 않는다. 만약 '꿈-작업'을 꿈-사고를 꿈-내용으로 변환하는 과정으로 정의한다면 꿈-작업은 창조적이지 않으며 자체적으로 환상을 만들어 내거나 판단을 내리거나 결론을 도출하지 않는다는 결론에 이르게 된다. 꿈-작업은 재료의 응축과 전위 그리고 이를 시각적인 형태로 변형하는 기능 외에는 다른 역할을 하지 않으며 여기에 해석적 수정이라는 마지막 단계가 가변적으로 추가된다. 꿈-내용에서 우리가 더 높은 수준의 지적 활동의 결과물이라고 여길 수 있는 다양한 요소들을 발견할 수 있다는 것도 사실이다. 하지만 분석 결과 이러한 지적 작업들은 이미 꿈-사고 과정에서 이루어졌으며 꿈-내용이 단순히 이를 받아들인 것에 불과하다는 점이 분명해진다.

꿈에서 도출된 결론은 꿈-사고 과정에서 이미 형성된 결론을 단순히 반복한 것에 불과하다. 이 결론이 꿈속에서 수정 없이 그대로 나타나면 논리적이겠지만 꿈-작업이 이를 다른 소재로 전위시켰다면 비논리적이고 터무니없는 것처럼 보일 것이다. 꿈에서 계산이 등장한다는 것은 꿈-사고 과정에서 이미 계산이 이루어졌음을 의미한다. 꿈-사고는 항상 논리적이지만 꿈속에서의 계산은 요소들이 응축되거나 수학적 연산이 다른 재료로 대체될 경우 매우 엉뚱한 결과를 초래할 수 있다. 꿈속의 연설조차도 독창적인 것이 아니라 이전에 말했거나 들었거나 읽었던 것들이 꿈-사고 과정에서 되살아나 혼합된 결과다. 이러한 연설들은 원래의 출처는 무시된 채 그 의미가 완전히 변형되어 꿈속에서 재현된다. ─《꿈에 관하여》(1901)

■ 꿈-작업에 대한 이해가 심화될수록 우리는 그것이 매우 특별하고 독창적인 정신 작용이라는 결론에 이르게 된다. 마치 과거에 꿈이라는 결과물에 대해 느꼈던 놀라움을 이제는 꿈을 만들어내는 과정 자체에 투영하는 것과 같다. 사실 꿈-작업은 히스테리 증상, 공포증, 강박 관념, 망상 등을 만들어내는 다양한 정신 작용 중 가장 먼저 발견된 것에 불과하다. 응축과 전위는 꿈뿐만 아니라 다른 정신질환에서도 나타나는 공통된 현상이지만 꿈은 회화적인 형태로 변형된다는 점에서 독특한 특징을 지닌다.

사실 꿈이 만들어지는 과정은 히스테리 증상, 공포증, 강박증, 망상과 같은 정신질환에서 나타나는 일련의 정신 작용 중 가장 먼저 연구된 것에 불과하다. 응축과 특히 전위라는 현상은 꿈뿐만 아니라 이러한 다른 정신 작용에서도 공통으로 나타나는 특징이다. 반면 꿈-내용이 이미지로 표현되는 것은 꿈만의 독특한 특징이라고 할 수 있다. 이러한 사실은 꿈과 정신질환이 비슷한 정신 작용에 의해 발생한다는 것을 시사한다. 따라서 꿈과 같은 정신 작용이 어떤 조건에서 발생하는지 밝혀내는 것이 더욱 중요해진다. 놀랍게도 수면 상태나 질병이 이러한 정신 작용의 필수적인 조건은 아니다. 망각, 말실수, 실수, 특정 유형의 오류와 같은 일상생활에서 흔히 경험하는 현상들도 꿈과 유사한 정신 작용에 의해 발생할 수 있다.

문제의 핵심은 바로 전위(displacement)에 있는데, 이는 꿈-작업에서 가장 두드러진 특징 중 하나이다. 이 주제를 깊이 탐구해 보면, 전위의 본질적인 조건이 순전히 심리적인 것, 즉 동기와 같은 요인에서 비롯된다는 것을 알 수 있다. 꿈을 분석하는 과정에서 피할 수 없는 특정 경험들을 마주하게 되는데, 이는 전위가 작용하는 방식을 이해하는 데 중요한 단서가 된다.

꿈을 분석하다 보면 피할 수 없이 마주치게 되는 특정한 경험들이 있다. 내가 예시로 들었던 꿈을 분석하던 중 꿈—사고 과정을 더 이상 설명하지 못하고 중단해야 했던 이유가 바로 이 때문이다. 꿈—사고 과정 중에는 낯선 사람에게 공개하기 어렵고 공개하면 중요한 관계에 심각한 문제를 일으킬 수 있는 매우 사적인 내용들이 포함되어 있었기 때문이다. 다른 꿈을 분석하더라도 마찬가지로 비슷한 문제에 부딪히리라 생각한다. 즉, 모호하거나 혼란스러운 꿈일수록 개인적인 비밀이 더 많이 드러나기 마련이다.

그러나 만약 내가 다른 사람들과 상관없이 즉, 내 꿈처럼 개인적인 경험이 타인을 대상으로 하지 않는다는 점을 고려하여 나만의 분석을 계속한다면 결국 나를 놀라게 할 생각들에 도달하게 될 것이다. 내가 인식하지 못했던 나에게 낯설고 불쾌한 생각들이 드러날 텐데 이로 인해 나는 그 생각들을 강하게 부정하고 싶어질 것이다. 하지만 꿈 분석 과정에서 이어지는 사고의 흐름은 그런 생각들이 끊임없이 존재하고 있음을 명확히 보여준다. 이 현상을 설명할 수 있는 유일한 방법은 이러한 생각들이 실제로 내 마음속에 존재하며 일정한 심리적 강도나 에너지를 가지고 있지만 특수한 심리적 상황 때문에 내가 의식하지 못했다는 가정이다. 나는 이러한 상태를 '억압'이라고 부른다.

결국 우리는 꿈-내용이 모호한 것과 특정 꿈-사고가 억압(즉 의식에 받아들여지지 않는) 상태에 있다는 것 사이에 인과관계가 존재한다는 결론에 도달하게 된다. 꿈은 억압된 꿈-사고를 드러내지 않기 위해 모호하게 표현될 수밖에 없는 것이다. 따라서 우리는 '꿈-왜곡*'이라는 개념에 이르게 되는데, 이것은 꿈-작업의 산물로, 꿈-사고를 숨기거나 위장하기 위한 목적을 가진다. -《꿈에 관하여》(1901)

■ 지금까지 철학자들은 '억압'이라는 심리적 현상에 관해 깊이 탐구할 기회를 얻지 못했다. 따라서 우리는 꿈 형성 과정을 시각적으로 묘사함으로써 이 미지의 주제에 대한 첫 접근을 시도해 보고자 한다. 꿈 연구에서 얻은 우리의 도식적 모델은 다소 복잡하지, 그보다 단순한 모델로는 충분한 설명을 제공하지 못한다. 우리의 가설에 따르면 정신 구조에는 두 가지 사고 생성 체계가 존재한다. 두 번째 체계는 자기 결과물을 의식에 자유롭게 전달할 수 있는 특권을 가지는 반면, 첫 번째 체계의 활동은 무의식적이며 오직 두 번째 체계를 거쳐야만 의식에 도달할 수 있다. 이 두 체계가 만나는 경계에는 '검열'이 자리하고 있는데, 이 검열은 자

---

*꿈-왜곡(dream-distortion) : 꿈에서 무의식적 욕망이나 생각이 검열의 영향을 받아 왜곡된 형태로 나타나는 과정.

신에게 적합한 것만 통과시키고 그 외의 것들은 억제한다.

따라서 우리의 정의에 따르면 검열에 의해 거부된 것은 억압 상태에 있다고 할 수 있다. 수면 상태와 같은 특정 조건에서는 두 심리 체계 간의 힘의 균형이 변화하여 억압된 내용이 더 이상 억제되지 않고 의식으로 떠오를 수 있다. 이는 수면 중 검열이 느슨해지기 때문이며 이때 억압된 내용이 의식으로 나아가는 경로가 열린다. 그러나 검열이 완전히 사라지는 것은 아니기 때문에 억압된 내용은 그 불쾌한 부분이 완화되어 변형되어야 한다. 이 경우 의식에 떠오르는 내용은 무의식의 의도와 의식의 요구 사이에서 만들어진 일종의 타협물인 셈이다.

이러한 억압, 검열의 완화, 타협의 형성 과정은 꿈뿐만 아니라 다양한 정신병리적 구조에서도 나타나는 기본적인 패턴이다. 정신병리에서도 꿈—작업에서 익숙한 응축, 전위, 그리고 표면적인 연상이 타협을 형성하는 과정에서 중요한 역할을 하는 것을 관찰할 수 있다.

꿈 작업을 설명하기 위해 우리가 세운 가설에서 '악마적' 요소라고 묘사될 수 있는 것이 일정 부분을 차지하고 있다는 사실을 굳이 숨길 필요는 없다.

우리는 마치 한 사람이 다른 사람에게 불쾌하게 들릴 수밖에 없는 말을 해야 하는 상황처럼 꿈이 모호하게 형성되는 것을 관찰했다. 이러한 비유를 바탕으로 우리는 꿈-왜곡과 검열이라는 개념에 도달했고, 이를 바탕으로 비록 거칠지만 명확한 심리학적 이론으로 이를 해석하려고 시도했다.

앞으로 이 주제에 대한 추가 연구를 통해 첫 번째와 두 번째 체계를 무엇으로 규명하든 두 번째 체계가 의식에 대한 접근을 통제하고 첫 번째 체계의 접근을 차단할 수 있다는 우리의 가설이 입증될 것이라는 기대는 충분히 합리적이다.

잠에서 깬 뒤 검열 기능이 빠르게 회복되면서 수면 중에 무의식적으로 드러난 내용들이 다시 억압된다. 이는 꿈을 쉽게 잊어버리는 이유 중 하나를 설명하는 중요한 부분이다. 수많은 관찰을 통해 확인된 바에 따르면 꿈을 이야기하거나 분석하는 과정에서 처음에는 잊혀졌던 꿈의 일부가 다시 떠오르는 경우가 자주 발생한다. 이렇게 되살아난 꿈의 조각들은 꿈의 의미를 가장 직접적이고 정확하게 파악할 수 있는 단서를 제공한다. 그리고 이러한 꿈의 조각들이 잊혀졌던 이유는 바로 그것들이 다시 억압되었기 때문일 가능성이 크다.

검열이 꿈-내용을 왜곡시키는 주된 원인이라고 보는 사람이라면 성인들이 꾸는 대부분의 꿈이 분석 결과 성적인 욕망과 연결된다는 사실에 놀라지 않을 것이다. 이는 단순히 노골적인 성적인 내용을 담은 꿈뿐만 아니라 더욱 은밀하고 복잡한 형태로 나타나는 꿈들까지 포함한다. 즉 우리가 흔히 '성적인 꿈'이라고 부르는 노골적인 꿈들조차도 분석해 보면 성적 대상의 선택이나 억눌린 성적 욕망 등 예상치 못한 요소들이 드러난다. 특히 이러한 꿈들은 때로는 '도착(perversions)'이라고 불리는 비정상적인 성적 욕망과 관련된 기괴한 상황을 보여주기도 한다.

그러나 꿈을 해석해 보면 겉으로 전혀 성적인 내용이 없는 많은 꿈들도 숨겨진 성적 욕망의 실현으로 밝혀지는 경우가 많다. 또한 분석을 통해 깨어 있을 때의 활동에서 남은 '전날의 잔재(residues of the previous day)'로 여겨지는 많은 생각들이 억압된 성적 욕망의 도움을 받아 비로소 꿈속에서 표현된다는 사실이 입증된다.

꿈이 반드시 성적인 욕망과 연결되어야 할 이론적인 필연성은 없지만 많은 꿈에서 성적 내용이 드러나는 이유는 다음과 같이 설명될 수 있다. 첫째, 성적 본능은 다른 어떤 본능보다도 문화적 교육과 사회적 규범에 의해 매우 강하게 억압된다. 둘째, 성적 본능은 다른 본능들에 비해 의식의 높은 통제에서 벗어나기 쉽다. 셋째, 우리는 종종 미미하게 나타나고 잘못 이해되기 쉬운 유아기의 성적 욕망이 성인의 성적 삶에 중요한 영향을 미친다는 사실을 알게 되었다. 거의 모든 문명화된 사람들이 어느 정도 유아기의 성적 형태를 유지하고 있다는 점에서, 억압된 유아기의 성적 욕망이 꿈을 구성하는 가장 빈번하고 강력한 동기가 된다는 것을 이해할 수 있다.

성적인 욕망을 담고 있는 꿈이 겉으로 보기에 성적인 내용이 전혀 없는 것처럼 보이기 위해서는 성적인 요소를 직접적으로 드러내지 않고 은유나 상징, 암시와 같은 방식으로 꿈-내용에 나타나야 한다. 즉, 꿈속의 이미지나 상황은 직관적으로 이해하기 어려운 방식으로 성적인 의미를 담는다는 것이다.

이러한 표현 방식은 일반적으로 '상징'이라고 불린다. 주목할 만한 점은 같은 언어를 사용하는 사람들이 꿈속에서 동일한 상징을 사용하는 경우가 많다는 것이며 경우에 따라서는 언어와 문화적 배경이 다른 사람들 사이에서도 동일한 상징이 나타난다는 것이다. 꿈을 꾸는 사람들은 자신이 사용하는 상징의 의미를 인식하지 못하기 때문에 이 상징들이 무엇을 의미하고 무엇을 대체하는지 처음에는 파악하기 어렵다.

하지만 이 사실 자체는 의심의 여지가 없으며 꿈 해석 기술에 있어 매우 중요한 의미를 지닌다. 꿈 상징에 대한 지식을 활용하면 꿈 꾸는 사람에게 연상 작용을 묻지 않고도 꿈의 개별 요소나 부분적인 내용을 때로는 전체 꿈을 이해할 수 있다. 이는 꿈을 번역하듯 해석하려는 대중적인 이상(ideal)에 다가가면서도 동시에 상징을 사용하여 꿈을 해석했던 고대의 방법으로 돌아가는 것을 의미한다.

꿈 상징에 대한 연구는 아직 완료되지 않았지만 우리는 이 주제에 대해 수많은 일반적인 진술과 상당한 양의 특별한 정보를 확실하게 제시할 수 있는 위치에 있다. 거의 보편적으로 단일한 의미를 지니는 상징들이 있다. 예를 들어 황제와 황후(또는 왕과 왕비)는 부모를, 방은 여성을, 출입구는 신체의 개구부(開口部)를 나타낸다. 꿈 상징의 대다수는 성적 의미를 지닌 인물, 신체 부위 및 활동을 나타내는 데 사용된다. 특히 생식기는 종종 매우 놀라울 정도로 다양한 여러 상징들로 표현되는 특징을 가진다.

날카로운 무기나 긴 막대기 같은 물체는 남성 성기를, 찬장, 상자, 마차, 오븐 등은 여성의 자궁을 상징할 수 있다. 이러한 상징들은 그 공통점이 명확하여 쉽게 이해될 수 있다. 그러나 계단이나 계단을 오르는 행위를 성적 관계로 해석하거나 넥타이나 스카프를 남성 성기, 나무를 여성 성기로 해석하는 것은 다소 이해하기 어려울 수 있다. 하지만 이러한 상징들 사이의 기저에 있는 상징적 관계를 다른 방식으로 파악하게 되면, 그 의미가 더 명확해진다. 또한 꿈속의 많은 상징은 남성과 여성의 성기를 모두 나타낼 수 있어 상황에 따라 다르게 해석될 수 있는 것이다.

어떤 꿈의 상징은 특정 언어나 문화를 공유하는 사람들에게 보편적으로 나타나지만 다른 상징들은 개인의 경험과 생각에서 비롯되어 매우 개별적인 의미를 지닐 수 있다. 예를 들어 '수정'이나 '씨앗'처럼 언어에서 자연스럽게 성적 의미를 띠는 상징들은 쉽게 이해되지만, 다른 상징들은 매우 오랜 시간 동안 우리의 무의식 깊은 곳에 자리 잡아 그 의미를 파악하기 어려울 수 있다. 또한 새로운 사물이 등장할 때마다 사람들은 그 사물을 성적인 상징으로 연결하는 경향이 있다. 예를 들어 비행선과 같은 신기술이 도입되면 그것조차 성적인 상징으로 해석되는 경우가 생긴다.

우리가 꿈-상징주의*(즉 '꿈의 언어')에 대해 더 깊은 지식을 가지고 있더라도 꿈을 해석할 때 꿈꾼 사람의 연상을 전혀 묻지 않고

---

*꿈-상징주의(dream-symbolism) : 꿈에서 나타나는 무의식적 사고가 상징적인 형태로 표현되는 과정.

고대의 해석 방법에만 의존하는 것은 잘못된 접근일 수 있다. 꿈 속의 모든 상징이 항상 특별한 의미를 지니는 것은 아니다. 꿈속 의 어떤 부분은 그 자체로 해석되어야 할 때도 있고, 상징적인 의 미가 있을 때도 있다. 따라서 꿈을 해석할 때는 모든 요소를 일일 이 상징으로 해석하기보다는 꿈 전체의 맥락을 고려하여 의미를 파악해야 한다. 꿈속의 상징을 아무리 잘 이해하더라도 꿈을 해 석하는 데 있어 꿈을 꾼 사람의 개인적인 생각과 느낌을 파악하 는 과정은 필수이다. 하지만 꿈꾸는 사람이 꿈에 대한 기억이 잘 나지 않거나 꿈의 의미를 잘 파악하지 못할 때는 꿈 상징에 대한 지식이 큰 도움이 될 수 있다.

꿈-상징주의(Dream-symbolism)는 모든 사람에게 나타나는 '전형적 인' 꿈과 개인에게 반복적으로 나타나는 '반복되는' 꿈을 이해하는 데 필수적인 역할을 한다.

이 짧은 논의에서 꿈에서의 상징적 표현 방식에 대한 설명이 불 완전해 보인다면 나는 이 주제에 대해 우리가 알고 있는 중요한 지식 중 하나에 주의를 기울임으로써 나의 소홀함을 정당화할 수 있다. 꿈-상징주의는 꿈을 훨씬 넘어서서 동화, 신화, 전설, 농담, 민속 이야기 등에서도 유사한 지배적인 영향력을 발휘한다. 이는 꿈과 이러한 다른 작품들 사이의 밀접한 관계를 보여주는 것으로 꿈-상징주의가 꿈-작업에서 새롭게 창조된 것이 아니라 무의식적 사고의 특징이라는 점을 시사한다. 무의식적 사고는 꿈-작업에 응축, 전위, 극화 등을 위한 재료를 제공하는 역할을 한다. -《꿈에 관하여》(1901)

■ 꿈이 만들어지는 과정은 매우 다양하지만 그 속에 담긴 의미를 해석하는 데에는 공통적인 규칙이 적용되므로 따로 예시를 들 필요는 없다. 꿈의 낯설음은 우리가 깨어 있을 때 인식하는 현실과 같은 수준으로 꿈의 내용을 평가하려는 시도를 하지 않고 꿈이 불필요한 세부 사항을 배제한 채 응축된 형태로 표현된다는 사실을 기억할 때 사라진다. -《꿈 심리학》(1920)

■ 꿈은 우리의 숨겨진 본능과 욕망을 드러내어 불편한 진실을 마주하게 할 수 있다. 이러한 진실을 받아들이고 이를 통해 성장할 수 있는 사람은 자유로운 사고를 가진 사람들뿐이다. 자기기만은 꿈을 탐구하는 투명한 과정 속에서 마치 공기 중의 식물처럼 빠르게 시들어 버린다. -《꿈 심리학》(1920)

■ 꿈은 감정적 지적인 사고의 흐름을 대신하는 일종의 대체물이

다. −《꿈 심리학》(1920)

■ 꿈은 고통스러운 내용을 담고 있더라도 소망의 실현으로 분석 되어야 한다. 해석 과정에서 마주하게 되는 말하기 싫거나 생각하 기 불편한 주제가 우연처럼 보이지 않는 것도 당연하다. 이러한 꿈 이 불러일으키는 불쾌한 감정은 그 주제를 다루거나 논의하는 것 을 억제하려는 반감과 동일한데, 불쾌한 감정에도 불구하고 그 문 제를 처리해야 한다면 우리 모두가 극복해야 하는 것이다. 그러나 꿈에서 불쾌한 감정이 표출되더라도 소망의 존재를 부정하는 것이 아니다. 누구나 다른 사람에게 말하기 꺼리거나 심지어 자신조차 도 인정하기 꺼리는 소망을 품고 있기 마련이다. −《꿈 심리학》(1920)

■ 꿈의 내용을 분석해 보면 공포증에서의 두려움이 그 공포증 을 뒷받침하는 생각에 의해 정당화되지 않는 것처럼 꿈속의 두려 움도 꿈의 내용에 의해 정당화되지 않는다는 사실을 알게 된다. −《꿈 심리학》(1920)

■ 꿈의 변형은 결국 검열자의 행위임이 드러난다. −《꿈 심리학》(1920)

■ 꿈 해석을 통해 더 깊이 심리적인 의미를 탐구하려면 꿈이 우

리 마음의 다른 심리적 구조들과 어떻게 연결되어 있는지를 증명 해야 한다. -《꿈 심리학》(1920)

■ 꿈은 억압된 욕망의 숨겨진 실현이다. -《꿈 심리학》(1920)

■ 그러나 자아의 억압적인 저항은 수면 중에 완전히 사라지지 않 고 단지 감소할 뿐이다. 일부는 검열 압력으로 남아 적절한 형태 로 표현되려 한다. 꿈에 대한 검열이 엄격하기 때문에 잠재의식 속 꿈의 소재는 금지된 의미를 감추기 위해 변형되고 완화된다. 이것이 바로 꿈이 왜곡되는 이유이며, 이는 명시적인 꿈에서 가 장 두드러진 특징을 설명한다. 우리는 꿈이 억압된 욕망의 위장 된 실현이라고 주장할 수 있다.

잠을 자는 동안에도 우리의 마음은 잠재된 욕망을 완전히 억누르 지는 못하고, 일부는 꿈이라는 형태로 표현되려고 한다. 하지만 꿈은 엄격한 검열을 거치기 때문에 원래의 욕망이 드러나지 않도 록 변형되고 왜곡된다. 즉, 우리가 꿈에서 보는 내용은 겉으로는 다른 모습을 하고 있지만 실제로는 억눌린 욕망이 위장된 형태로 표현된 것이라고 할 수 있다. -《나의 자전적 연구》(1925)

05

인간의 관계

"프로이트는 일상생활의 가장 평범한 경험들에

심오한 의미를 부여하는 완전히 새로운 탐구 영역을 열었다."

– 존 포레스터(John Forrester)

사랑과 애착

■ 사랑받는다는 확신이 들면 얼마나 대담해지는지 모른다오.
–약혼녀 마르타 베르나이스에게 보낸 편지(1882)

■ 내가 가면 당신은 큰일 났어요, 공주님! 난 당신의 얼굴이 빨개
질 때까지 키스를 퍼붓고, 당신의 몸이 포동포동해질 때까지 먹
일 겁니다. 당신이 담대하면 누가 더 강한지 확인할 수 있을 거에
요 … 적게 먹는 가냘픈 여자인지 아니면 코카인에 찌든 거친 남
자인지. –약혼자 마르타 베르나이스에게 보낸 편지(1884)

■ 공주님, 나의 사랑스러운 공주님, 얼마나 멋질까요! 나는 돈을 가지고 가서 오래 머물며 당신에게 아름다운 선물을 사줄 거예요. 그리고 파리로 가서 위대한 학자가 되어 거대한 후광을 달고 빈으로 돌아올 거예요. 그러면 우리는 곧 결혼할 것이고, 나는 모든 불치병 환자를 치료할 거예요, 당신 덕분에 건강해질 테니까요. 그리고 당신이 건강해져서 명랑하고 행복해질 때까지 계속해서 입 맞춰 줄게요. '그렇게 행복하게 살아가는 겁니다.' -꿈에 그리던 여행 지원금을 받은 뒤 마르타 베르나이스에게 보낸 편지(1885)

■ 정신분석은 본질적으로 사랑을 통한 치료입니다. -카를 융에게 보낸 편지(1906)

■ 성녀-매춘부 콤플렉스*가 있는 남자는 사랑하는 여자에겐 욕정이 일지 않고 욕정이 일게 하는 여자에겐 사랑을 느끼지 못한다. -제임스 스트레이치 저 〈사랑의 영역에서 보편적인 타락 경향에 대하여〉(1912)에 인용

---

*성녀-매춘부 콤플렉스(Madonna-whore complex): 남성은 여성을 성적으로 순결하고 숭고한 존재인 '성모 마리아(Madonna)'와 성적인 욕망을 채우기 위한 대상인 '매춘부(Whore)'로 나누어 인식하는데, 사랑하는 여성을 성적인 욕망의 대상으로 바라보지 못하고 성적인 욕망을 느끼는 여성에게는 애정을 느끼지 못하는 의미.

■ … 우리는 병들지 않기 위해서라도 사랑을 시작해야 한다. -〈나르시시즘에 관하여〉(1914)

■ 사랑하면 누구라도 겸손해진다. 사랑하는 사람은 말하자면 자신의 나르시시즘의 일부를 담보로 잡힌 셈이다. -〈나르시시즘에 관하여〉(1914)

■ 갈망과 결핍의 형태로 나타나는 사랑은 자존감을 낮춘다. -〈나르시시즘에 관하여〉(1914)

■ 어머니의 절대적인 사랑을 받은 사람은 평생 정복자 같은 느낌과 성공에 대한 확신을 간직하게 되며 이러한 확신은 종종 실제로 성공을 불러오기도 한다. -〈시와 진실에 나타난 어린 시절의 추억〉(1917)

■ 우리는 기혼 여성들과 젊은 여성들이 치료 문제에 대해 특별한 태도를 가지고 있다는 사실에 놀라게 된다. 즉, 오직 사랑으로만 치유될 수 있다는 것이다. -《정신분석 입문 강의》(1917)

■ 우리는 사랑할 때만큼 고통에 대해 무방비한 상태가 되는 경우가 없으며 사랑하는 대상을 잃거나 그 사랑을 잃었을 때만큼 무

력하게 불행해지는 경우도 없다. -《문명 속의 불만》(1930)

■ 외부적으로 자아는 명확하고 뚜렷한 경계선을 유지하는 것처럼 보인다. 그러나 병리적인 것으로 낙인찍힐 수는 없지만 분명히 예외적인 하나의 상태가 있는데, 그것은 바로 사랑에 깊이 빠졌을 때이다. 이때 자아와 대상 사이의 경계는 녹아 없어질 위험에 처한다. 사랑에 빠진 사람은 모든 감각적 증거에도 불구하고 '나'와 '너'가 하나라고 선언하며 마치 그것이 사실인 것처럼 행동할 준비가 되어 있다. -《문명 속의 불만》(1930)

■ (사랑에 빠진 상태에서 자아와 대상 사이의 경계가 녹아 없어질 위험에 대한) 단서는 문명사회가 이상적으로 추구하는 가치 중 하나에서 찾을 수 있다. 바로 "네 이웃을 네 몸과 같이 사랑하라"는 것이다. 전 세계적으로 널리 알려져 있는 이 명령은 기독교보다 더 오래된 것으로 여겨진다. 기독교는 이를 가장 자랑스러운 가르침으로 내세우지만 역사적으로 인류에게는 여전히 낯선 개념이었다. 마치 처음 듣는 것처럼 순수한 태도로 그것을 바라본다면 놀라움과 혼란스러움을 감추지 못하게 된다.

왜 그렇게 해야 하는가? 우리에게 무슨 이득이 될 것인가? 하지만 무엇보다도 우리는 어떻게 그것을 실현할 수 있는가? 과연 그것이 가능한 일인가? 나의 사랑은 소중한 것으로, 신중히 고민하지 않고서는 함부로 버릴 수 없다. 사랑은 나에게 책임을 부과하는데 나는 그 책임을 다하기 위해 희생할 준비가 되어 있어야 한다. 내가 누군가를 사랑한다면 그 사람은 어떤 방식으로든 그 사랑을 받을 자격이 있어야 한다.(여기서 나는 그가 나에게 어떤 이익을 줄 수 있는지, 또는 그가 성적인 대상으로서 가지는 의미는 제외한다. 왜냐하면 이두 가지 관계는 "이웃을 사랑하라"는 가르침과는 관련이 없기 때문이다.)

만약 그가 중요한 면에서 나와 비슷해서 그를 통해 나 자신을 사랑할 수 있다면 또는 그가 나보다 훨씬 더 완벽해서 내가 그에게서 나의 이상적인 모습을 발견할 수 있다면 그는 사랑받을 자격이 있다. 또한 그가 내 친구의 아들이라면 그가 해를 입을 때 친구가 느낄 고통이 곧 나의 고통이 될 것이므로 나는 그를 사랑해야 한다. 하지만 그가 나에게 낯선 사람이고 그가 나의 감정 속에서 어떤 가치나 의미도 갖고 있지 않다면 그를 사랑하는 것은 어려울 것이다.

사실 내 사랑은 내 사람들에게 내가 그들을 더 소중히 여긴다는 증표로 간주되기에 낯선 이를 그들과 동등하게 대하는 것은 내 사람들에게 불공평한 일이다. 하지만 단지 낯선 이도 이 지구의 한 구성원이라는 이유만으로 그를 사랑해야 한다면, 그가 이 지구의 주민, 즉 곤충이나 지렁이, 풀뱀처럼 이 땅에 사는 존재라는 이유로(보편적인 사랑으로) 그를 사랑해야 한다면, 내 사랑의 아주 작은 부분만이 그의 몫으로 돌아갈까봐 두렵다. 이성적으로 생각해서 내 사랑 대부분은 나 자신을 위해 간직해야 해서 그 이상의 사랑을 함부로 베풀 수는 없다. 그토록 엄숙하게 선포된 계율이 합리적인 행동을 요구하지 않는다면 무슨 의미가 있단 말인가?
―《문명 속의 불만》(1930)

■ 차별하지 않는 사랑은 그 대상에게 불공평한 것으로, 사랑의 가치를 떨어뜨리는 결과를 가져온다. 또한 모든 사람이 사랑받을 자격이 있는 것은 아니다. ―《문명 속의 불만》(1930)

■ 사랑할 때만큼 상처받기 쉬운 때가 없고, 사랑하는 대상을 잃었을 때만큼 절망적으로 불행한 때도 없다. ―《문명 속의 불만》(1930)

■ 에로스는 자아와 사랑하는 대상을 하나로 만들고 그들 사이의 모든 공간적 장벽을 없애기 위해 접촉을 갈망한다. 그러나 파괴성 역시(장거리 무기가 발명되기 전에는) 가까운 거리에서만 효과를

발휘할 수 있었기 때문에 물리적 접촉, 즉 직접적인 맞대응을 필요로 한다. -《억압, 증상 및 불안》(1936)

사회관계

■ 가족을 형성한 이성애적 사랑은 문명 속에서 직접적인 성적 만족을 포기하지 않는 원래의 형태와 플라토닉 애정이라는 변형된 형태로 계속 작용한다. 이 두 형태 모두에서 이러한 사랑은 공동의 작업이나 이해관계로 이루어진 것보다 훨씬 더 강력하고 깊은 유대감을 형성하며 많은 사람을 하나로 묶는 기능을 계속 수행한다. -《문명 속의 불만》(1930)

■ 아이는 사랑의 보상과 처벌 체계를 통해 사회적 의무를 배우게 되고 이러한 방식으로 삶의 안전이 부모(그리고 나중에는 다른 사람들)의 사랑과 자신이 그들을 사랑하고 있다는 믿음에 달려 있다는 것을 알게 된다. -《새로운 정신분석 입문 강의》(1933)

■ 우리는 유대인이며, 앞으로도 유대인으로 남을 것입니다. 다른 사람들은 우리를 이용하면서도, 결코 우리를 이해하고 인정해 주

지 않을 것입니다. -사비나 스필레인에게 보낸 편지(1913)

■ 각 인종은 자신들이 구성한 국가로 대표되며, 국가는 다시 그
들을 이끄는 정부에 의해 대표된다. 개인 시민은 이 전쟁(세계1차
대전)을 통해 평화 시에도 가끔씩 느꼈던 불편한 진실을 마침내
확인하게 된다. 즉, 국가가 잘못된 행동을 금지하는 것은 도덕적
이유에서가 아니라 마치 소금과 담배처럼 그 잘못을 독점하기 위
해서라는 것이다. 전쟁 중인 국가는 개인에게 불명예를 안길 수
있는 모든 부정과 폭력을 거리낌 없이 활용한다.

국가는 적에 대해 허용된 교활함뿐만 아니라 의식적인 거짓말과
고의적인 속임수를 사용하는데, 이는 이전 전쟁에서 관례적이었
던 것을 능가하는 수준이다. 국가는 국민에게 절대적인 복종과
희생을 요구하면서도 과도한 정보 통제와 의견 표현의 제한을 통
해 국민을 어린아이처럼 취급한다. 이러한 지적 억압은 국민을
모든 위기와 허위 정보에 무방비하게 만들고 국가는 국제적인 약
속을 저버리며 탐욕과 권력 추구를 공공연히 드러내면서 국민의
애국심으로 이를 정당화하려 한다. -《전쟁과 죽음에 관한 생각》(1915)

■ 인간 집단 간의 도덕적 유대가 느슨해지는 것이 개인의 도덕성

에 뚜렷한 영향을 미치는 것은 놀랄 일이 아니다. 우리의 양심은 윤리 교사들이 말하는 냉혹한 재판관이 아니라 단지 '사회적 두려움'에서 비롯되기 때문이다. 공동체의 비난이 중단되는 곳에서는 악한 욕망을 억제하는 힘도 사라지고 사람들은 잔인함, 배신, 기만, 잔혹함 같은 행위들을 저지르게 된다. 그러한 행위들은 그들의 문화적 수준과는 양립할 수 없는 것처럼 보이게 된다. ─《전쟁과 죽음에 관한 생각》(1915)

■ 우리가 이렇게 소원해진 시민들을 더 잘 이해하게 된다면 국가가 우리에게 안겨준 실망도 더 쉽게 받아들일 수 있을 것이다. 왜냐하면 우리는 국가에 대해 더 겸손한 수준의 기대를 할 수밖에 없기 때문이다. 국가는 개인처럼 성장과정을 반복하면서도 아직은 더 높은 수준의 통합체를 형성하는 데 있어 매우 원시적인 단계에 머물러 있다. 이에 따라 개인에게서 활발하게 작용하는 외부적인 도덕적 강제력은 국가에서는 거의 찾아보기 어렵다. 우리는 교류와 상품 교환을 통해 형성된 공동의 이익이 도덕적 압박을 일으킬 것이라고 기대했지만 국가들은 이익보다는 순간의 감정적 충동을 따르는 경향이 훨씬 크다. 그나마도 국가들은 자신의 욕망을 정당화하기 위해 이익을 이용하는 경우가 대부분이다.

평화로운 시기에도 국가의 개별 구성원들이 서로를 경멸하고 미워하며 혐오하는 이유는 정말 미스터리하다. 그 이유를 나는 알지 못한다. 많은 사람들, 특히 수백만 명이 모였을 때 개인의 모든 도덕적 성취가 사라지고 가장 원시적이고 오래된, 잔혹한 정신적 억제력만이 남아 있는 것처럼 보인다. -《전쟁과 죽음에 관한 생각》(1915)

■ 자신의 내적 충동과 상반되는 규범에 지속적으로 맞춰 살아가는 사람은 심리적으로 과잉 지출을 하며 살아가는 셈이다. 이는 그가 의식적으로 이 차이를 인식하든 그렇지 않든 객관적으로 볼 때 위선자로 묘사될 수 있다. 현대 문명이 이러한 위선을 극도로 조장하고 있다는 것은 부정할 수 없는 사실이다. 심지어 현대사회는 그러한 위선 위에 세워져 있다고 해도 과언이 아니다. 만약 인간이 진정한 자기 자신으로 살아가려 한다면 사회 시스템 자체가 근본적인 변화를 겪어야 할 것이다. -《전쟁과 죽음에 관한 생각》(1915)

■ 보고 듣는 능력이 있는 사람이라면 누구도 비밀을 지킬 수 없다는 사실을 깨닫게 될 것이다. 그의 입이 닫혀 있어도 손끝으로 이야기하고 배신은 온몸의 모든 구멍에서 흘러나온다. -《정신분석 입문 강의》(1917)

■ 집단에 속한 개인을 이해하는 데 도움이 되는 또 다른 중요한 고려 사항이 있다. 조직화된 집단의 일원이 되었다는 사실만으로도 인간은 문명의 사다리에서 몇 단계 아래로 내려간다. 혼자 있을 때는 교양 있는 개인이 될 수 있지만 군중 속에서는 본능에 따라 행동하는 야만인이 된다. 그는 원시적 존재의 즉흥성, 폭력성, 잔혹성, 그리고 열정과 영웅심을 소유하게 된다. 그런 다음 개인이 집단에 편입되었을 때 경험하는 지적 능력의 저하를 경험하게 된다. -《집단 심리학과 자아 분석》(1921)

■ 맥두걸(William McDougall)*은 집단 내에서 지능이 억제된다는 주장에 동의한다. 그는 지능이 낮은 사람들이 집단의 분위기를 주도하여 지능이 높은 사람들의 사고를 방해한다고 보았다. 즉 감정적인 압력이 지적 활동을 방해하고 집단의 압력이 개인의 자유로운 사고를 억눌러 개인의 책임감을 약화하고 집단 지성을 저해한다는 것이다. -《집단 심리학과 자아 분석》(1921)

■ 맥두걸은 고도로 조직화한 집단의 행동을 비조직화된 집단과

---

*윌리엄 맥두걸(William McDougall) : 영국 심리학자로 본능 이론과 사회심리학 발전에 크게 기여함.

대조하며 집단의 정신적 삶을 더 높은 수준으로 끌어올리기 위한 다섯 가지 주요 조건을 제시한다:

첫 번째 조건은 집단 내에 일정한 연속성이 있어야 한다는 것이다. 이는 동일한 개인들이 집단에 계속 존재하거나 고정된 직위가 연속적으로 채워지는 형태로 나타날 수 있다.

두 번째 조건은 구성원이 집단의 성격, 구성, 기능, 역량에 대한 명확한 개념을 형성하고 이를 바탕으로 감정적 관계를 발전시켜야 한다는 것이다.

세 번째 조건은 유사하면서도 여러 면에서 다른 집단들과 상호작용, 즉 경쟁해야 한다는 것이다.

네 번째 조건은 집단이 전통, 관습, 습관을 지니고 있어야 하며 특히 구성원들 간의 관계를 규정해야 한다는 것이다.

마지막으로 집단은 기능의 전문화와 차별화를 통해 명확한 구조를 가져야 한다는 것이다.

맥두걸에 따르면 이러한 조건들이 충족되면 집단 형성으로 인한 지적 능력 저하는 극복될 수 있으며 지적 작업을 집단이 아닌 개별 구성원에게 맡김으로써 이러한 저하를 방지할 수 있다는 것이다. ―《집단 심리학과 자아 분석》(1921)

■ 집단이 개인의 특성을 총합하여 하나의 단일체처럼 기능하려는 경향을 보인다는 사실을 인식하면 우리는 신경외과의사 트로터(Wilfred Trotter)의 주장을 떠올리게 된다. 즉 집단을 형성하는 행위는 생물학적으로 다세포 생물체가 하나의 개체로 기능하는 것과 유사한 현상이라는 것이다. −《집단 심리학과 자아 분석》(1921)

■ 우리는 오랫동안 '사회에 대한 두려움(사회적 불안)'이 이른바 양심의 본질이라고 주장해 왔다. −《집단 심리학과 자아 분석》(1921)

■ 저는 어려운 삶을 살아오는 동안 유대인이라는 내 본성 덕분에 두 가지 자질이 제게 꼭 필요하게 되었다는 것을 깨달았습니다. 유대인으로서 저는 다른 이들의 지성을 옥죄는 숱한 편견에서 벗어날 수 있었고, '침묵하는 다수'에 동의하기보다 반대편에 설 준비가 되어 있음을 알았습니다. 그래서 저는 여러분의 친구가 되어 인류애적이고 민족적인 여러분의 이상을 함께 추구하게 되었습니다. 나중에는 남은 몇 안 되는 친구들도 설득하여 여러분에게 합류시켰고요. 그것은 제 가르침을 여러분에게 전하고 싶어서가 아니라 유럽에서 그 누구도 여러분의 말에 귀 기울이지 않았던 때에 여러분이 제게 호의적인 관심을 보였기 때문이었지요. 여러분은 저의 첫 청중이었습니다. −독일인 문화 협회 '브나이 브리스'에서 행한 연설(1926)

■ 특정 계층에만 적용되는 제한을 살펴보면 우리는 오랫동안 명확히 인식되어 온 상황과 마주하게 된다. 소외된 계층이 특권을 누리는 계층에 대해 불만을 품고 자신들의 과도한 궁핍에서 벗어나기 위해 가능한 모든 수단을 동원하리라는 것은 충분히 예상할 수 있다. 만약 그들이 이러한 상황에서 벗어날 수 없다면 그 사회 내에서 지속적인 불만이 형성될 것이며 이는 결국 위험한 폭발로 이어질 수 있다.

만약 어떤 문화가 특권층의 이익을 위해 억압받는 대다수를 희생시키는 구조에서 벗어나지 못한다면 — 이는 모든 현대사회에서 공통으로 나타나는 현상 — 소외된 다수는 자신들의 노동력을 제공하여 그 문화를 유지하는 데 이바지하면서도 정작 그 문화의 자원으로부터 소외되어 강렬한 적대감을 가지게 된다.

이러한 상황에서는 억압받는 계층이 사회적 규칙을 수용할 가능성이 작다. 오히려 그들은 이러한 규칙을 인정하지 않고 문화 자체와 그 기저에 깔린 가치관을 파괴하려는 경향을 보인다. 이들이 문화에 대해 공개적으로 적대적인 태도를 보이기 때문에 상대적으로 유리한 위치에 있는 계층의 은연중에 존재하는 불만은 간과되기 쉽다. —《환상의 미래》(1927)

■ 위엄 있는 목소리가 나를 훈계하는 소리가 들리는 것 같다. "이웃이 사랑받을 자격이 없고 오히려 당신의 원수이기 때문에 그를 내 몸처럼 사랑해야 한다." 나는 이 경우가 "말도 안 되지만 그래서 믿는다(Credo quia absurdum)" 는 이성적인 판단을 넘어선 신념의 영역에 속하는 문제임을 깨달았다. —《문명 속의 불만》(1930)

■ 이제 내 이웃이 나를 그 자신처럼 사랑하라는 요구를 받으면 그가 나와 똑같이 거부할 가능성이 매우 높다. 나는 그가 정당한 이유 없이 그렇게 하기를 바라지 않지만 우리는 비슷한 생각을 할 것이다. 인간의 행동은 다양한 요인에 의해 결정되지만 윤리는 이러한 차이를 고려하지 않고 단순히 선악으로만 구분한다. 이러한 차이가 존재하는 한 높은 윤리적 기준을 강조하는 것은 문명의 발전을 저해할 수 있다. 왜냐하면 이는 오히려 부정적인 행위를 장려하는 결과를 낳을 수 있기 때문이다. 프랑스 의회에서 사형제도 폐지 논쟁이 벌어졌을 때 한 의원의 열정적인 연설에 박수갈채가 쏟아졌지만, 객석에서 "그럼(사형 폐지 정책을) 살인자들한테부터 시작해 보시죠!"라는 비꼬는 목소리가 나온 것은 이러한 상황을 잘 보여주는 예이다. —《문명 속의 불만》(1930)

■ 개인은 실제로 두 가지 삶을 살아간다. 하나는 자신의 목적을 위해 설계된 삶이고 다른 하나는 연결된 사회적 사슬 속에서 자신의 의지와 상관없이 또는 최소한 자신의 의지와 무관하게 봉사하는 삶이다. -《문명 속의 불만》(1930)

■ 우리의 행복은 생물학적 한계와 외부 환경, 그리고 타인과의 관계라는 세 가지 요소에 의해 제약받는다. 우리는 부패하고 소멸될 운명에 처한 몸으로부터, 혹독한 자연환경으로부터, 그리고 때로는 사랑하는 사람들로부터 고통받는다. 특히 타인과의 관계에서 오는 상처는 우리에게 가장 깊은 고통을 안겨준다. -《문명 속의 불만》(1930)

■ 인간 사회는 살아가기 위한 '노동'과 서로를 향한 '사랑'이라는 두 가지 바탕 위에서 세워져 있다. -《문명 속의 불만》(1930)

■ "의식은 우리 모두를 겁쟁이로 만든다."
… 오늘날의 교육이 젊은이들에게 성(性)이 그들의 삶에서 차지할 역할을 숨기는 것은 우리가 교육에 대해 제기할 수 있는 비판 중 하나일 뿐이다. 교육 시스템의 또 다른 문제는 젊은이들이 그들이 겪게 될 공격적인 상황에 대비하지 못하게 방치한다는 것이

다. 잘못된 심리적 방향을 가진 채로 젊은이들을 세상으로 내보내는 것은 마치 극지 탐험을 떠나는 사람에게 여름옷과 이탈리아 호수의 지도만을 제공하는 것과 같다.

여기서 윤리적 요구가 잘못 사용되고 있음을 알 수 있다. 만약 교육이 "사람은 행복해지고 다른 사람을 행복하게 만들기 위해 이렇게 해야 한다. 하지만 모든 사람이 그러한 이상에 도달하지 못할 수도 있다는 점을 고려해야 한다"라고 가르친다면 그러한 윤리적 요구의 엄격함이 큰 해를 끼치지 않을 것이다. 그러나 현실에서는 젊은이들에게 모든 사람이 이러한 윤리적 요구를 충족하고 있다고, 즉 모두가 덕을 갖추고 있다고 믿게 만들고 그로 인해 젊은이들 또한 스스로 덕을 쌓아야 한다는 강한 부담을 느끼게 된다. ─《문명 속의 불만》(1930)

■ 우리와 가까운 동물들이 왜 인간과 같은 복잡한 문화적 투쟁을 겪지 않는 것일까? 그 이유는 정확히 알 수 없다. 다만 아마도 벌이나 개미, 흰개미 같은 몇몇 동물들은 우리가 오늘날 감탄하는 그들의 국가적 제도, 기능의 분업, 그리고 개체에 대한 제한 등을 확립하기 위해 수천 년 동안 치열한 투쟁을 거쳤을 가능성이 크다. ─《문명 속의 불만》(1930)

■ 제 영혼 깊은 곳 어딘가, 아주 감춰진 구석에서 저는 열정적인 유대인임을 느낍니다. 편견 없이 공정하게 살아가려는 모든 노력에도 불구하고 그런 저 자신을 발견하게 되어 매우 놀랐습니다. 이 나이에 이 상황을 어떻게 받아들여야 할지 고민이 됩니다. ─데이비드 포이히트방(비엔나의 수석 랍비)에게 보낸 편지(1931)

■ 우리가 얼마나 발전하고 있는지 모릅니다. 중세 시대였다면 나를 불에 태워버렸을 겁니다. 이제 그들은 내 책을 태우는 것으로 만족해하고 있습니다(나치 정권은 1933년에 권력을 잡은 뒤 자신들의 이데올로기에 맞지 않는 책들을 금서로 지정하고 불태우는 행위를 자주 벌였다. 금서엔 프로이트를 비롯하여 프란츠 카프카, 에리히 마리아 레마르크, 토마스 만, 알베르트 아인슈타인 등의 작품이 포함되었다). ─어니스트 존스에게 보낸 편지(1933)

인간의 성장

■ 단순히 크기뿐만 아니라 과도한 풍요로움, 거대한 규모, 그리고 꿈을 과장되게 표현하는 것은 유아적인 특징일 수 있다. 아이들은 어른처럼 모든 것을 다 가지려는 강렬한 욕망이 있기에 '충

분하다'라는 의미를 이해하지 못하고 쉽게 만족하지 못한다. -《꿈의 해석》(1899)

■ 개인의 정신적 발달은 인류의 발달 과정을 짧게 압축하여 반복하는 것이다. -《레오나르도 다빈치와 그의 어린 시절의 기억》(1910)

■ 우리 중 많은 사람들은 인간 내면에 완벽을 향한 충동이 존재하며, 이 충동이 그를 현재의 지적 능력과 윤리적 승화의 정점으로 이끌었고 그로 인해 슈퍼맨으로의 발전이 보장될 것이라는 믿음을 버리기 어려울 것이다. 그러나 나는 그러한 내적 충동이 존재한다고 믿지 않으며 이 유쾌한 환상을 유지할 방법이 없다고 생각한다. 지금까지의 인간 발전은 동물의 발전과 별다른 차이 없는 설명으로 충분히 이해될 수 있다고 본다. 일부 사람들에게서 볼 수 있는 끊임없는 완벽 추구는 인간 문화의 많은 부분이 기반하고 있는 본능을 억압한 결과라고 생각하는 바이다. -《쾌락 원칙을 넘어서》(1920)

■ 아이들은 자신에게 강한 인상을 남긴 모든 것을 놀이에서 반복하는 것이 분명하다. 이를 통해 그들은 경험의 강렬함을 해소, 말하자면 그 상황을 통제하는 것이다. -《쾌락 원칙을 넘어서》(1920)

■ 나는 플라톤이 《향연(Symposium)》에서 아리스토파네스의 입을 통해 제시한 이론을 언급하려고 한다. 이 이론은 성적 욕망의 기원뿐만 아니라 그 대상과의 관계에서 나타나는 중요한 변형들에 대해서 설명한다. 인간의 본성은 한때 지금과는 완전히 달랐다. 원래는 두 성이 아닌 세 개의 성이 존재했는데, 오늘날의 남성과 여성 외에 두 성의 특징을 모두 지닌 제3의 성이 있었다. 이 존재들은 모든 것이 쌍으로 이루어져 네 개의 손과 발, 두 개의 얼굴, 두 개의 생식기를 가지고 있었다. 그러던 어느 날 제우스가 이들을 마치 배를 반으로 자르듯이 몸을 둘로 나누었고, 그 결과 각각의 인간은 자신의 잃어버린 반쪽을 간절히 그리워하여 서로를 끌어안고 몸을 맞댄 채 다시 하나가 되기를 열망하게 되었다.

시인이자 철학자가 제시한 단서를 따라 생명체가 처음 생명을 얻을 때 작은 조각들로 분리되었고, 그 뒤 이 조각들이 성적 본능을 통해 재결합을 추구해왔다는 대담한 가설을 세워볼 수 있지 않겠는가? 무생물의 화학적 친화력이 발전하여 성적 본능이 생성되고 이러한 본능이 원생생물의 세계를 거치면서 생명에 위협이 되는 자극으로 가득한 환경 속에서 모든 장애를 극복해 나갔다는 것이다. 그리고 그 과정에서 이러한 자극들이 보호층을 형성하도록 자극하여 분리된 생명체의 조각들이 다세포 조직을 이루게 되었고, 마침내 재결합을 향한 본능이 매우 집중된 형태로 생식세포에 전달되었다는 가설이다. 나는 이쯤에서 논의를 중단하는 것이 적절하다고 생각한다. -《쾌락 원칙을 넘어서》(1920)

■ 우리는 인간의 지성이 본능적인 삶에 비해 무력하다고 얼마든지 주장할 수 있는데, 그 주장이 맞을 수도 있다고 본다. 그럼에도 그 무력함에도 독특한 점이 있다. 지성의 목소리는 약하지만, 들릴 때까지 결코 멈추지 않는다. 하지만 무수한 거절 과정을 거쳐 마침내 성공한다. 이것은 인류의 미래에 대해 낙관할 수 있는 몇 안 되는 점 중 하나로서 그 자체로도 중요한 의미를 지닌다. 그리고 이로부터 또 다른 희망을 발견할 수 있다. -《환상의 미래》(1927)

■ 인간의 행동을 통해 우리는 그들이 삶에서 무엇을 추구하는지, 즉 그 목적이 무엇인지를 알 수 있다. 그 답은 거의 의심의 여지가 없다. 인간은 행복을 추구하며 행복해지기를 원하고 그 행복을 계속해서 유지하고 싶어 한다. -《문명 속의 불만》(1930)

■ 마치 행성이 태양 주위를 공전하면서 동시에 자전하는 것처럼 개인은 자신의 삶을 살아가면서도 인류의 발전에 기여한다. -《문명 속의 불만》(1930)

■ 따라서 우리는 성적 본능의 요구를 문명의 요구에 맞추는 것이 전적으로 불가능하다는 생각을 받아들여야 할지도 모른다. 문화적 발전의 결과로서 희생과 고통이 불가피하고 먼 미래에는 인류의 멸종이라는 위험까지도 피할 수 없을 것이라는 암울한 전망에 직면해야 할지도 모른다. ―〈사랑의 영역에서 보편적인 비하 경향에 대하여〉(1912)

06

문화와 사회

"프로이트는 심리학 분야에서 혁명적인 인물이었다.

그는 이전에 금기시 되었던

인간 정신의 심연을 과감히 탐구했다."

– 에리히 프롬(Erich Fromm)

문화와 문명

■ 간단히 말하자면 문화의 체계가 어느 정도 강제를 통해서만 유지될 수 있는 이유는 두 가지 널리 퍼진 인간의 특성 때문이다. 즉, 인간은 본래 일을 좋아하지 않으며 욕망에 대해서는 논리적 설득이 통하지 않는다는 것이다. –《환상의 미래》(1927)

■ 문명 세계가 하나로 연결될 것이라는 믿음에 힘입어 수많은 사람들이 고향을 떠나 낯선 땅으로 이주하며 여러 나라 간의 우호

제2부 | 프로이트의 아포리즘_06. 문화와 사회 355

적인 관계에 기대어 살았다. 생계에 얽매이지 않은 사람들은 더 나아가 문명 세계가 제공하는 모든 편리함과 아름다움을 누리며 더욱 넓고 풍요로운 삶을 꿈꿨다. 푸른 바다와 설산, 울창한 숲과 드넓은 평원, 역사가 깃든 풍경과 자연의 평화로움 속에서 그들은 자신만의 새로운 조국을 만들어 갔다.

새로운 조국은 수 세기 동안 세계의 모든 예술가들이 창조하고 남긴 보물로 가득 찬 박물관이기도 했다. 인간은 박물관을 거닐며 먼 친척들의 혈통, 역사, 그리고 환경이 만들어 낸 다양한 문화의 정수를 감상했다. 한 곳에서는 냉철하고 끈기 있는 기질이 극대화되었고, 다른 곳에서는 삶을 아름답게 가꾸는 우아한 예술이 꽃피었으며, 또 다른 곳에서는 법과 질서에 대한 깊은 이해나 인간을 지구의 주인으로 만든 다양한 능력이 발달했음을 알 수 있었다. -《전쟁과 죽음에 관한 생각》(1915)

■ '악한' 충동의 변화는 내적 요인과 외적 요인이라는 두 가지 힘이 동시에 작용한 결과이다. 내면적으로는 넓은 의미에서의 사랑, 즉 에로틱한 욕구가 악하고 이기적인 충동에 영향을 미쳐 변화를 가져온다. 사랑받는 경험은 다른 어떤 것보다 소중한 가치가 되면서 이기적인 욕구를 사회적인 욕구로 전환시키는 촉매제 역

할을 한다. 외면적으로는 문명화된 사회가 요구하는 교육의 힘이 개인의 성장에 지대한 영향을 미쳐서 개인이 속한 문화 환경의 직접적인 영향과 맞물려 개인의 가치관과 행동 양식을 형성한다.

… 문명은 에로틱한 요소를 매개로 이기적인 충동을 이타적이고 사회적인 충동으로 점차 변화시켜 왔다. 인간 발달 과정에서 느껴지는 내적 강박은 인류 역사 초기에 순전히 외부적인 강제에 의해 형성되었을 것으로 추정된다. 오늘날 사람들은 이기적인 충동을 사회적인 충동으로 전환하려는 성향을 유전적으로 가지고 태어나며, 이는 작은 자극에도 민감하게 반응하여 변화를 추구한다. 이러한 충동의 변화는 개인의 삶 속에서도 지속적으로 일어나기 때문에 사람은 현대 문화뿐만 아니라 조상 대대로 이어져 온 문명의 영향 아래 놓여 있다고 볼 수 있는 것이다. -《전쟁과 죽음에 관한 생각》(1915)

■ 성인이 되어 의식적으로 기억하는 것과는 달리 어린 시절의 기억은 경험한 순간에 고정되지 않고 시간이 흘러 어린 시절이 지난 뒤에야 비로소 떠오른다. 그 과정에서 기억은 변형되고 왜곡되어 이후에 형성된 가치관이나 경향에 맞추어 재구성되므로 환상과 명확하게 구분하기 어렵다. 이러한 현상은 고대 사회에서

역사가 기록되는 방식과 비교하면 더 잘 이해할 수 있다. 초기의 작고 약했던 사회에서는 역사 기록보다는 생존과 이웃과의 투쟁이 더 중요했다. 사람들은 농사를 짓고 영토를 확장하며 부를 얻기 위해 싸웠다. 이는 영웅의 시대였지 역사가의 시대는 아니었다. 그러다가 사회가 성장하여 부유하고 강력해지자 사람들은 자신들의 기원과 발전 과정을 알고자 하는 필요성을 느끼기 시작했다. −《레오나르도 다빈치와 그의 어린 시절의 기억》(1910)

■ 모든 인간은 본질적으로 문화에 적대적인 존재이지만 문화는 인류 전체의 공동 관심사로 여겨져 왔다. 인간은 고립된 상태로는 살아갈 수 없기에 공동체 생활을 위해 개인의 자유를 제약하고 문화의 요구에 순응해야 하는 상황에 놓인다. 이러한 이유로 문화와 개인 사이의 긴장 관계가 역사적으로 끊임없이 반복되어 왔다는 점에서 두 주체 간의 균형을 유지하기 위한 사회적 노력이 필요하다. 따라서 문화는 개인의 자유로운 행동에 의해 훼손되지 않도록 보호되어야 하는 것이다. −《환상의 미래》(1927)

■ 문화는 인간의 삶을 관통하는 독특한 과정이라는 생각이 한때 우리를 사로잡았고, 우리는 여전히 그 생각의 영향 아래에 있다. −《문명 속의 불만》(1930)

■ 인간 삶의 목적에 대한 질문은 수없이 제기되었지만 아직도 만족스러운 답을 얻지 못했으며 어쩌면 답이 아예 없을 수도 있다. 이 질문을 던진 사람들 중 일부는 만약 삶에 목적이 없다면 그들에게 삶의 모든 가치는 사라질 것이라고 주장하지만, 그러한 위협은 아무런 변화를 불러오지 않는다. 오히려 이 질문은 인간의 오만에서 비롯된 것으로 보여 우리는 이 질문을 무시할 권리가 있는 듯하다.

동물의 삶의 목적에 대해 논하는 경우는 거의 없다. 설령 동물의 목적이 인간에게 봉사하는 것이라고 가정하는 사람도 있을지 모르지만 이 관점은 타당하지 않다. 인간이 활용할 수 없는 동물들이 많으며 그저 연구하고 분류하는 데 그치기도 한다. 더 나아가 인류가 출현하기 훨씬 전부터 존재했다가 멸종된 무수히 많은 동물 종들을 생각해보면 동물의 존재 이유를 인간과 연결짓는 것은 옳지 않다. —《문명 속의 불만》(1930)

■ 성적인 사랑이 본질적으로 둘만의 밀접한 관계를 추구하는 반면 문명은 다수 개인 간의 상호 작용과 협력을 통해 형성된다는 점에서 우리는 문명과 성적인 사랑 사이에 근본적인 대립 관계가 존재한다고 말할 수 있다. —《문명 속의 불만》(1930)

■ 사실 초기 단계들이 최종 형태와 함께 공존하는 것은 오직 정신세계에서만 가능한데 이러한 현상을 시각적으로 표현하는 것은 불가능하다. -《문명 속의 불만》(1930)

■ 보수주의는 너무 자주 빠르게 변화하는 환경에 적응하기를 꺼리는 나태한 사람들에게 환영받는 변명거리이다. -《꿈의 해석》(1899)

■ 언젠가 되돌아보면, 그토록 치열하게 싸웠던 날들이 가장 아름답게 느껴질 것입니다. -카를 융에 보낸 편지(1907)

■ 생물학은 끝없는 가능성으로 가득한 미지의 영역이다. 우리는 생물학 연구를 통해 상상을 초월하는 놀라운 사실들을 발견할 수 있을 것이며, 앞으로 몇십 년 뒤에는 지금 우리가 가지고 있는 모든 가설들을 뒤집어버릴 만한 새로운 사실들이 밝혀질지도 모른다. -《쾌락 원칙을 넘어서》(1920)

■ 따라서 문명은 소수 지배층이 권력과 강제력을 통해 다수에게 강요한 것이라는 인상을 주기도 한다. 하지만 이러한 어려움은 문명 자체의 결함 때문이라기보다는 지금까지 발전해 온 문화 형태의 불완전함 때문이라고 생각하기 쉽다. 인류는 자연을 지배하

는 능력을 크게 향상시켰지만 인간 사회를 관리하는 능력이 자연을 통제하는 능력만큼 발전했는지 확신할 수 없다. 그래서 많은 사람들이 문명의 발전이 과연 인류에게 진정한 행복을 가져다주는지 의문을 제기하는 것이다.

인간 관계를 재조정하여 강제성을 없애고 본능적인 욕구를 자유롭게 표출할 수 있게 한다면 사회적 갈등 없이 모두가 부를 추구하고 즐길 수 있는 이상적인 사회를 만들 수 있을 것이라고 생각할 수 있다. 하지만 모든 문명이 강제와 본능의 억압을 통해 유지되어 왔다는 점을 고려할 때 이러한 이상적인 사회가 실현될 수 있을지는 의문이다. 만약 강제가 사라진다면 대부분의 사람들이 사회를 유지하기 위해 필요한 일을 자발적으로 할지 확신할 수 없다. 인간에게는 파괴적인 본성이 내재되어 있어서 이러한 본성이 사회 질서를 훼손할 가능성이 높기 때문이다. -《환상의 미래》(1927)

■ 종교는 생물학적 심리적 요구에 의해 형성된 내면의 '소망의 세계'를 통해 현실 세계를 통제하려는 시도이다. 종교 교리는 그것이 탄생한 시대, 즉 인류가 미숙했던 시대의 흔적을 고스란히 담고 있다. 종교가 제공하는 위로는 신뢰할 수 없다.

현실은 세상이 결코 안락한 보육원이 아님을 가르쳐 준다. 종교가 강조하는 윤리적 명령은 다른 근거를 필요로 한다. 인간 사회는 윤리 없이 존재할 수 없지만, 윤리적 행위를 종교적 신념과 연결하는 것은 위험하다. 종교를 인간 진화의 한 단계로 보려 할 때 그것은 영속적인 가치라기보다는 문명화된 개인이 성장과정에서 겪는 일종의 신경증에 가깝다. -《환상의 미래》(1927)

■ 인간은 종교가 어린 시절의 신경증과 유사하다는 결론에 도달하고 많은 아이들이 비슷한 경험을 극복하듯 인류 역시 이러한 신경증적인 단계를 극복할 수 있을 것이라는 낙관적인 기대를 품게 된다. -《환상의 미래》(1927)

■ 종교적 환상은 아이가 가장 먼저 필요로 하는 어머니의 보호를 대신하는 일종의 대체물이다. 이는 모든 힘과 보호의 근원이 된 아버지에게 돌아가려는 욕망을 반영하며, 동시에 자신이 우주의 중심이 아니라 거대한 무관심의 세계 속에서 작은 존재임을 인정하고 받아들이는 방식이다. -《환상의 미래》(1927)

■ 많은 구성원을 만족시키지 못하고 반항으로 몰아가는 문화는 오래 살아남을 가능성도 없고 그럴 자격도 없다. -《환상의 미래》(1927)

■ 대부분의 사람들은 자유를 진정으로 원하지 않는다. 왜냐하면 자유는 책임을 수반하는데 대부분의 사람들은 책임을 두려워하기 때문이다. ─《문명 속의 불만》(1930)

■ 아름다움은 분명한 용도가 없고 문화적으로도 뚜렷한 필요성이 없다. 그럼에도 문명은 아름다움 없이는 존재할 수 없다. ─《문명 속의 불만》(1930)

■ 상대적으로 작은 문화권이 외부인에 대한 적대감을 통해 공격성을 표출하여 결속을 강화하려는 경향이 있다는 점을 간과해서는 안 된다. 즉, 타자를 배척함으로써 더 많은 사람들을 하나로 묶을 수 있다는 것이다. ─《문명 속의 불만》(1930)

■ 문명에 의해 발생한 죄책감은 대부분 무의식 속에 잠재되어 있거나 불안과 불만이라는 형태로 표출되면서 그 원인을 다른 곳에서 찾으려는 시도가 이루어지기도 한다. 종교는 이러한 죄책감이 문명 형성에 중요한 역할을 했다는 점을 인지하고 인류를 이러한 죄책감, 즉, '죄'라고 불리는 것으로부터 구원한다고 주장해 왔다. 특히 기독교의 경우엔 한 개인의 희생을 통해 모든 인류의 죄를 대속하고 구원을 얻는다는 교리가 이러한 주장을 뒷받침한다. 이

는 인류가 처음으로 죄책감을 경험하게 된 계기가 문명의 시작과 깊은 관련이 있음을 시사하는 것이다. -《문명 속의 불만》(1930)

■ 우리는 이 세상에서 벗어날 수 없다. 한 번 이 세상에 들어온 이상 우리는 영원히 여기에 속하게 된 것이다. -《문명 속의 불만》(1930)

■ 문명이 발전하기 위한 첫 번째 조건은 정의로운 사회를 구축하는 것이다. 즉, 한 번 만들어진 법은 누구에게도 예외 없이 적용되어야 하며 개인의 이익을 위해 함부로 훼손되어서는 안 된다는 것이다. -《문명 속의 불만》(1930)

■ 인간이 행복을 추구하는 과정에서 사회 시스템의 불완전함이 큰 걸림돌이 된다는 것을 알게 된다. 깊이 생각해 보면 우리가 '문명'이라고 부르는 것이 인간의 행복에 기여하는 동시에 불행의 원인이 되기도 한다는 역설적인 주장에 도달하게 된다. 문명은 자연으로부터 인간을 보호하고 사회 질서를 유지하기 위한 목적으로 만들어졌지만 동시에 인간의 자유를 제한하고 불평등을 야기하기도 한다. -《문명 속의 불만》(1930)

■ 지금까지 우리는 성적인 욕구를 스스로 충족하면서 동시에 공

동의 일과 관심사를 통해 서로 연결된 이중적인 삶을 사는 사람들로 구성된 문화 공동체를 상상할 수 있었다. 만약 이러한 사회가 실현되었다면 문명은 성적 에너지를 다른 곳으로 돌릴 필요가 없었을 것이다. 그러나 이러한 이상적인 상태는 과거에도 존재하지 않았고 지금도 존재하지 않는다. 현실에서 문명은 우리가 허용한 단순한 사회적 유대감에 만족하지 않으며 공동체 구성원들 간의 정서적 유대감까지도 강화하려고 한다. 이를 위해 문명은 모든 가능한 수단을 동원한다.

특히 문명은 공동체 구성원들 간에 강한 동일시를 형성할 수 있는 모든 경로를 장려하고 억제된 성적 욕망을 우정과 같은 사회적 유대로 승화시켜 공동체의 유대감을 강화하려 한다. 이러한 목표를 달성하기 위해서는 성적 삶에 대한 제한이 불가피하다. 그러나 문명이 왜 이러한 경로를 따라 성과 대립하게 되었는지 그 필연성을 완전히 이해하지는 못하고 있다. 분명 우리가 아직 발견하지 못한 근본적인 방해 요소가 존재할 것이다. -《문명 속의 불만》(1930)

■ 사람들은 인정하기 싫어하지만 이 모든 것의 이면에 있는 진실은 인간은 사랑받기를 원하면서 공격을 받았을 때 기껏해야 자신을 방어나 하는 온순한 존재가 아니라, 오히려 본능적으로 강

력한 공격성을 지닌 존재라는 점이다. 그 결과 그들에게 이웃은 잠재적인 조력자 또는 성적 대상일 뿐만 아니라, 그들의 공격성을 특정 개인에게 충족시키고, 보상 없이 그의 노동 능력을 착취하고, 그의 동의 없이 성적으로 이용하고, 그의 소유물을 빼앗고, 모욕하고, 고통을 주고, 고문하고, 죽이는 등의 유혹을 불러일으키는 존재이기도 하다. 인간은 인간에게 늑대인 것이다(Homo homini lupus). 삶과 역사에 대한 모든 경험을 마주하고도 누가 용기를 내어 이 주장에 이의를 제기할 수 있단 말인가?

일반적으로 이러한 잔인한 공격성은 어떤 도발을 기다리는 경우나 더 온건한 방법으로도 충분히 달성할 수 있는 목적을 위해 이용되기도 한다. 그러나 공격성을 억제하던 정신적 저항이 무력해지고 공격성에 유리한 상황이 조성되면, 공격성은 자발적으로 드러나서 인간을 자신의 동류에 대한 배려가 전혀 없는 야수로 변모시킨다. 인종 이동 시기나 훈족의 침략, 칭기즈칸과 티무르 칸 휘하의 몽골인들, 경건한 십자군에 의한 예루살렘 함락, 그리고 최근의 세계대전에서 벌어진 공포를 떠올리는 사람이라면 누구든 이 견해의 진실 앞에 겸허히 고개를 숙일 수밖에 없을 것이다.
-《문명 속의 불만》(1930)

■ 우리 내면에 존재하는 공격성은 이웃과의 관계를 어렵게 만들고 문명 유지에 큰 어려움을 초래한다. 이러한 인간의 근본적인 공격성 때문에 문명사회는 끊임없이 붕괴될 위기에 처해 있는 것이다. 공동의 이익을 위한 협력만으로는 사회를 유지하기 어렵기 때문에 문명은 인간의 공격성을 억제하고 이를 상쇄하기 위한 심리적 방어기제를 만들어 내는 데 힘써왔다. 이러한 노력의 결과로 사람들 간의 동일시를 강조하고 목적 지향적인 사랑보다는 이타적인 사랑을 강조하며 성을 억압하는 등의 다양한 사회 시스템이 등장했다. 특히 "네 이웃을 네 몸처럼 사랑하라"라는 계명은 인간의 이기적인 본성과 정면으로 충돌하기 때문에 더욱 강조되었던 것이다.

모든 노력에도 불구하고 문명은 인간의 잔혹성을 억제하고 사회를 안정시키기 위해 노력해왔지만 완벽한 평화를 이루지는 못했다. 문명은 범죄자들에게 폭력을 행사할 권리를 스스로 부여함으로써 공공연한 폭력을 억제하려 하지만 인간의 더 교묘하고 세련된 공격성은 여전히 사회에 문제를 야기하고 있다. 우리는 모두 젊은 시절 동료들에게 가졌던 기대가 환상이었음을 깨닫고 그들의 악의가 우리의 삶에 얼마나 많은 어려움과 고통을 더했는지를 깨닫게 되는 시기가 온다. 동시에 문명이 갈등과 경쟁을 완전히 없애려는 것은 불가능하며 오히려 이러한 요소들이 사회 발전의 원동력이 될 수도 있다는 점을 인정해야 한다. 문제는 경쟁과 갈등이 적대감으로 이어져 사회를 분열시키는 경우이다. ―《문명 속의 불만》(1930)

■ 공산주의자들은 인간의 악으로부터 해방될 수 있는 길을 찾았다고 믿는다. 그들에 따르면 인간은 전적으로 선하고 이웃에게 호의적이지만 사유 재산 제도가 그의 본성을 부패시켰다는 것이다. 사유 재산의 소유는 개인에게 권력을 부여하고 이와 함께 이웃을 학대할 유혹을 주는 반면, 소유에서 배제된 사람은 압제자에 대한 적대감으로 반란을 일으킬 수밖에 없다는 것이다. 사유 재산이 폐지돼서 모든 부를 공동 소유하고 모두가 그 부를 공유할 수 있게 된다면 사람들 사이에 악의와 적대감은 사라져야 할 것이다.

모든 사람의 욕구가 충족된다면 누구도 다른 사람과 경쟁할 이유가 없어 평화로운 사회가 가능할 것이라는 이상적인 믿음이 있다. 공산주의는 이러한 믿음을 바탕으로 사유 재산을 폐지하고 모든 생산 수단을 공동으로 소유함으로써 인류의 평등을 실현하고자 했다. 하지만 인간의 욕망과 권력에 대한 욕구는 사유 재산의 유무와 상관없이 존재하고 공산주의 체제 역시 이러한 인간의 본성을 완전히 변화시킬 수는 없었다. 사유 재산은 인간의 동기

부여와 사회적 지위를 결정하는 중요한 요소이긴 하지만 인간의 공격성과 갈등의 근본적인 원인은 아닌 것이다.

공격성은 재산이 만들어 낸 것이 아니다. 인류 역사의 초기, 재산 개념이 희박했던 시절부터 공격성은 인간 사회를 지배해 왔다. 심지어 재산 개념이 아직 미성숙한 유아기에도 공격성은 이미 나타나는데, 이는 마치 인간관계의 기본 구성 요소처럼 보인다. 어머니와 아들의 관계를 제외하면 거의 모든 인간관계에서 공격성의 흔적을 찾아볼 수 있다. 물질적인 소유에 대한 개인의 권리를 없앤다 해도 인간관계의 또 다른 축인 성적 관계에서의 권력 다툼은 여전히 존재할 것이다. 이는 평등한 조건에 놓인 사람들 사이에서도 강한 불만과 적대감을 야기하는 주요 원인이 된다. 만약 성적 자유를 완전히 허용하고 가족이라는 사회의 기본 단위를 해체한다 해도 문명이 어떤 방향으로 발전하든 인간 본성에 깊이 뿌리내린 공격성은 쉽게 사라지지 않을 것이다. ─《문명 속의 불만》(1930)

■ 인간이 공격성에 대한 욕구를 포기하는 것은 분명 쉽지 않다. 이러한 욕구 없이는 편안함을 느끼지 못하기 때문이다. 비교적 작은 문화 공동체가 외부 침입자에 대한 적대감을 통해 이 본능을 발산할 기회를 제공하는 것은 결코 가볍게 여길 일이 아니다. 다

른 사람들이 그들의 공격성을 받을 대상으로 남아 있는 한 많은 사람을 사랑이라는 이름으로 결속시키는 것은 언제나 가능하다.

나는 인접한 영토를 가진 공동체들이 여러 면에서 유사한 점을 공유하면서도 끊임없이 갈등하고 서로를 조롱하는 현상에 대해 논의한 적이 있다. 예를 들어 스페인과 포르투갈, 북독일과 남독일, 영국과 스코틀랜드의 관계가 그러하다. 나는 이 현상을 '사소한 차이의 나르시시즘'이라고 불렀지만, 이 명칭이 그 현상을 충분히 설명하지는 못한다. 이제 우리는 이것이 비교적 무해한 공격성 발산의 한 형태로 이를 통해 공동체 구성원들 간의 결속이 더욱 쉽게 이루어진다는 점을 알 수 있다. 이와 관련하여 유대인들은 전 세계에 흩어져 있으면서 그들을 받아들인 국가들의 문명에 크게 기여해왔다. 그러나 안타깝게도 중세 시대에 벌어진 유대인 학살은 기독교인들에게 더 평화롭고 안전한 시기를 가져다주지 못했다.

사도 바울이 인간 간의 보편적 사랑을 기독교 공동체의 기초로 삼은 이후 기독교 사회가 외부인들에 대해 극단적인 불관용을 보이는 것은 피할 수 없는 결과가 되었다. 반면 사랑을 국가의 기초로 삼지 않았던 로마인들에게 종교적 불관용은 낯선 개념이었지만, 그들에게 종교는 국가의 중요한 부분이었고 국가는 종교와 깊이 얽혀 있었다. 게르만의 세계 지배를 꿈꾸는 과정에서 반유대주의가 보완책으로 요구된 것도 우연이 아니며 러시아에서 새로운 공산주의 문명을 세우려는 시도가 부르주아를 박해하는 데에서 심리적 지지를 얻은 것도 이해할 수 있다. 다만 소련이 부르주아를 모두 제거한 뒤에는 어떻게 할 것인지에 대한 우려가 남는다. —《문명 속의 불만》(1930)

■ 문명이 인간의 성적 욕구뿐만 아니라 공격성에도 큰 희생을 강요한다면 문명 속에서 행복을 느끼기 어려운 이유를 이해할 수 있다. 사실 원시인은 본능의 제약을 모르는 상태에서 더 자유로운 삶을 살았지만 그 행복을 오래 누릴 가능성은 매우 낮았다. 문명화된 인간은 행복의 가능성 일부를 안전과 맞바꾸었다. 하지만 원시 가족 구조에서는 오직 가족의 가장만이 본능적인 자유를 누렸고 나머지 구성원들은 억압 속에서 살아갔다는 사실을 잊어서는 안 된다. 원시 문명 시대에는 소수가 문명의 혜택을 누리고 다수는 그 혜택을 박탈당하는 극심한 불평등이 존재했다. 오늘날의 원시 민족들에 관한 연구를 통해 밝혀진 바에 따르면, 그들의 본능적 삶은 결코 부러워할 만한 자유를 누린 것이 아니었고 그들 역시 현대 문명인과는 다른 형태의, 어쩌면 더 엄격한 제약을 받았음을 알 수 있다. —《문명 속의 불만》(1930)

■ 우리가 현재 문명이 우리의 삶을 행복하게 만들기 위한 요구를 충분히 충족시키지 못하고, 아마도 피할 수 있었을 많은 고통을 허용하고 있다는 점을 정당하게 비판하며, 그 불완전함의 뿌리를 파헤치려는 것은 당연한 권리 행사이지 문명에 적대적인 태도를 보이는 것이 아니다. 우리는 점차 우리의 요구를 더 잘 충족시키고 비판을 피할 수 있는 방향으로 문명을 개선해 나가기를 기대할 수 있다. 하지만 동시에 문명의 본질에 내재한 어려움들이 어떤 개혁으로도 쉽게 해결되지 않을 수 있다는 생각에 익숙해질 필요도 있을 것이다. -《문명 속의 불만》(1930)

■ 문명의 특징 중 가장 중요한 부분 중 하나는 인간관계, 즉 이웃, 도움을 주는 사람, 성적 대상, 가족 구성원, 국가 구성원으로서의 관계가 어떻게 규제되는가 하는 문제이다. 이 문제를 논할 때는 특정 이상을 넘어서 문명 일반에 대한 폭넓은 이해가 필요하다. 아마도 사회관계를 규제하려는 최초의 시도가 문명의 시작을 알렸다고 볼 수 있을 것이다. 만약 사회관계가 규제되지 않았다면 강자의 의지에 따라 관계가 결정되었을 것이다. 즉 신체적으로 더 강한 개인이 자신의 이익과 본능에 따라 관계를 규정하고 다른 사람들을 지배했을 것이다. 설령 더 강한 개인이 등장했더라도 이러한 구조는 변하지 않았을 것이다.

인간이 공동체를 이루어 살아가려면 개인보다 더 강력한 다수가 결합하여 개인의 힘에 맞설 수 있어야 한다. 이러한 공동체의 힘은 개인의 힘과 대립하여 '정당한 권위'로 자리 잡는다. 개인의 힘은 '야만적인 힘'으로 간주된다. 개인의 힘을 공동체의 힘으로 대체하는 것이 문명의 결정적인 단계이며 이 과정에서 공동체 구성원들은 자신의 욕구를 제한하고 공동체의 규칙을 따른다.

문명의 근본은 정의이다. 즉, 한 번 만들어진 법은 누구에게도 예외 없이 적용되어야 한다. 법의 윤리적 가치를 떠나 법은 소수 집단이나 특정 계층의 이익을 위한 도구가 아니라 모든 구성원의 희생과 양보를 통해 만들어져야 한다. 궁극적으로 법은 공동체 내 모든 구성원을 보호하고 누구도 폭력에 노출되지 않도록 하는 역할을 해야 하는 것이다. ―《문명 속의 불만》(1930)

■ 개인의 자유는 문명이 제공한 선물이 아니다. 오히려 문명이 존재하기 이전에 개인은 자유를 가장 크게 누렸지만 당시 개인은 그 자유를 보호할 힘이 부족하여 그 가치를 제대로 실현하지 못했다. 문명이 발전하면서 자유는 여러 제약을 받게 되었고, 정의는 그러한 제약이 누구에게나 공평하게 적용되어야 한다는 것을 전제로 한다. 인간 공동체에서 자유에 대한 열망은 기존의 부당

함에 대한 반발로 생겨날 수 있는데 그러한 열망은 문명의 발전에 기여하면서 문명과 양립할 수 있는 것이다.

하지만 그러한 열망은 문명화되지 않은 인간의 본성에서 비롯되어 문명에 대한 저항으로 이어질 수도 있다. 따라서 자유에 대한 욕구는 특정한 문명 형태나 문명 전체에 대한 반발로 나타날 수 있는 것이다. 인간은 일반적으로 집단의 의지에 맞서 개인의 자유를 주장하려는 경향이 있다. 인류의 많은 투쟁은 개인의 자유와 집단의 필요 사이에서 최적의 균형점을 찾는 데 초점을 맞춰 왔다. 인류의 미래는 이러한 균형점을 찾을 수 있는지 여부에 달려 있다. ─《문명 속의 불만》(1930)

■ 더 나아가 여성들, 사랑이라는 이름으로 문명의 토대를 마련했던 바로 그 여성들은 곧 문명과 대립하면서 그 과정을 억제하고 지연시키는 역할을 하게 된다. 여성들이 가정과 성생활의 이해관계를 대변하게 되면서 문명의 과업은 점점 더 남성들의 몫이 되어간다. 남성들은 여성들보다 더 높은 수준의 본능 억압, 즉 욕구를 문화적으로 수용 가능한 방식으로 승화시키는 능력을 요구받는데 이는 제한된 정신 에너지를 효율적으로 분배해야 할 필요성을 낳는다. 남성들은 문화적 목표를 위해 많은 에너지를 사용하

는데, 그 결과 여성과의 관계와 성생활에 할당되는 에너지가 줄어든다. 남성들 간의 관계와 그에 따른 의존은 남편과 아버지로서의 역할에서 점차 소외되게 만들고, 이에 따라 여성들은 자신이 문명의 요구에 의해 뒷전으로 밀려났다고 느끼며 문명에 대해 적대적인 태도를 취하게 된다. -《문명 속의 불만》(1930)

■ 문명이 문화적 단위를 확장하려는 경향만큼이나 성생활을 제한하려는 경향 또한 분명하게 나타난다. 초기 토템 사회부터 이미 근친상간을 금지하는 규칙이 생겨났는데 이는 인류 역사상 성생활에 가해진 가장 극심한 제약이라 할 수 있다. 또한 금기, 법률, 관습은 남성과 여성 모두에게 추가적인 제약을 가하게 된다. 모든 문명이 이런 제약을 동일하게 적용하는 것이 아니라서 성적 자유의 정도는 사회의 경제 구조에 따라 달라질 수밖에 없다. 이미 우리가 알고 있듯이 문명은 경제적 필요성의 법칙에 따라 움직이기 때문에 그 목적을 위해 사용하는 정신적 에너지의 상당 부분을 성적 측면에서 끌어다 써야 하는 것이다.

이러한 점에서 문명은 성적 억압을 마치 한 사회가 특정 계층을 착취하는 듯한 방식으로 다룬다. 억압된 요소들이 반란을 일으킬까 두려워하는 문명은 더 엄격한 예방 조치를 취하게 된다. 서유럽 문명은 이러한 성적 통제를 가장 극단적으로 실행해 왔다. 문화 공동체는 심리적으로 어린 시절부터 성적 표현을 금지함으로써 성인의 성적 욕망을 통제할 수 있다고 믿어왔는데, 이는 어린 시절의 경험이 성인의 성적 태도를 형성하는 데 중요한 역할을 한다고 생각했기 때문이었다. 하지만 공동체는 이처럼 명백하고 주목할 만한 현상을 부인하는 지경까지 갈 이유가 없었다고 생각한다.

성적으로 성숙한 개인의 경우 성적 대상은 이성으로 제한되며 생식 행위 외의 대부분 성적 만족은 비정상적인 것으로 간주되어 금지된다. 이러한 금지 조항은 인간의 성적 성향의 다양성을 무시하고 모두에게 동일한 성적 생활을 강요함으로써 많은 사람을 성적 즐거움에서 배제하는 불공평함을 초래한다.

이러한 엄격한 제한의 결과 성적 체질에 문제가 없는 일반적인 사람들은 허용된 범위 내에서 이성 간 성관계로 성적 관심을 집중시킬 수 있다. 그러나 이성 간의 성관계조차도 합법적 혼인과 일부일처제라는 추가적인 제한을 받기 때문에 완전히 자유롭다고 할 수는 없다. 현대 문명은 한 남자와 한 여자 사이의 독점적이고 영구적인 결합을 기반으로 한 성관계만을 허용하며 성을 단순히 쾌락을 위한 수단으로 여기는 것을 꺼린다. 그럼에도 성을 인류 번식의 수단으로 대체할 방법이 없기 때문에 이를 용인하는 태도를 보인다. ─《문명 속의 불만》(1930)

■ 물론 이것은 과장된 모습이다. 아무리 짧은 기간이라도 이러한 성적 제한을 실행에 옮기는 것이 불가능하다는 사실은 누구나 알고 있다. 약자들은 이처럼 광범위한 성적 자유 침해를 감수했지만 강한 성격의 사람들은 보상 조건이 충족될 때만 이를 받아들였다. 문명화된 사회는 자신이 정한 규칙에 따라 처벌해야 하는 많은 위반 행위를 눈감아 왔다. 하지만 사회가 모든 목표를 달성하지 못한다는 이유로 이러한 관대한 태도가 완전히 무해하다고 생각하는 실수를 저질러서는 안 된다.

문명화된 인간의 성생활은 그럼에도 불구하고 심각하게 손상되어 있다. 마치 우리의 치아와 머리카락이 기관으로서 퇴화하는 것처럼 성생활도 기능적으로 퇴화하는 과정에 있는 것처럼 보일 때가 있다. 행복감을 주는 원천으로서, 삶의 목표를 이루는 과정에서 성만족의 중요성이 이전보다 줄어들었다는 인식이 점점 더 자연스럽게 받아들여지고 있다. 때로는 문명의 압박뿐만 아니라 성적 행복이라는 기능 자체에 내재된 어떤 요소가 우리에게 완전한 만족을 주지 못하고 다른 길을 찾도록 이끄는 것처럼 보이기도 한다. 물론

이것이 맞는지 여부를 판단하기가 쉽지 않다. ─《문명 속의 불만》(1930)

■ 따라서 나는 공격 성향이 인간에게 타고난 본능이라는 입장을 취하며, 이것이 문명 발전의 가장 큰 걸림돌이라는 나의 주장으로 돌아가고자 한다. 이 연구에서 나는 문명이 인류가 거쳐 가는 특별한 과정이라는 생각에 이르렀고, 여전히 그 생각에 깊이 공감하고 있다. 이제 문명은 에로스의 목적을 위한 과정이라고 덧붙일 수 있다. 에로스의 목적은 개별 인간을 시작으로 그다음에는 가족, 인종, 민족, 국가를 넘어 궁극적으로 인류라는 하나의 위대한 통합체로 결합하는 것이다. 왜 이런 일이 일어나야 하는지는 명확히 알 수 없지만, 에로스의 역할은 바로 이러한 통합을 이루는 것이다. 인간 집단은 서로 깊은 심리적 유대감으로 연결되어야 한다.

단순한 필요성이나 공동 작업의 이점만으로는 인간을 하나로 묶을 수 없다. 인간은 본래 서로에게 적대감을 느끼는 공격적인 본능을 가지고 있으며, 이것이 문명의 발전에 저항하는 가장 큰 장애물이다. 이러한 공격성은 에로스와 함께 존재하는 죽음 본능에서 비롯된 것으로 에로스와 함께 세계를 지배하는 주요한 본능이다. 이제 문명의 진화가 무엇을 의미하는지 더 이상 모호하지 않다. 그것은 에로스와 죽음, 즉 삶의 본능과 파괴의 본능 사이의 투쟁을 나타낸다. 이 투쟁이야말로 모든 생명의 본질이며 따라서 문명의 진화는 인간 종의 생존을 위한 투쟁으로 간단히 요약될 수 있다. 그것은 하늘을 찬양하는 노래로나 위로할 수밖에 없는, 인간으로서 어찌할 수 없는 거인들의 투쟁인 것이다 –《문명 속의 불만》(1930)

■ 마치 행성이 중심체 주위를 공전하면서 동시에 자신의 축을 중심으로 자전하듯이, 인간 개인도 자기 삶의 길을 추구하면서 인류의 발전 과정에 참여한다. 일반적으로 하늘에서는 힘들이 변치 않는 질서 속에 있는 것처럼 보이지만, 유기적 생명체의 세계에서는 힘들이 끊임없이 충돌하고 그 결과가 항상 변화한다. 따라서 개인의 행복을 추구하는 욕구와 타인과의 유대감을 형성하려는 욕구는 모든 사람 안에서 공존하면서 때로는 충돌하기 마련이다. 마찬가지로 개인의 성장과 사회의 발전은 서로 경쟁하고 영향력을 확대하려는 과정에서 부딪히고 갈등한다. 그러나 이러한 개인과 사회 사이의 갈등은 생명력과 파괴 본능과 같은 인간의 원초적 본능에서 비롯된 것이 아니라 리비도의 분배를 둘러싼 내부의 갈등으로, 자아와 대상 사이의 리비도 분배에 관한 논쟁과 유사하게 자아 내부에서도 일어나는 갈등이다. 개인은 이러한 갈등을 궁극적으로 해결해 나갈 수 있는데, 문명 또한 지금은 개인의 삶을 억압하고 있지만 미래에는 개인과 조화로운 공존을 모색

할 수 있을 것이다. -《문명 속의 불만》(1930)

■ 즉 공동체 또한 개인의 발달 과정처럼 초자아를 형성하며, 이 초자아의 영향 아래에서 문화적 발전이 이루어진다는 것이다. 인류 문명에 대한 깊은 이해를 가진 사람이라면 이 비유를 더욱 세부적으로 탐구하는 것이 흥미로운 과제가 될 것이다. 그러나 나는 여기에서 몇 가지 주목할 만한 점만 간략히 언급하고자 한다. 문명 시대의 초자아는 개인의 초자아와 유사하게 형성되며, 이는 위대한 지도자들의 인격적 영향에서 비롯된다. 이 지도자들은 압도적인 정신력을 지녔거나 인간의 본능 중 하나를 가장 강력하고 순수하게, 종종 편향되게 표현한 인물들이다. 또한 이 비유는 더욱 확장될 수 있는데, 이러한 인물들이 생전에는 종종 조롱과 학대를 받았으며 심지어 잔혹하게 살해되기까지 했다는 점에서도 그렇다.

마찬가지로, 원초적인 아버지는 폭력적인 죽음을 맞은 뒤 오랜 시간이 지나서야 비로소 신성한 존재로 숭배받게 되었다. 이러한 운명적인 결합의 가장 극적인 예는 예수 그리스도의 모습에서 찾아볼 수 있다. 예수 그리스도가 신화적 인물이 아니라고 하더라도 그에 대한 숭배는 태초의 사건에 대한 희미한 기억에서 비롯된 것일 수 있다. 또한 문화적 초자아와 개인적 초자아는 모두 엄격한 이상적 요구를 설정하고 이를 어길 시 '양심의 가책'이라는 형태로 두려움을 불러일으킨다는 공통점을 가지고 있다.

여기서 우리는 놀라운 사실을 발견한다. 즉, 관련된 정신 과정이 개인보다는 집단에서 더 명확하게 드러나고 의식적으로 접근하기 쉽다는 것이다. 개인의 경우 긴장이 고조되면 초자아의 비난이 두드러지게 나타나지만 실제 요구는 대부분 무의식에 잠재되어 있다. 이러한 요구를 의식화하면 그것들이 지배적인 문화적 가치관과 일치한다는 것을 알 수 있다. 이는 곧 집단의 문화적 발전과 개인의 문화적 발전이 밀접하게 연결되어 있음을 의미한다. 따라서 초자아의 특징은 개별 개인보다는 문화 공동체의 행동 양식을 통해 더 쉽게 파악할 수 있다. ─《문명 속의 불만》(1930)

■ 문화적 초자아는 이상을 발전시키고 다양한 요구를 설정한다. 이러한 요구 중에서도 인간 상호 간의 관계를 다루는 부분은 '윤리'라는 이름으로 통합된다. 사람들은 언제나 윤리를 가장 중시하여 마치 그것이 특별히 중요한 결과를 가져올 것이라고 기대하는 듯하다. ─《문명 속의 불만》(1930)

■ "네 이웃을 네 몸과 같이 사랑하라"라는 계명은 인간의 공격성에 대한 가장 강력한 방어책으로 제시되지만, 실제로는 문화적 초자아가 기대하는 비현실적인 요구의 전형적인 예이다. 이 계명은 실현 불가능하며, 사랑을 이토록 과도하게 확장하는 것은 오히려 그 가치를 떨어뜨릴 뿐이지 문제를 해결하지 못한다. 문명은 이러한 점을 무시하고 계명이 지키기 어려울수록 그것을 따르는 것이 더욱 가치 있다고 강조한다. 그러나 현대 문명 속에서 이러한 계명을 따르는 사람은 이를 무시하는 사람에 비해 스스로를 불리한 위치에 놓이게 된다.

이른바 '자연' 윤리는 사람들에게 자신이 다른 사람보다 우월하다는 나르시시즘적 만족감을 제공할 뿐 다른 해결책을 제시하지 않는다. 이러한 상황에서 종교에 기반한 윤리는 더 나은 내세를 약속하지만, 이 세상에서 선행이 보상받지 못하는 한 윤리의 가르침은 헛된 설교에 그칠 가능성이 크다. 나 또한 인간과 소유물 간의 관계에 실질적인 변화가 생기는 것이 어떠한 윤리적 명령보다 더 큰 도움을 줄 것이라고 확신한다. 그러나 사회주의자들은 인간 본성에 대한 이상적인 견해 때문에 이러한 사실을 인식하기가 어렵고 그로써 실질적인 변화를 위한 노력에 걸림돌이 되고 있다. ―《문명 속의 불만》(1930)

■ 문명화된 사회는 인간들 사이에 존재하는 근원적인 적대감으로 인해 끊임없이 붕괴의 위협에 직면해 있다. —《문명 속의 불만》(1930)

■ 본능의 승화는 문화 발전에서 중요한 역할을 하며 이를 통해 과학, 예술, 이념과 같은 고차원적인 정신 활동이 문명 속에서 큰 비중을 차지하게 된다. 표면적으로 승화를 문명이 본능에 강제로 부여한 변화로 볼 수도 있지만, 더 깊이 생각해 보면 문명은 본능의 억압과 포기를 기반으로 형성되었음을 알 수 있다. 강력한 본능적 욕구의 억제나 억압 없이 문명의 발전이 가능하지 않았다는 점에서 승화는 문명이 개인의 본능과 상호작용하면서 발생하는 복잡하고 필연적인 과정임을 시사한다. —《문명 속의 불만》(1930)

■ 사람들이 잘못된 기준으로 권력, 성공, 부를 추구하고 진정으로 가치 있는 것을 과소평가하는 경향이 있다는 인상을 쉽게 받을 수 있지만, 우리는 인간 세계와 정신생활의 다양성을 간과해서는 안 된다. 몇몇 인물들은 대중의 목표나 이상과는 다른 방식으로 위대함을 이루어 냈음에도 불구하고 동시대인들에게 찬사를 받는다. 이를 평가하는 사람들은 소수일지 모르지만, 대다수가 그들에 대해 무관심하다고 단정 짓기도 어렵다. 그 이유는 사람들의 생각과 행동 간의 불일치와 욕망의 다양성 덕분에 상황이

복잡하게 전개되기 때문이다. −《문명 속의 불만》(1930)

■ 인류에게 던져진 가장 근본적인 질문은 인간의 공격성과 자기 파괴 본능이 공동체 생활에 미치는 혼란을 그들의 문화적 발전이 어느 정도까지 통제하고 극복할 수 있을 것인가 하는 점이다. −《문명 속의 불만》(1930)

■ 개인의 자유는 문명의 산물이 아니다. 사실 문명이 존재하지 않았던 시절에는 개인의 자유가 가장 컸지만 개인이 스스로를 보호할 힘이 미약했기 때문에 실질적인 의미는 거의 없었다. 문명이 발달하면서 사회 질서를 유지하기 위해 개인의 자유는 제약될 수밖에 없었고, 이는 정의로운 사회를 위한 불가피한 과정이었다. 하지만 인간은 본능적으로 자유를 추구하며, 이러한 자유에 대한 열망은 때로는 기존 질서에 대한 저항으로 나타나기도 한다. 이는 문명의 발전에 긍정적인 영향을 미칠 수 있지만, 반대로 문명 자체나 특정한 사회 제도에 대한 반발로 이어질 수도 있다. 즉, 자유에 대한 열망은 문명과 개인 사이의 끊임없는 긴장 관계를 만들어내는 동력이 되는 것이다. 인간은 개미처럼 집단에 순응하기보다는 개인의 독립성을 추구하려는 본성을 지니고 있기 때문에 이러한 긴장 관계는 앞으로도 계속될 것이다. −《문명 속의 불만》(1930)

■ 모든 사람은 자신의 생명에 대한 권리를 가지고, 전쟁은 희망으로 가득 찬 삶을 파괴합니다. 전쟁은 개인을 인간다움을 수치스럽게 만드는 상황으로 몰아넣고, 인간의 의지에 반하여 동료를 살해하도록 강요합니다. −알버트 아인슈타인에게 보낸 편지(1933년)

■ 애니미즘*의 영혼들은 보통 인간에게 우호적이지 않았지만 그 당시 사람들은 지금보다 자신에 대한 확신이 더 강했던 것 같다. −《새로운 정신분석 입문 강의》(1933)

■ 미국은 실수이고, 물론 엄청나게 큰 실수이지만, 어쨌든 실수입니다. −어니스트 존스 저 《지그문트 프로이트 : 생애와 업적》(1953)에서 인용.

■ 미국은 세계에서 가장 장대한 실험이지만 성공하지 못할까봐 두렵습니다. −로날드 W. 클라크 저 《프로이트: 인간과 그의 대의》(1980)에서 인용

■ 따라서 우리는 인간이 실제로 그들의 행동을 통해 삶의 목적과 의도를 어떻게 보여주는지에 대한 덜 야심찬 질문으로 돌아가 보

---

*애니미즘(animism) : 우주 만물에 영혼이 있다는 믿음.

자. 인간은 삶에서 무엇을 요구하고 무엇을 이루고자 할까? 이 질문에 대한 답은 거의 의심할 여지가 없다. 인간은 행복을 추구한다. 인간은 행복해지고 그 행복을 유지하고 싶어 한다. 이 추구는 두 가지 측면, 즉 긍정적 목표와 부정적 목표를 지닌다. 한편으로는 고통과 불쾌의 부재를 목표로 하고 다른 한편으로는 강렬한 쾌락을 경험하려 한다. 좁은 의미에서 '행복'이라는 단어는 후자의 쾌락에만 관련된다. 이러한 목표의 이중성에 따라 인간의 활동은 주로 — 혹은 독점적으로 — 이 두 가지 목표 중 하나를 실현하려는 방향으로 전개된다. -《문명 속의 불만》(1930)

종교와 신념

■ 아이는 자라면서 자신이 영원히 어린애로 남아 있을 운명이라 생각하기 때문에, 알 수 없지만 강력한 힘들로부터 자신을 지키기 위한 보호가 필요하다는 것을 깨닫는다. 그래서 아이는 이러한 힘에 아버지의 특성을 부여해 자신이 두려워하면서도 달래야 하고 동시에 자신을 보호할 임무를 맡길 신들을 창조하게 된다. -《환상의 미래》(1927)

■ 믿음이 부족한 우리는 세상의 모든 제도를 창조하신 절대적 존재를 확신하는 사람들을 얼마나 부러워하는지 모른다. 그들에게는 세상이 아무런 문제가 없는 곳이기 때문이다! –《모세와 유일신교》(1939)

■ 내가 깊이 존경하는 한 친구가 보낸 편지에서, 그는 내가 쓴 종교에 관한 책을 읽고 나의 견해에 전적인 동의를 표했다. 하지만 그는 종교적 감정의 근원에 대해 내가 간과한 중요한 점이 있다고 말했다. 그에 따르면 많은 사람이 느끼는 '끝없고 경계 없는 무언가'에 대한 강렬한 감정, 마치 '대양(大洋)'처럼 광활한 느낌, 즉 '대양적 감정'이 종교의 근원이라는 것이다. 이는 개인적인 경험으로 종교적 신념과는 별개이지만 종교의 기원이 되어 다양한 종교 체계에 이용되어 왔다는 것이다. 그는 이러한 감정만으로도 충분히 종교적인 사람이 될 수 있다고 주장했다. 하지만 나는 이러한 '대양적 감정'을 경험해 본 적이 없어 그의 주장에 난감함을 느낀다. 감정을 과학적으로 분석하기는 어렵지만 이러한 감정이 어떤 생리적인 기반을 갖추고 있는지 연구해 볼 가치는 있다고 본다. –《문명 속의 불만》(1930)

■ 우리는 모두 어느 정도 편집증적인 성향을 보인다고 한다. 즉,

참을 수 없는 현실 일부분을 자신의 소망을 이루기 위한 것으로 대체하고 이를 현실로 받아들인다는 것이다. 이처럼 많은 사람이 망상을 통해 행복을 얻으면서 고통이 오지 못하도록 보호를 받으려 할 때 이는 특별한 의미를 지니게 된다. 인류의 종교는 또한 이러한 집단적 망상의 한 형태로 분류될 수 있다. 당연히 망상을 공유하는 사람들은 그것이 망상임을 알아채지 못한다. -《문명 속의 불만》(1930)

■ 정신분석 연구는 우리가 믿는 신이 대부분 아버지의 모습을 본 떠 만들어졌음을 강조한다. 즉, 우리가 신과 맺는 개인적인 관계는 실제 아버지와의 관계에 따라 변화하는데, 이는 신이 우리 내면의 아버지 이미지를 이상화시킨 존재일 뿐이라는 것이다. -《토템과 터부》(1913)

■ 일반적인 문제에서 현명한 사람은 자신의 생각이나 행동에 대해 책임감 있게 충분한 근거를 요구하지만, 종교나 신념과 같은 가장 중요하고 신성한 문제에서는 불확실한 근거에도 불구하고 쉽게 만족해하며 확신을 가지는 경우가 많다. -《환상의 미래》(1927)

■ 초기 교부들이 주장한 '나는 그것이 불합리하기 때문에 믿는다

(Credo quia absurdum)'라는 종교적 신앙이 이성의 범위를 넘어서는 초월적인 영역에 속한다는 것을 의미한다. 그것은 이성으로 이해될 필요는 없고 오직 내면에서 느껴져야만 진실로 받아들여진다는 것이다. ―《환상의 미래》(1927)

■ 종교는 모든 사람에게 행복에 도달하고 고통으로부터 보호받는 자신만의 길을 무차별적으로 강요함으로써 선택과 적응의 과정을 방해한다. 종교의 기법은 망상을 통해 삶의 가치를 낮추고 현실 세계의 모습을 왜곡하는 것으로 이루어지는데, 이는 지성에 대한 억압을 전제로 한다. ―《문명 속의 불만》(1930)

■ 모든 종교는 그 종교에 속하지 않는 사람들에 대해 잔인함과 불관용을 자연스럽게 여긴다. ―《집단 심리와 자아 분석》(1921)

■ 사랑의 종교라고 자칭하는 종교일지라도 그 종교는 그에 속하지 않은 사람들에게는 엄격하여 사랑을 베풀지 않는다. ―《집단 심리학과 자아 분석》(1921)

■ 종교 교리는 모두 환상이며 증명될 수 없으므로 누구도 그것을 진실로 받아들이거나 믿도록 강요할 수 없다. ―《환상의 미래》(1927)

■ 종교적 교리의 진실성이 개인의 내면적인 경험에 의존한다면 그러한 경험을 하지 못하는 많은 사람들은 어떻게 해야 한단 말인가? -《환상의 미래》(1927)

■ 종교적 사상은 다른 문화적 성취들과 마찬가지로 인간이 자연의 압도적인 힘에 대응하고 그 위협으로부터 자신을 보호하려는 필요에서 발생했다. -《환상의 미래》(1927)

■ 가난한 소녀는 왕자가 나타나 자신을 데려가 줄 것이라는 환상을 가질 수 있으며, 실제로 그런 일이 일어날 가능성도 있다. 그러나 메시아가 와서 황금시대를 건설할 가능성은 그보다 훨씬 낮다. -《환상의 미래》(1927)

■ 종교 문제에 관해서는 사람들이 진심이 아니거나 지적으로 정직하지 못한 경우가 허다하다. -《환상의 미래》(1927)

■ 특정 종교 교리의 역사적 가치는 인정하지만 그것이 문명의 근거로 제시되어야 한다는 주장은 더 이상 유효하지 않다. 오히려 역사적 맥락에서 볼 때 종교 교리는 시대의 한계를 반영하는 측면이 있으며, 이제는 이성적인 사고를 통해 더 나은 해결책을 찾

아야 할 때이다. 마치 정신분석에서 억압된 욕망을 끄집어내듯이 우리는 종교적 교리에 얽매이지 않고 합리적인 판단을 통해 문제를 해결해야 하는 것이다. —《환상의 미래》(1927)

■ 진정한 신앙인은 집단적인 신경증을 받아들임으로써 개인적인 신경증을 형성해야 하는 부담에서 상당히 보호받는다. 즉, 그는 개인적인 신경증을 만들 필요 없이 집단적인 신경증을 수용함으로써 그 위험에서 벗어날 수 있다는 것이다(종교를 깊게 믿는 사람은 개인적인 문제나 고민보다는 집단이 공유하는 신념 체계에 동화되어 안정감을 얻으려 한다. 즉 자신의 문제를 직접적으로 해결하기보다는 종교라는 외부적인 힘에 의존하여 안심하려는 경향이 있다는 것을 의미한다). —《환상의 미래》(1927)

■ 종교는 현실을 부정하는 희망적 환상의 체계로, 다른 곳에서는 찾아볼 수 없는 행복한 환각적 혼란 상태이다. 종교의 열한 번째 계명은 "너는 의심하지 말라"이다. —《환상의 미래》(1927)

■ 인간은 여전히 무력감을 느끼며 아버지와 신에 대한 갈망을 품고 있다. 신은 세 가지 중요한 임무를 가지고 있다. 첫째, 신은 자연의 공포를 몰아내야 하며, 둘째, 특히 죽음을 통해 드러나는 운

명의 잔혹함에 인간이 순응할 수 있도록 도와야 한다. 마지막으로 신은 공동체적 문명 생활이 인간에게 강요하는 고통과 결핍을 보상해 주어야 한다. –《환상의 미래》(1927)

■ 아니, 우리의 과학은 환상이 아니다. 그러나 과학이 제공치 못하는 것을 다른 곳에서 찾을 수 있다고 믿는 것이야말로 환상이다. –《환상의 미래》(1927)

■ 지식의 열매가 인간에게 더 많이 접근 가능해질수록 종교적 신념의 쇠퇴는 더욱 널리 퍼진다. –《환상의 미래》(1927)

■ 종교 문제에 관한 한 사람들은 다양한 종류의 부정직과 비논리적인 태도를 보이는 죄를 저지른다. –《환상의 미래》(1927)

■ 유럽 문명에서 종교를 대체하려는 어떤 이념 체계도 결국 신성함, 엄격함, 불관용, 그리고 비판적 사고에 대한 억압이라는 종교의 특성을 그대로 이어받을 수밖에 없을 것이다. 왜냐하면 어떤 체계든지 교육을 통해 전달되기 위해서는 일정한 권위와 규범을 필요로 하기 때문이다. –《환상의 미래》(1927)

■ 종교 교리가 제시하는 모든 불합리한 것들을 무비판적으로 받아들이고 심지어 교리와 교리 사이의 모순을 간과하는 지경에 이른 사람의 지적인 약함에 대해 크게 놀랄 필요는 없다. -《환상의 미래》(1927)

■ 환상에 대한 당신의 태도와 나의 태도 사이의 차이를 관찰해 보라. 당신은 종교적 환상을 온힘을 다해 방어해야 한다. 그것이 불신을 받게 된다면, 그리고 실제로 그것에 대한 위협이 충분히 크다면, 당신의 세계는 붕괴될 것이다. 당신에게 남은 것은 문명과 인류의 미래에 대한 절망뿐이다. 그 속박에서 나는, 우리는 자유롭다. 우리는 유아기적 소망 중 상당 부분을 포기할 준비가 되어 있기 때문에 우리의 기대 중 일부가 환상으로 밝혀지더라도 견딜 수 있다. -《환상의 미래》(1927)

■ 종교적 주장을 이성으로 반박할 수 없다는 이유만으로 종교를 믿어야 한다는 주장이 자주 제기된다. 사람들은 종교가 오랜 전통과 다수의 동의를 받고 있으며 심리적인 위안을 제공한다는 점을 들어 믿음을 정당화하려 한다. 그러나 이는 논리적으로 옳지 않은 주장이다. 단순히 알지 못한다는 이유로 무언가를 믿는 것은 합리적이지 않다. -《환상의 미래》(1927)

■ 종교는 인류 문명에 큰 기여를 해왔으며 비사회적 본능을 억제하는 데 많은 도움을 주었다. 그러나 그것만으로는 충분하지 않았다. 수천 년 동안 인간 사회를 지배해 온 종교는 그 성과를 보여줄 기회가 있었다. 만약 종교가 인류 대다수를 행복하게 만들고 위로하며 삶에 적응하게 하고 문명의 전달자로 만들었다면 지금의 상황을 바꾸려는 시도는 없었을 것이다.

하지만 현실은 그렇지 않다. 우리는 엄청나게 많은 사람들이 문명에 불만을 품고 불행해하며 문명을 떨쳐버려야 할 멍에로 느끼고 있음을 본다. 사람들은 문명을 바꾸기 위해 모든 수단을 동원하거나 문명에 대한 적대감이 너무 커서 문명이나 본능의 억제에 아예 관여하지 않으려 한다. 이때 종교가 대중에 대한 영향력을 상실한 이유가 과학 발전의 영향 때문이라는 반론이 있을 수 있다. 우리는 이 주장과 그 이유를 주목하고 나중에 우리 목적에 맞게 활용할 것이지만 그것의 이의 자체는 설득력이 없다.

종교가 절대적인 권위를 행사하던 시대에 사람들이 실제로 더 행복했는지는 의문이다. 도덕적으로 더 나았다고 단정하기도 어렵다. 사람들은 종교의 가르침을 겉으로만 따르며 그 속뜻을 비틀어 자신에게 유리하게 해석하는 데 능숙했다. 종교의 순종을 강요해야 했던 성직자들 역시 인간의 본성을 너무 잘 알았기에 신의 자비를 내세워 엄격한 교리를 완화시켜 주었다. 죄를 지은 뒤 형식적인 참회만 거치면 다시 죄를 저지를 수 있다는 인식이 팽배했고, 심지어 러시아에서는 죄를 통해서만 신의 은혜를 얻을 수 있다는 극단적인 해석까지 등장했다. 성직자들은 이러한 방식으로 대중을 종교에 순종시키는 데 성공했다. 즉, 신은 완전무결하고 인간은 원죄를 지닌 존재라는 이분법적인 구조를 만들어낸 것이다.

역사적으로 볼 때 부도덕성은 도덕성 못지않게 종교의 보호를 받아왔다. 종교가 인간의 행복, 문화적 성장, 그리고 도덕적 수준을 높이는 데 이처럼 미흡한 결과를 가져왔다면 우리는 종교의 필요성을 과대평가하고 있는 것은 아닐까? 문화를 발전시키기 위해 반드시 종교에 의존해야 하는가 하는 근본적인 질문을 던져볼 필요가 있다. -《환상의 미래》(1927)

■ 문명의 초기 단계에 대한 이해는 비교적 명확하다. 인간은 지구를 자신들에게 유용하게 만들고 자연 환경의 어려움으로부터 자신들을 보호하기 위해 다양한 활동을 시작했는데, 이러한 활동들을 우리는 문화의 일부로 인식한다. 아주 먼 옛날로 거슬러 올라가면 문명의 첫 번째 행위는 도구의 사용, 불을 지배하게 된

것, 그리고 주거지의 건축이었다는 것을 알 수 있다. 이 중 불을 지배하게 된 것은 이전에 유례가 없는 독보적인 성취로 두드러진다. 도구 사용과 주거 건축은 인간의 생존과 번영을 위한 필수적인 활동으로서 인류 역사 전반에 걸쳐 지속적으로 발전해 왔다. 인간은 모든 도구를 통해 자신의 운동 기관과 감각기관을 더 완벽하게 만들거나 자신들의 활동을 방해하는 장애물을 제거하고 싶어 한다.

기계는 인간에게 근육처럼 거대한 힘을 제공하여 어떤 방향으로든 이를 활용할 수 있게 한다. 배와 항공기는 공기나 물이 인간의 이동을 방해하지 못하게 하고, 안경은 눈의 렌즈 결함을 교정하며, 망원경은 먼 거리를 볼 수 있게 하고, 현미경은 망막 구조로 인해 가시성이 제한된 부분을 극복하게 한다. 사진기는 일시적인 시각적 인상을 기록하는 도구인데, 이는 축음기가 청각적 인상을 기록하는 것과 마찬가지로 본질적으로 인간의 기억력을 물질화한 것이다. 전화는 동화 속에서도 불가능할 것 같은 먼 거리에서 조차 소리를 들을 수 있게 한다. 편지는 처음부터 멀리 있는 사람의 목소리를 전달하는 수단이었다. 집은 인간이 처음으로 안전함과 만족을 느꼈고, 평생 그리워하게 되는 어머니의 자궁을 대체하는 것이다. ―《문명 속의 불만》(1930)

■ 이런 상황에서 자연 윤리라고 부르는 것은 다른 사람들보다 자신이 더 우월하다고 생각하는 자기애적 만족감 외에는 아무것도 제공하지 못한다. 이때 종교적 윤리가 내세에서의 더 나은 삶을 약속하며 등장한다. 나는 현세에서 미덕이 보상받지 못하는 한 아무리 설교해도 윤리는 헛된 것이라 생각한다. −《문명 속의 불만》(1930)

■ 인간은 악마의 존재와 그가 상징하는 악에 대해 신에게 책임을 물을 수 있다. −《문명 속의 불만》(1930)

■ 종교는 많은 사람들을 개인적인 신경증에서 구해내는 데 성공하지만 그 이상의 역할은 거의 하지 못한다. −《문명 속의 불만》(1930)

■ 이 이야기는 동화처럼 들릴 수 있지만 그 이상의 의미를 담고 있다. 인간이 동물의 왕국에서 약한 존재로 시작하여 매번 무력한 아기로 다시 태어나야 하는 지구에서 과학과 발명을 통해 이룬 업적을 다룬 것이다. 이 업적들은 마치 동화 속에서 간절히 바라던 소망들을 실현하는 것과 같다. 이러한 모든 것은 인간이 문화를 통해 얻은 성과이다.

오래 전 인간은 전능과 전지에 대한 이상적인 개념을 형성하고 그것을 신에게 투영했다. 인간의 욕망에 도달할 수 없거나 금지된 모든 것을 신들의 영역으로 돌렸다. 신들은 인간 문화의 이상을 반영하는 존재였다. 이제 인간은 거의 신에 가까워졌고 그 이상에 매우 근접하고 있다. 하지만 인간이 완전히 신처럼 된 것이 아니다. 어떤 면에선 전혀 그렇지 않고 다른 면에서는 절반 정도만 신처럼 되었다.

인간은 인공적인 도구와 기관을 통해 신이 된 것처럼 보이지만 그 도구들은 신체 일부로서 자연스럽게 성장하는 것이 아니라서 때때로 문제를 일으키기도 한다. 미래의 세대는 이 문화 영역에서 더 큰 발전을 이루어 낼 것이고 따라서 인간이 신과 더욱 닮아가는 과정은 더욱 가속화될 것이다. –《문명 속의 불만》(1930)

■ 우리는 누구나 어느 정도 현실을 자기 방식대로 해석하려는 경향이 있는데, 견디기 힘든 현실을 바꾸기 위해 망상을 만들어내고 이를 현실로 받아들인다는 주장이 제기된다. 특히 많은 사람들이 함께 현실을 왜곡하여 행복을 확실히 보장받고 고통으로부터 안전하게 지켜지려 할 때 이러한 현상은 더욱 주목할 만하다. 인류의 모든 종교는 이러한 집단적인 망상의 한 형태로 분류될 수 있다. –《문명 속의 불만》(1930)

■ 나는 《환상의 미래》에서 사람들이 종교를 통해 얻고자 하는 것이 무엇인지 탐구했다. 종교가 이 세상의 모든 의문을 완벽하게 해결해 주고 자비로운 신이 인간을 보살피며 현생의 고통을 내세에서 보상해 줄 것이라고 믿게 만드는 교리와 약속 체계에 주목했다. 보통 사람은 이러한 신을 매우 고귀한 아버지의 모습으로만 상상하는데, 그런 존재만이 인간의 필요를 이해하고 그들의 기도에 감동하며 후회의 표시를 보고 마음이 누그러질 수 있다고 믿기 때문이다. 이 모든 것은 너무나도 유치하고 현실과 맞지 않아 인류를 걱정하는 사람들에게는 대다수 사람이 이러한 유치한 세계관을 넘어서지 못한다는 사실이 고통스럽다. 더욱 안타까운 것은 오늘날 살아 있는 많은 사람이 이런 종교가 더 이상 설득력이 없다는 것을 알아차려야 함에도 마치 마지막 방어선을 지키듯 필사적으로 그것을 옹호하려 한다는 사실이다. ―《문명 속의 불만》(1930)

■ 종교의 위대함을 제대로 평가하려면 종교가 인간에게 무엇을 제공하는지 깊이 생각해 볼 필요가 있다. 종교는 우주의 시작과 끝에 대한 궁금증을 해소하고 삶의 고난 속에서 인간에게 안전과 행복을 약속한다. 또한 종교는 절대적인 권위를 바탕으로 인간의 생각과 행동을 이끌며 삶의 방향을 제시한다. ―《새로운 정신분석 입문 강의》(1933)

■ 종교는 환상이며 우리의 본능적 욕망에 부합한다는 사실에서 그 힘을 얻는다. ―《새로운 정신분석 입문 강의》(1933)

■ 나의 말을 듣는 동안 여러분의 마음속에 대답을 원하는 수많은 질문들이 떠올랐을 것이라 확신한다. 지금 당장 그 질문들에 답할 수는 없지만, 그 어떤 세부적인 질문도 종교적 세계관이 우리가 어린 시절에 형성된 상황에 의해 결정된다는 우리의 논지를 흔들지 못할 것이라고 확신한다. 하지만 더 놀라운 것은 이 세계관이 유치한 특성이 있음에도 불구하고 그 이전에 선행된 단계를 거쳤다는 사실이다.

분명히 종교와 신이 존재하지 않던 시대가 있었다. 이를 정령숭배 시대라고 부른다. 당시 세상은 인간의 모습과 유사한 정령들(우리가 악마라고 부르는 존재들)로 가득했고, 이 정령들은 외부 세계의 모든 사물에 깃들어 있거나 사물 자체와 동일시되었다. 그러나 이들을 창조하거나 통제하는 절대적인 힘은 없었고,, 인간이 보호나 도움을 구할 만한 존재도 없었다. 정령숭배 시대의 악마들은 인간에게 적대적이었지만 당시 사람들은 지금보다 자기 자신에 대한 확신이 더 강했던 것으로 보인다. 비록 끊임없는 두려움에 시달렸지만 특정한 의식을 통해 악령을 몰아낼 수 있고 자신을 방어할 수 있다고 믿었다.

또한 그들은 자연의 힘에 대해서도 완전히 무력하다고 생각하지 않았다. 예를 들어 비가 필요할 때는 기우제를 지내며 자신이 자연에 직접 영향을 미칠 수 있다고 믿었다. 주변 세상과 맞서 싸울 때 인간은 마법이라는 도구를 사용했는데, 이는 현대 기술의 초기 형태라고 할 수 있다.

우리는 인간이 마법에 대한 강한 믿음을 가졌던 이유가 개인의 생각이 모든 것을 해결할 수 있다는 개념, 즉 '생각의 전능함'을 믿었기 때문이라고 추측한다. 이러한 믿음은 오늘날 강박신경증 환자들에게서도 흔히 발견되는 특징이다. 당시 사람들은 말을 통해 세상을 바꿀 수 있다고 믿었다. 마치 '말씀'으로 세상을 창조했다는 종교적 신념처럼 사람들은 주문이나 의식을 통해 자연 현상을 조정하려고 했다. 비를 내리게 하고 싶으면 하늘을 향해 물을 뿌리고 땅의 기운을 북돋우기 위해 땅에서 성행위를 상징하는 의식을 행하는 등 직접적인 행위를 통해 자연과 소통하고자 했던 것이다. ─《새로운 정신분석 입문 강의》(1933)

■ 모세 종교는 아버지 중심의 종교였으나 기독교는 아들 중심의

종교로 변화했다. 옛 신, 즉 아버지는 뒤로 물러났고 아들인 그리스도가 그 자리를 대신하게 되었다. 이는 마치 어두운 시대에 모든 아들이 아버지의 자리를 차지하고자 갈망했던 것과 유사하다.
−《모세와 유일신교》(1939)

■ 인간은 감각, 특히 시각으로는 이해할 수 없지만 의심할 여지 없고 매우 강력한 영향력을 가진 '영적인' 힘을 받아들여야 한다는 것을 깨달았다. 언어에 의하면 영적인 것의 이미지는 공기의 움직임에서 유래했는데, 이는 영(animus, spiritus, 히브리어 : 루아흐 = 연기)의 이름을 바람의 숨결에서 따왔기 때문이다. 이렇게 해서 개인의 영적 원리로서 영혼의 개념이 탄생했다. 관찰을 통해 인간의 호흡이 죽음을 맞으면서 멈춘다는 사실을 발견했는데, 오늘날에도 우리는 죽어가는 사람이 마지막 숨을 쉰다고 말한다. 이렇게 인간은 자신 안에 존재하는 영혼을 발견하고 나아가 자연 만물에도 생명력이 깃들어 있다고 믿게 되었다. −《모세와 유일신교》(1939)

■ 만약 우리의 연구 결과가 종교를 인류의 신경증으로 깎아내리고, 그 강력한 영향력을 개인의 신경증적 강박 관념과 동일시한다면 이 나라의 기득권층으로부터 격렬한 반발에 직면하게 될 것이 분명하다. −《모세와 유일신교》(1939)

예술과 창작

■ 셰익스피어의 《햄릿》은 〈오이디푸스 왕〉과 마찬가지로 비극의 깊은 뿌리에서 피어난 작품이다. 하지만 동일한 주제를 다루면서도 두 작품은 전혀 다른 모습을 보여주는데, 이는 인류의 정서가 역사와 함께 변화하면서 억압이 심화되었음을 보여준다. 〈오이디푸스 왕〉에서는 숨겨진 소망이 꿈처럼 드러나 현실이 되는 반면 《햄릿》에서는 그 소망이 억눌리고, 이러한 억압이 신경증과 유사한 방식으로 비극을 야기한다.

햄릿의 소망은 억눌린 채 남아 있고, 마치 신경증처럼 그 억눌림의 결과로 인해 우리는 비로소 그 존재를 알게 된다. 놀랍게도 더욱 현대적인 비극인 《햄릿》이 강렬한 인상을 남기는 것은 주인공의 성격에 대한 완벽한 이해 없이도 가능하다는 사실이다. 극은 햄릿의 복수를 향한 망설임 위에 구축되어 있지만 그 망설임의 이유나 동기는 명확하게 제시되지 않는데, 수많은 해석 시도에도 불구하고 명확한 결론에 도달하지 못한다. 괴테가 처음 제시하고 오늘날까지 널리 받아들여지는 해석에 따르면 햄릿은 지나치게 발달된 지성 때문에 직접적인 행동을 망설이는 인물이다(그는 '생각의 창백한 빛깔에 병들어 있다'라고 묘사된다).

하지만 극의 전개를 보면 햄릿이 행동하지 못하는 사람으로만 묘사되지 않는다는 것을 알 수 있다. 그는 격분하여 엿듣던 사람을 칼로 찌르는 등 충동적인 행동을 보이는가 하면, 르네상스 왕자다운 냉철함으로 사전에 치밀하게 계획하여 궁정의 두 신하를 죽음으로 내모는 냉혹한 행동도 보여준다. 이러한 그의 행동은 그가 단순히 우유부단한 인물이 아니라 복잡한 내면을 가진 인물임을 보여준다.

그렇다면 무엇이 햄릿을 망설이게 했던 것일까? 그 답은 복수의 대상인 삼촌이 어린 시절 햄릿의 억눌린 소망을 실현한 인물이기 때문이다. 햄릿은 아버지를 살해하고 어머니와 결혼하여 자신의 자리를 차지한, 즉 자신의 어린 시절에 억눌렸던 욕망을 현실에서 드러낸 인물에게 복수하는 일만큼은 도저히 실행할 수 없었던 것이다. 그를 복수로 이끌어야 할 분노는 사라지고, 대신 자신을 탓하며 죄책감에 휩싸인다. 그는 그가 처벌해야 할 죄인과 다를 바 없다는 사실을 깨닫고 자신도 그와 같은 죄를 저지를 수 있는 존재임을 인식하게 된다.

나는 햄릿의 무의식 속에 남아 있을 수밖에 없었던 것을 의식적인 언어로 해석해 냈다. 만약 누군가 그를 히스테리 환자라고 부른다면 그것은 내 해석이 암시하는 바와 일치하는 것이다. 햄릿이 오필리아와의 대화에서 드러낸 성에 대한 혐오감은 이후 점차 셰익스피어 자신의 마음속에 자리 잡았고 시간이 지나면서 더욱 깊어져서 《아테네의 타이몬*》에서 극단적인 표현에 이르게 된다. 결국 《햄릿》에서 마주하는 것은 작가의 마음 그 자체일 수밖에 없다.

게오르크 브란데스(Georg Brandes)는 셰익스피어 연구에서 《햄릿》이 셰익스피어의 아버지가 세상을 떠난 직후, 즉 1601년에 쓰여졌다고 한다. 아버지를 잃은 상실감과 어린 시절 아버지에 대한 기억이 생생하게 살아나면서 셰익스피어는 자신의 내면을 깊이 들여다보고 이 작품을 탄생시켰다는 것이다. 일찍 세상을 떠난 셰익스피어의 아들의 이름이 '햄넷(Hamnet)'으로, '햄릿(Hamlet)'과 거의 같다. 《햄릿》이 아들과 부모의 관계를 다루지만, 《맥베스》(대략 같은 시기에 쓰여짐)는 자식없는 삶을 그린다.

모든 신경증적 증상과 꿈이 과잉 해석될 수 있고, 완전히 이해하기 위해서는 오히려 과잉 해석이 필요하듯이, 진정한 창작물 역

---

*《아테네의 타이몬(Timon of Athens)》: 셰익스피어가 토머스 미들턴과 같이 쓴 희곡.

시 작가의 마음속 다양한 동기와 충동의 복합적인 산물이기에 다양한 해석이 가능하다. 내가 시도한 것은 창작자의 가장 깊은 무의식 속에 자리한 심리를 탐구하는 것이었다. -《꿈의 해석》(1899)

■ 상상에서 현실로 돌아가는 방법이 있는데, 그것은 바로 예술이다. -《정신분석 입문》(1917)

■ 무엇보다도 예술가는 자신의 작품이 어떤 운명을 맞이하든 그에 대해 책임을 질 필요가 없다. -《레오나르도 다빈치와 그의 어린 시절의 기억》(1910)

■ 우리는 문명이 소중하게 여겨야 한다고 믿지만 사실상 쓸모없다고 여겨지는 것이 바로 '아름다움'이라는 것을 깨닫게 된다. 즉 문명인은 자연 속에서 마주하는 아름다움을 소중히 여기고 가능하다면 자신의 손으로 아름다움을 창조해야 하는 것이다. -《문명 속의 불만》(1930)

■ 예술이 제공하는 대리 만족은 현실과는 동떨어진 환상이지만, 정신이 부여하는 상상의 힘 덕분에 충분한 만족감을 선사한다. -《문명 속의 불만》(1930)

■ 환상의 원동력은 충족되지 않은 욕망이며, 모든 환상은 이 욕망을 실현하고 불만족스러운 현실을 수정하려는 시도이다. ―〈창의적인 작가와 백일몽〉(1908)

■ 우리는 누구나 창작자라는 독특한 존재에 대해 강한 호기심을 품고 있다. 마치 이폴리토 데스테* 추기경이 아리오스토**에게 던졌던 질문처럼, 우리는 그 신비로운 창작자가 어디서 재료를 얻어내고 어떻게 그것으로 우리에게 강렬한 인상을 남기며 때로는 우리가 스스로 느껴보지도 못했던 감정을 불러일으킬 수 있는지 궁금해한다. 이 질문을 작가에게 직접 던진다고 해도 그들 스스로도 만족스러운 답을 내놓지 못한다는 사실이 우리의 호기심을 더욱 자극한다. 또한 창작의 과정과 선택된 재료에 대한 가장 명확한 통찰을 얻는다 해도 그것이 우리를 창작자로 만들어주지 않는다는 사실 역시 우리의 관심을 줄이지 않는다.

만약 우리 자신이나 우리와 비슷한 사람들에게서 창작과 유사한 활동을 발견할 수 있다면, 그것을 연구함으로써 작가들의 창조적

─────────────────────

＊이폴리토 데스테(Ippolito d'Este) : 아리오스트의 후원자였다.

＊＊아리오스토(Ludovico Ariosto) : 르네상스 시대 시인.

작업에 대한 설명의 실마리를 얻을 수 있을지도 모른다. 실제로 그럴 가능성은 존재한다. 많은 작가가 자신과 보통 사람들 사이의 거리를 좁히고 싶어 한다. 모든 사람이 마음속에 시인을 품고 있기 때문에 마지막 시인은 마지막 인간이 사라지기 전까지 결코 사라지지 않는다는 말이 있는 것처럼 말이다.

상상력이 풍부한 활동의 첫 흔적을 어린 시절부터 찾아야 하지 않을까? 아이가 가장 좋아하고 가장 열정적으로 몰두하는 활동은 바로 놀이이다. 놀이하는 모든 아이는 자신만의 세계를 창조하거나 혹은 자신을 즐겁게 하기 위해 자신의 세계를 새로운 방식으로 재배치한다는 점에서 창작 작가와 같은 행동을 한다고 말할 수 있지 않을까? 아이가 그런 세계를 진지하게 받아들이지 않는다고 생각하는 것은 잘못이다. 오히려 아이는 놀이를 매우 진지하게 여기며 그 안에 많은 감정을 쏟아붓는다. 놀이의 반대는 진지함이 아니라 현실이다. 아이는 자신의 놀이 세계에 강한 감정적 애착을 가지면서도 그것을 현실과 명확하게 구분한다. 그리고 상상 속의 사물과 상황을 현실 세계의 만질 수 있고 눈에 보이는 것들과 연결하는 것을 즐긴다. 이 연결이 아이의 '놀이'와 '공상'을 구분하는 중요한 특징이다.

창의적인 작가는 놀이하는 아이와 같은 방식으로 행동한다. 그는 현실과 명확히 구분되는 환상의 세계를 창조하며 그 세계를 매우 진지하게 받아들여 많은 감정을 쏟아붓는다. 언어는 아이들의 놀이와 시적 창작 사이의 연결 고리 역할을 한다. 만질 수 있는 사물과 연결되어 표현될 수 있는 상상력 가득한 글쓰기를 '놀이'라고 칭하고 희극(Lustspiel)이나 비극(Trauerspiel)이라는 용어를 사용하면서, 이를 연기하는 사람들을 '배우(Schauspieler)'라고 부른다. 그러나 작가의 상상 속 세계의 비현실성은 그의 예술 기법에 매우 큰 영향을 미친다. 현실이라면 즐거움을 주지 못할 것들도 환상 속에서는 즐거움을 선사하고, 실제로는 고통스러운 많은 자극이 작가의 작품을 감상하는 청중과 관객들에게는 오히려 쾌락의 원천이 될 수 있기 때문이다.

현실과 놀이의 대비에 대해 좀 더 깊이 생각해 볼 필요가 있다. 어린 시절의 놀이를 뒤로하고 삶의 무게를 진지하게 감당해온 성인은 때때로 놀랍게도 놀이와 현실의 경계가 허물어지는 경험을 한다. 과거의 진지했던 놀이를 떠올리며 현재의 어른스러운 일들을 마치 어린 시절의 놀이처럼 가볍게 여기는 순간 삶의 무게에서 벗어나 유머를 통해 큰 기쁨을 얻을 수 있다.

사람은 성장하면서 놀이를 그만두고 놀이에서 얻었던 즐거움을 포기하는 것처럼 보인다. 그러나 인간의 마음을 이해하는 사람이라면 누구나 한 번 경험한 즐거움을 포기하기가 얼마나 어려운 일인지 잘 알고 있다. 사실 우리는 아무것도 포기할 수 없으며 단지 하나를 다른 것으로 바꿀 뿐이다. 포기처럼 보이는 것도 실제로는 대체물이나 대리물을 만드는 것일 뿐이다. 마찬가지로 성장하는 아이는 놀이를 중단할 때 실제 사물과의 연결을 포기할 뿐이고, 대신 공상을 시작한다. 인간은 허공에 성을 쌓으면서 우리가 흔히 백일몽이라고 부르는 것을 만든다. 대부분 사람이 인생의 어느 시점에서 공상을 한다고 믿는다. 이는 오랫동안 간과되어 온 사실이며, 그 중요성이 충분히 인식되지 못했다.

성인의 환상은 아이의 놀이보다 관찰하기가 훨씬 더 어렵다. 아이는 혼자 놀거나 다른 아이들과 함께 폐쇄적인 심리적 체계를 형성하며 놀이한다. 어른들 앞에서 그 놀이를 하지 않더라도 놀이한다는 사실을 숨기지 않는다. 반면에 어른은 자신의 환상을 부끄러워하여 다른 사람들에게 철저히 숨기려 한다. 어른은 자신의 환상을 가장 은밀하고 소중한 자산으로 여겨 자기 잘못을 고백하는 것보다 다른 사람에게 자신의 환상을 드러내는 것을 더 꺼린다. 그 결과 그는 자신만이 그런 환상을 만들어 내는 유일한 사람이라고 믿게 되어 이런 창작물이 다른 사람들 사이에서도 널리 존재한다는 사실을 전혀 모를 수 있다. 놀이를 하는 사람과 공상을 하는 사람 사이의 행동에 차이가 생기는 것은 이 두 활동이 서로 밀접하게 연결되어 있음에도 불구하고 각 활동의 목적이 다르기 때문이다.

아이의 놀이는 자신이 어른이 되고 싶다는 단 하나의 소망에 의해 결정된다. 그는 항상 '어른'이 되는 놀이를 하며, 어른들의 삶을 모방하고 그 과정을 통해 성장한다. 이 소망을 숨길 필요가 전혀 없다는 점에서 아이는 이를 자유롭게 드러낸다. 그러나 어른이 되면 상황은 다르다. 어른은 더 이상 공상에 빠져 있지 않고 현실 세계에서 행동해야 한다는 사회적 기대를 인식하고 있어서 공상을 불필요하게 여기게 된다. 또한 어른의 공상은 종종 사회적으로 용납되지 않거나 숨겨야 할 소망에서 비롯되므로 어른은 자신의 공상을 유치하거나 부적절한 것으로 여기고 부끄러워한다.

그렇다면 "사람들이 자신의 공상을 그렇게 은밀히 여긴다면 우리가 그것에 대해 어떻게 그렇게 많이 알 수 있는 것일까?"라는 의문이 들 것이다. 사실 엄격한 여신처럼 작용하는 '필요성'에 의해 누군가는 자신이 겪는 고통과 기쁨을 안겨 주는 상황에 처하게 된다. 그 누군가는 신경 질환을 앓는 환자들로, 정신 치료를 통해 치유되기를 기대하여 의사에게 자신의 공상과 다른 경험을 털어 놓아야만 한다. 이것이 우리가 지식을 얻을 수 있는 가장 중요한 출처이다. 우리는 그들의 이야기가 건강한 사람들에게서도 들을 수 있는 내용과 크게 다르지 않다는 사실을 알게 되었다.

공상의 몇 가지 특징에 대해 알아보자. 행복한 사람은 결코 환상을 품지 않으며, 오직 불만족스러운 사람만이 환상을 품는다고 할 수 있다. 환상의 원동력은 충족되지 않은 소망으로, 모든 환상은 소망의 성취이자 불만족스러운 현실을 바로잡으려는 시도이다. 이러한 소망은 환상을 꾸는 사람의 성별, 성격, 그리고 상황에 따라 다르지만 크게 두 가지로 나뉜다. 하나는 주체의 인격을 고양시키는 야심찬 소망이며 다른 하나는 에로틱한 소망이다.

특히 젊은 여성들에게는 거의 전적으로 에로틱한 소망이 우세한데, 이는 그들의 야망이 대개 에로틱한 경향에 흡수되기 때문이다. 젊은 남성들에게는 이기적이고 야망에 찬 소망이 에로틱한 소망과 함께 뚜렷하게 드러난다. 하지만 두 경향의 대립보다는 그것들이 결합된다는 사실에 주목해야 한다. 종교적인 그림에서 성인(聖人) 옆에 기부자의 모습이 함께 그려지는 것처럼 남성들의 야망 뒤에는 사랑하는 여성이 존재한다. 남성은 자신의 모든 노력을 그녀에게 바치고 싶어 한다. 하지만 사회는 남녀 모두에게 특정한 역할을 요구한다. 여성은 사랑에 대한 욕망을 과도하게 드러내지 않아야 하고 남성은 지나치게 높은 자존심을 낮추고 다른 사람들과의 관계를 중요하게 생각해야 한다.

나는 환상과 꿈의 관계를 그냥 지나칠 수 없다. 《꿈의 해석》에서 알 수 있듯이 밤에 꾸는 꿈은 낮에 품는 환상과 본질적으로 다르지 않다. 언어는 오래전부터 이러한 사실을 인지하고, 공상적인 생각을 '백일몽'이라고 불렀다. 하지만 꿈의 의미가 항상 명확하게 드러나지 않는 이유는 우리가 숨기고 싶어 하는 욕망이 꿈속에서 왜곡된 모습으로 나타나기 때문이다. 우리는 부끄러워하거나 두려워하는 욕망을 무의식 속에 억눌러 놓는데, 이러한 억눌린 욕망이 꿈을 통해 비틀린 형태로 표출되는 것이다. 과학적인 연구를 통해 이러한 꿈의 왜곡이 밝혀지면서 밤에 꾸는 꿈이 단순한 몽상이 아니라 우리의 소망을 반영한 것이라는 사실을 알게 되었다.

환상에 관한 이야기는 이쯤에서 마무리하고 이제 창의적인 작가에 대해 논의해 보자. 과연 상상력이 풍부한 작가를 '대낮의 몽상가'와 비교하고 그의 창작물을 '백일몽'에 견줄 수 있을까? 여기서 우리는 먼저 중요한 구분을 해야 한다. 고대 서사시나 비극의 작가들처럼 이미 존재하는 소재를 차용하는 작가와 자신의 소재를 독창적으로 창조해 내는 작가를 구별해야 한다. 우리는 후자의 유형에 집중할 것인데, 비교를 위해 비평가들로부터 높은 평가를 받는 작가들이 아니라 남녀를 불문하고 가장 넓고 열정적인 독자층을 보유한 소설, 로맨스, 단편소설 작가들, 즉 대중에게 사랑받는 작가들을 선택할 것이다.

이야기를 만들어 내는 작가들의 작품에서 우리는 공통으로 발견하는 특징이 하나 있다. 바로 이야기의 중심에 서 있는 영웅을 내세워 온갖 방법을 동원하여 독자들의 공감을 얻어내려 한다는 것이다. 작가는 마치 특별한 운명의 보호를 받는 듯한 영웅의 모습을 통해 독자들이 자연스럽게 감정을 이입하도록 유도한다. 소설 속 주인공은 아무리 위험한 상황에 부닥치더라도 절대로 죽지 않는다. 예를 들어 한 장이 끝날 때 주인공이 심한 상처를 입어 피를 흘리며 의식을 잃고 있었다면 다음 장이 시작될 때는 어김없이 누군가의 정성 어린 간호를 받으며 회복 중일 것이다. 만약 첫 권의 마지막이 폭풍우 치는 바다에서 주인공이 탄 배가 침몰하는 장면이었다면, 두 번째 권의 첫 페이지에서는 분명 기적적으로 구조되는 이야기가 등장할 것이다. 이야기는 계속되어야 하니까.

이처럼 이야기 속 주인공이 위험천만한 모험을 헤쳐 나가는 동안 독자들이 느끼는 안전감은 현실에서 영웅이 물에 빠진 사람을 구하기 위해 기꺼이 물속으로 뛰어들거나 적진의 포화 속으로 뛰어드는 모습에서 느껴지는 영웅적인 감정과 다르지 않다. 마치 "나에게는 아무 일도 일어나지 않아!"라고 외치는 듯한, 어떤 유명 작가가 표현했듯 진정한 영웅적인 감정이라고 할 수 있다. 그러나 조금만 생각해 보면 이처럼 절대 죽지 않는 영웅의 모습 속에서 우리는 곧 우리 자기 모습을 본다. 매일 꾸는 백일몽 속 주인공이자 모든 이야기 속에 등장하는 영웅, 바로 '자아' 말이다. –〈창의적인 작가와 백일몽〉(1907)

07

세상과 인간

"프로이트의 독창성은 그가 마음을 합리적이면서도 비합리적인 것,
즉 본능과 이성이 충돌하는 전장으로 볼 수 있었던 능력에 있었다."

– 피터 게이(Peter Gay)

인간

■ 우리의 기억은 전혀 신뢰할 수 없지만 그럼에도 그것이 말하는
것을 믿어야 한다는 강박에 사로잡혀 객관적인 사실보다 기억을
더 신뢰하는 경우가 많다. –《꿈의 해석》(1899)

■ 배설과 성은 너무나도 밀접하게 연관되어 있어 결코 분리할 수
없다. 특히 생식기가 소변과 대변 사이에 위치한다는 사실은 결정
적이며 바꿀 수 없는 사실이다. 나폴레옹의 유명한 말을 변형하여
'신체는 운명이다'라고 말할 수 있을 정도로 말이다. –제임스 스트

레이치 저 〈사랑의 영역에서 보편적인 타락 경향에 대하여〉(1912)에 인용.

■ 나는 나 같은 인간을 회원으로 받아주는 클럽에는 절대 가입하고 싶지 않다. -《정신분석 운동의 역사》(1914)

■ 외로움과 어둠이 내 소중한 것을 앗아가 버렸다. -《정신분석 입문》(1920)

■ 지금까지 걸어온 길이 바로 지금의 우리를 만들었다. -《꿈 심리학 : 초보자를 위한 정신분석》(1920)

■ 인간은 스스로 생각하는 것보다 더 도덕적이면서 상상할 수 있는 것보다 훨씬 더 부도덕하다. -《환상의 미래》(1927)

■ 우리는 대조를 통해 강렬한 쾌감을 느끼도록 만들어졌기 때문에 동일한 상태가 지속되면 쾌감을 거의 느끼지 못한다. -《문명 속의 불만》(1930)

■ 인간이 자연을 더 많이 지배할수록 그 힘을 이용해 서로를 해치는 일이 더욱 잦아진다는 사실을 부정할 수 없다. 즉, 인간은

새로운 기술을 얻을수록 더욱 공격적으로 변하는 경향이 있다.
-《새로운 정신분석 입문 강의》(1933)

■ 프로이트는 마리 보나파르트에게 이렇게 말한 적이 있었다.
"제가 30년 동안 여성의 영혼을 연구했음에도 여전히 답을 찾지
못한 큰 의문이 있습니다. 그건 "여성이 원하는 것은 무엇인가?"
라는 것이죠." -어니스트 존스의 《지그문트 프로이트 : 생애와 업적》
(1953). (마리 보나파르트의 일기엔 프로이트가 1925년 12월 8일 그녀와의 정신분석
세션에서 이렇게 말했다고 기록되어 있다).

■ 사람들이 일반적으로 잘못된 기준으로 세상을 판단한다는 인
상을 피할 수 없다. 즉 사람들은 자신을 위해 권력, 성공, 부를 추
구하고 다른 사람들이 가진 그런 것들을 동경하면서 인생에서 진
정으로 가치 있는 것들을 과소평가한다. -《문명 속의 불만》(1930)

■ 인간은 '창조'의 목적이 반드시 인간의 '행복'에 있지는 않다고
말하는 경향이 있다. -《문명 속의 불만》(1930)

■ 개들은 친구를 사랑하고 적을 문다. 그런 점에서 타인과의 관
계에서 순수한 사랑을 할 수 없고, 사랑과 증오를 섞어야 하는 인

간과는 매우 다르다. ─마리 보나파르트 저《톱시 : 황금털을 가진 차우 이야기》(1940) 서문에 안나 프로이트가 전한 말을 인용.

■ 저는 전반적으로 인간에 대해 '좋은' 점을 거의 찾지 못했습니다. 제 경험상 사람 대부분은 어떤 윤리적 원칙을 공개적으로 지지하든 그렇지 않든 쓰레기들입니다. 이런 말은 큰 소리로 떠들거나 심지어 생각조차 할 수 없는 것이지요. ─《정신분석과 믿음 : 지그문트 프로이트와 오스카 피스터의 편지》(1963)

■ 제 마음 깊은 곳으로부터 몇몇 예외를 제외하고는 제 사랑하는 동료들이 가치가 없다고 확신하지 않을 수 없습니다. ─프로이트의 편지에 나오는 말로 폴 로즌의 저서《프로이트와 그의 추종자들》(1975)에 인용.

■ 저는 선과 악에 대해 깊이 고민하지 않지만, 일반적으로 인간에게서 많은 '선'을 발견하지 못했습니다. 제가 아는 바로는 대부분의 인간은 악당에 불과합니다. ─피스터 목사와의 서신(1909~1939년), 마티유 리카르의《이타주의 : 자신과 세상을 변화시키는 연민의 힘》(1991)에서 인용.

■ 자세히 들여다볼수록 나는 더 많은 문제점들을 발견하게 된다. 이 낯선 사람은 내 사랑을 받을 자격이 없다는 것을 넘어, 솔직히

말해서 내가 그를 미워하고 증오해도 될 만한 사람이라는 생각이 든다. 그는 나를 전혀 사랑하지 않는 것처럼 보이며 나에게 조금의 배려도 해주지 않는다. 나에게 해를 입히는 것에 대해 전혀 거리낌이 없고 자신이 얻는 이익이 내가 입는 피해만큼의 가치가 있는지에 대해 고민조차 하지 않는다.

사실 그는 어떤 이득을 얻으려는 것이 아니다. 그는 어떤 종류의 욕망을 충족시킬 수 있다면 나를 조롱하고 모욕하고 중상하고 자신의 우월한 힘을 보여주는 것을 아무렇지 않게 생각한다. 그리고 그가 자신의 위치가 더 안전하다고 느끼면서 내가 더 무기력해 보일수록 그는 나에게 더욱더 못된 짓을 할 것이라고 확신한다. 반대로 만약 그가 나에게 조금의 배려라도 보여준다면 나는 어떤 상황에서든 그에게 똑같이 대해주려고 노력할 것이다.

사실 "네 이웃을 사랑하라"라는 계명이 "네 이웃이 너를 사랑하는 만큼 사랑하라"라는 말로 바뀌었다면, 나는 전혀 반대하지 않았을 것이다. 그리고 "원수를 사랑하라"라는 계명은 더욱 이해하기 어렵고 도저히 받아들일 수 없다고 생각했지만, 곰곰이 생각해 보니 결국 두 계명은 본질적으로 같은 것을 요구하고 있다는 것을 깨달았다. -《문명 속의 불만》(1930)

현실과 지혜

■ 드물게 행복한 결혼을 위한 모든 조건이 갖춰졌을 때 이 행복이 이렇게 끝나야 한다는 사실에 대한 깊은 슬픔이 느껴진다. -《히스테리 연구》(1895)

■ 길을 걷는 사람이 어둠 속에서 휘파람을 부는 것은 자신의 소심함을 부인하는 것일 수 있지만, 그렇다고 해서 그로 인해 더 잘 볼 수 있는 것도 아니다. -〈걱정의 문제〉(1925)

■ 행복이란 태곳적부터 간직해 온 소망이 늦게나마 이루어지는 것입니다. 그래서 부(富)는 큰 행복을 가져다주지 못합니다. 돈은 어린 시절의 소망이 아니기 때문입니다. -《지그문트 프로이트가 빌헬름 플리에스에게 보낸 편지 전집 The Complete Letters of Sigmund Freud to Wilhelm Fliess》(1887~1904), (1985)

■ 원하는 것을 갖지 못했을 때는 가진 것을 원해야 한다. -《꿈의 해석》(1899)

■ 우리 모두 알다시피 '일리가 있는' 질책만이 우리를 아프게 하

고 감정을 흔들 수 있지만, 그렇지 않은 질책은 그런 힘을 가지지 못한다. -《꿈의 해석》(1899)

■ 의료계는 당연히 신중해야 한다. 인간의 생명은 무모한 실험의 재료로 여겨져서는 안 된다. -《꿈의 해석》(1899)

■ 한 번 잊은 것은 또다시 잊게 마련이다. -《일상생활의 정신병리학》(1901)

■ 볼 눈과 들을 귀가 있는 사람이라면 누구나 인간은 어떤 비밀도 감출 수 없다는 사실을 곧 깨닫게 될 것이다. -《도라 : 히스테리 사례 분석》(1905)

■ 모든 사람들이 전기(傳記)를 불쾌하게 여긴다고 생각하는 것은 오해이다. 이러한 시각은 위대한 인물의 병리적인 측면을 연구한다고 해서 그의 업적이나 중요성을 이해할 수 없으며, 평범한 사람에게서도 흔히 볼 수 있는 특징을 연구하는 것은 무의미하다는 비판으로 정당화된다. 하지만 이러한 비판은 너무나 부당하여 마치 다른 의도를 감추기 위한 변명처럼 느껴진다. 사실 전기의 목적은 위대한 인물의 업적을 설명하는 데 있는 것이 아니다. 누구

도 하지 않기로 한 일에 대해 비난받을 이유는 없다. 이러한 비판의 근본적인 이유는 전기작가들이 자신이 다루는 인물에게 지나치게 집착하는 경향 때문이다.

전기작가들은 종종 개인적인 감정적 이유로 처음부터 영웅에게 특별한 애정을 품고 그를 연구 대상으로 삼는다. 그들은 위대한 인물을 자신의 유년 시절 모델에 꿰맞춰 그를 통해 마치 아버지에 대한 유아적 관념을 되살리려는 듯 이상화 작업에 몰두한다. 이러한 소망을 위해 영웅의 개성적인 특징들을 지워버리고, 내적·외적 갈등과 맞서 싸운 삶의 흔적을 지워내며, 인간적인 약점이나 불완전함은 조금도 용납하지 않는다. 그 결과 우리가 공감할 수 있는 인간 대신 차갑고 낯선 이상적인 형상만을 제시하게 된다. 이는 참으로 유감스러운 일이다. 전기작가들은 환상을 위해 진실을 희생하고 유아적인 환상에 사로잡혀 인간 본성의 가장 매력적인 비밀을 파헤칠 기회를 놓쳐버리게 한다. ―《레오나르도 다빈치와 그의 어린 시절의 기억》(1910)

■ 이제는 어떤 진지한 책도 살아남을 것이라 확신할 수 없다.
―《도라 : 히스테리 사례 분석》(1905)

■ 농담은 우리가 드러내기 껄끄러워했던 상대의 허점을 교묘하게 공격하는 수단이 될 수 있다. −《농담과 무의식의 관계》(1905)

■ 정신생활에는 우리가 생각하는 것보다 훨씬 적은 자유와 자의성이 있는데, 어쩌면 아예 없을 수도 있다. −《빌헬름 옌센의 그라디바에서의 환상과 꿈》(1907)

■ 삶이라는 게임에서 가장 큰 내기인 '생명'을 걸지 않으면, 삶은 빈곤해지고 흥미를 잃게 된다. 이는 처음부터 아무 일도 일어나지 않을 것이 명백한 미국식 연애처럼 공허하고 무의미해진다는 점에서 항상 심각한 결과를 염두에 두어야 하는 대륙식 연애와 대조된다. 우리의 감정적 유대, 견딜 수 없을 만큼 강렬한 슬픔은 우리 자신과 사랑하는 이들을 위해 위험을 감수하는 것을 꺼리게 만든다. 비행기 여행, 먼 나라로 탐험, 폭발물 실험 같은 위험하지만 꼭 필요한 일들은 감히 상상조차 하기 어려워진다. 사고가 발생하게 되면 어머니에게 아들의 자리를, 아내에게 남편의 자리를, 자녀에게 아버지의 자리를 대신할 사람은 누구일지에 대한 생각이 우리를 마비시킨다. −《전쟁과 죽음에 관한 생각》(1915)

■ 따라서 자기 내면의 소리보다는 외부의 규칙에 끊임없이 맞춰

살아가는 사람은 마치 자기 능력 이상을 요구받는 것처럼 심리적인 부담을 느끼며, 객관적으로 볼 때 위선적인 태도를 취하고 있는 셈이다. 현대사회는 이러한 위선을 묵인하고 심지어 장려하는 경향이 있으며 우리 문명 자체가 이러한 위선 위에 세워져 있다고 해도 과언이 아니다. 인간이 진정한 자기 자신으로 살기 위해서는 사회 시스템 전체에 대한 근본적인 변화가 필요하다.

진정한 교양인보다는 위선적인 태도를 보이는 사람들이 더 많으며 심지어 일정 수준의 위선이 사회 유지를 위해 필요하다는 주장도 제기된다. 비록 불안정한 기반 위에 세워진 것이라 할지라도 문명을 유지하는 것은 다음 세대를 통해 인간의 욕망과 충동이 더욱 고차원적으로 변화하고 이를 바탕으로 더 나은 문명을 건설할 수 있다는 희망을 품게 한다.

이러한 논의를 통해 우리는 이 전쟁에서 동료 인류의 야만적인 행동으로 인해 느꼈던 수치심과 실망감이 과장된 것이었음을 깨달았다. 우리가 굴복한 것은 환상이었다. 실제로 우리가 두려워했던 만큼 인간이 깊이 추락하지 않은 이유는 우리가 믿었던 만큼 인류가 높은 문명적 수준에 있지 않았기 때문이다. —《전쟁과 죽음에 관한 생각》(1915)

■ 인간은 삶을 통해 무엇을 얻고자 하는 것일까? 즉, 사람들은 삶에서 무엇을 가장 중요하게 생각하고 무엇을 추구하며 살아가는 것일까? 이에 대한 답은 명확하다. 사람들은 행복을 추구하고 행복한 상태를 유지하고 싶어 한다는 것이다. -《문명 속의 불만》(1930)

■ 자발적인 고독과 타인으로부터의 고립은 인간관계에서 발생할 수 있는 불행을 피하는 가장 손쉬운 방어책이다. 우리는 이 길이 무엇을 의미하는지 알고 있으며, 그 길에서 얻을 수 있는 행복은 평화다. 두려운 외부 세계에 혼자 맞서려면 다른 방향으로 돌아서야만 자신을 방어할 수 있다. 하지만 더 나은 방법이 있다. 그것은 인간 공동체와 협력하여 과학의 지도 아래 자연에 맞서 싸우고 이를 통해 자연을 인간의 의지에 복종시키는 것이다. -《문명 속의 불만》(1930)

■ 우리는 가장 무방비한 시기에 악의 세력으로부터 보호받지 못한다는 사실에 깊은 슬픔을 느낀다. 정의로운 신이 존재한다면 그러한 비극을 막아줄 것이라는 기대 때문이다. 하지만 우리의 삶은 정자와 난자의 만남이라는 우연한 사건에서 시작되어 자연의 법칙에 따라 펼쳐지는 필연적인 과정이다. 인간은 자신의 희망과는 무관하게 이러한 우연과 필연의 소용돌이 속에 놓여 있다

는 사실을 쉽게 받아들이지 못한다. ─《레오나르도 다빈치와 그의 어린 시절의 기억》(1910)

■ 우리는 여전히 자연에 대한 존경심이 부족하다. 이는 레오나르도 다빈치의 깊이 있는 말, 즉 햄릿의 독백을 떠올리게 하는 "자연은 경험으로 드러나지 않은 무한한 순리들로 가득 차 있다"는 말에서 나타난다. 우리 인간 각자는 '자연의 순리'가 우리의 삶 속에서 드러나게 하는 무수한 실험 중 하나에 해당한다. ─《레오나르도 다빈치와 그의 어린 시절의 기억》(1910)

■ 길거나 짧은 인생 경험을 되돌아보면 누구나 자신이 저지른 작은 실수들을 후회할 때가 있다. 만약 그때마다 그 실수들을 징조로 해석하고 아직 드러나지 않은 의도의 신호로 여길 용기와 결단력이 있었다면 많은 실망과 고통스러운 놀라움을 피할 수 있었을 것이다. ─《정신분석 입문》(1917)

■ 세상의 진실을 발견하려면 겸손해야 하고 개인적인 선호와 반감을 뒤로 물려두어야 한다. ─《정신분석 입문》(1917)

■ 귀중하고 깨지기 쉬운 것을 소유한 사람은 상황이 역전된다면

자신도 질투심을 느낄 것이라고 상상하기 때문에 다른 사람들의 질투를 두려워한다. -〈두려운 낯설음〉(1919)

■ 위대한 사상과 발견, 문제 해결은 고독한 사색을 통해 이루어지는 경우가 많다. -《집단 심리학과 자아 분석》(1921)

■ 참을성 있게 기다릴 줄 아는 사람은 굳이 양보하지 않아도 된다. -《집단 심리학과 자아 분석》(1921)

■ 사람은 자신의 콤플렉스를 없애려 애쓰지 말고 그것과 조화를 이루도록 노력해야 한다. 콤플렉스는 세상에서 그의 행동을 정당하게 이끄는 요소이기 때문이다. -《자아와 이드》(1923)

■ 우리가 삶을 살아가는 것이 아니라 알 수 없고 통제할 수 없는 힘에 의해 '살아지고' 있는 것이다. -《자아와 이드》(1923)

■ 인간이 종교적 환상의 위안 없이는 삶의 고난과 현실의 잔혹함을 견딜 수 없다고 주장하는 당신의 말에 반박하지 않을 수 없다. 그 주장은 어릴 때부터 달콤하거나 씁쓸한 유혹에 길든 사람들에게는 맞는 말일 것이다. 그러나 분별력 있게 자란 사람들은 어떨

까? 아마도 그들은 신경증에 시달리지 않으니 그것을 무디게 할 중독성의 위안 따위는 필요치 않을 것이다.

물론 그들에게도 어려움이 있을 것이다. 인간은 우주 속에서 자신들이 얼마나 무력하고 하찮은 존재인지 스스로 인정해야 할 것이다. 이제 그들은 더 이상 창조의 중심도 아니며, 자비로운 신의 따뜻한 보호 아래 있는 존재도 아니다. 마치 따뜻하고 편안했던 부모의 집을 떠난 아이와 같은 처지에 놓이게 되는 것이다. 그러나 우리는 결코 아이로만 남을 수 없기 때문에 언젠가는 이 '혹독한 삶' 속으로 나아가야만 한다. 나는 이를 '현실을 향한 교육'이라고 부른다. ─《환상의 미래》(1927)

■ 내 입지가 약해졌다고 해서 당신의 입지가 강화되는 것은 아니다. ─《환상의 미래》(1927)

■ 문명의 규범에 대한 논리적 근거를 제시할 때 역사적 진실의 포기를 애석해할 필요는 없다. 종교적 교리에 담긴 진리는 대개 너무 왜곡되고 체계적으로 숨겨져 있어 대다수 사람이 그것을 진리로 인식하지 못한다. 이는 마치 아이에게 황새가 신생아를 데려온다고 말하는 것과 다를 바 없다. 우리 어른들은 그 큰 새가

무엇을 상징하는지 알지만, 아이는 이를 이해하지 못하고 우리가
한 말의 왜곡된 부분만 듣고 속았다고 느낀다. 그리고 어른에 대
한 불신과 반항심이 바로 이런 오해에서 시작되는 경우가 얼마나
많은지 우리는 잘 알고 있다. 우리는 이제 아이들에게 진실을 전
할 때 상징적으로 숨기기보다는 그들의 지적 수준에 맞게 진실을
있는 그대로 전달하는 것이 더 낫다고 확신하게 되었다. -《환상의
미래》(1927)

■ 우리는 종종 신이 우주를 창조하고 우리를 보살피며 도덕적인
질서를 세워준다고 상상한다. 마치 한 편의 아름다운 이야기처럼
말이다. 하지만 이는 우리가 세상을 바라보는 방식이 만들어낸 이
상일 뿐이다. 우리는 스스로에게 가장 이상적인 세상을 그려 넣
고, 그 그림이 마치 현실인 양 믿고 싶어 하는 것이다. 더욱 놀라
운 것은 우리의 조상들이 이처럼 복잡한 우주의 의문에 대한 답을
이미 알고 있었다고 생각하는 오만함이다. -《환상의 미래》(1927)

■ 대홍수 이후 과학적 지식은 고대부터 사람들에게 많은 것을 가
르쳐 왔으며 앞으로도 그들을 더욱 강하게 만들 것이다. 인간은
삶에서 피할 수 없는 것들에 대해서는 그것을 운명으로 받아들이
고 인내하는 법을 배울 것이다. 아무도 수확을 본 적 없는 달의

넓은 땅이라는 신기루가 무슨 소용이란 말인가? 인간은 지구라는 터전에서 성실한 소작농으로서 자신들의 땅을 가꾸는 방법을 터득하게 될 것이다. 다른 세상에 대한 기대를 버리고 해방된 모든 에너지를 이 땅에서의 삶에 집중한다면 아마도 모두가 견딜 수 있는 삶을 만들어내고 문명이 그 누구에게도 억압되지 않는 상태를 이룰 수 있을 것이다. 그때가 되면 불신자들처럼 후회 없이 이렇게 말할 수 있을 것이다.

"천국은 천사와 참새에게 맡기고 우리는 현실에 집중하자." -《환상의 미래》(1927)

■ 삶은 우리가 감당하기 버거울 정도로 고되다. 끝없는 고통, 실망, 그리고 불가능해 보이는 과제들이 우리를 짓누른다. 이러한 고통을 견디기 위해 우리는 어쩔 수 없이 완화책에 의존하게 된다. … 이러한 완화책에는 크게 세 가지가 있다. 첫째, 우리의 고통을 가볍게 여기도록 만드는 강력한 주의 전환이고, 둘째, 불행을 줄여주는 대체 만족, 그리고 불행을 무감각하게 만드는 중독성 물질이다. -《문명 속의 불만》(1930)

■ 일처럼 인간을 현실에 깊이 뿌리내리게 하는 것은 없다. 일은 사회라는 거대한 현실 속에서 우리에게 안정된 자리를 제공한다.

자기애, 공격성, 성적인 욕구와 같은 에너지를 직업 활동과 인간 관계로 승화시키는 것은 단순히 생존을 위한 수단을 넘어 삶에 의미를 부여하는 중요한 요소이다. 특히 자신이 선택한 일을 통해 자신의 잠재력을 발휘하고 욕구를 채울 때 우리는 큰 만족을 느낀다. 그러나 사람 대부분은 일을 행복의 수단으로 여기지 않는다. 생계를 유지하기 위해 어쩔 수 없이 일하는 것이 일반적인데, 이러한 인간의 근본적인 일에 대한 회피는 심각한 사회 문제를 일으킨다. −《문명 속의 불만》(1930)

■ 고통은 세 가지로부터 온다. 첫째, 쇠약과 죽음을 피할 수 없고, 불안과 고통을 위험 신호로 삼을 수밖에 없는 우리 자신의 몸에서 온다. 둘째, 가장 강력하고 무자비한 파괴력으로 우리를 위협하는 외부 세계에서 온다. 셋째, 다른 사람들과의 관계에서 온다. −《문명 속의 불만》(1930)

■ 어둠, 무감각, 무정함의 힘이 인간의 운명을 결정한다. −《새로운 정신분석 입문 강의》(1933)

■ 경험과 현실을 바탕으로 일상생활을 조절해 온 사람에게 가장 중요한 문제를 합리적 사고의 규칙을 벗어난 권위에 맡기라는 것

은 지나치게 큰 요구이다. –《새로운 정신분석 입문 강의》(1933)

■ 나는 철학적인 세계관을 만들어 내는 일에 별다른 매력을 느끼지 못한다. 모든 주제에 대한 완벽한 해답을 제공하는 지침서 없이는 살 수 없다고 주장하는 철학자들이야말로 그런 일에 더 열중하는 것 같다. 그들이 우리를 하찮게 여기는 시선을 겸허히 받아들이되 우리는 이렇게 생각할 수 있다. 그들의 '인생 안내서'는 시대의 변화에 따라 빠르게 쓸모없어지면서 우리의 제한적인 시야와 끊임없이 변화하는 세상 때문에 새로운 안내서가 끊임없이 요구된다고 말이다. 결국 이러한 인생 안내서는 과거의 종교 교리처럼 완벽한 진리를 담고 있지는 않다고 말할 수 있다.

우리는 과학이 인류가 직면한 문제를 해결하는 데 그리 큰 도움을 주지 못한다는 사실을 알고 있다. 철학자들이 아무리 떠들어 댄들 이러한 현실은 변하지 않는다. 오직 모든 것을 확실성에 기반하여 꾸준히 연구하는 노력만이 점진적인 변화를 불러올 수 있는 것이다. 어둠 속에서 길을 잃은 나그네가 자신의 두려움을 부정하기 위해 크게 노래를 부른다 해도 그의 시야는 그 이상의 한 치 앞도 보지 못할 것이다. –《억압, 증상 및 불안》(1936)

■ 모든 과장에는 그 자체로 파멸의 씨앗이 숨어 있다는 진리를 여기서 다시 한 번 확인할 수 있다. -《억압, 증상 및 불안》(1936)

■ 어떤 선택에 지나치게 매달리면 그 선택과 관련된 위험에만 집중하게 되어 예상치 못한 상황에 취약해져서 결국에는 손해를 볼 수 있다. -《문명 속의 불만》(1930)

■ 기록을 왜곡하는 것은 살인과 같아서 그런 범행을 저지르는 것보다 왜곡의 흔적을 지우기가 더 어렵다. -《모세와 유일신교》(1939)

■ 우리는 지금껏 경험해 보지 못한 시대에 살고 있다. 진보가 야만과 손을 잡았다는 사실에 우리는 경악을 금치 못한다. -《모세와 유일신교》(1939)

■ 무지의 배경에 깔린 심오한 어둠은 몇 가닥의 통찰력으로는 쉽게 밝혀지지 않는다. -《정신분석의 개요》(1940)

■ 사실 현실 원칙은 쾌락 원칙을 직접 부정하기보다는 장기적인 관점에서 더 큰 쾌락을 얻기 위한 수단으로 작용한다. 즉, 결과가 불확실한 일시적인 쾌락을 포기하는 대신 미래에 더 확실한 쾌락

을 얻고자 한다. 이러한 심리적 변화는 무의식적인 욕구 수준에서 강력하게 작용하여 내세에서의 보상을 약속하는 종교적 신화와 같은 형태로 표현되기도 한다. 종교는 이러한 심리적 메커니즘을 이용하여 현세의 쾌락을 포기하게 만들지만 쾌락 원칙 자체를 완전히 부정하지는 못한다. 반면 과학은 지적 호기심을 충족시키는 즐거움과 실질적인 이익이라는 두 가지 측면에서 인간의 욕구를 만족시키므로 인간의 욕구를 가장 효과적으로 충족시키는 방법이라고 할 수 있다. ─《일반 심리학 이론: 메타심리학에 관한 논문》(1963)

■ 지성이 인류의 미래를 이끌어갈 것이라는 사실은 분명하지만 그 시기는 아주 먼 미래가 아닐 것이다. ─《환상의 미래》(1927)

삶과 죽음

■ 우리의 무의식은 자기 죽음을 믿지 않고 불멸인 것처럼 행동한다. ─《전쟁과 죽음에 관한 생각》(1915)

■ "살인하지 말라"는 강력한 계명이 존재한다는 사실 자체가 우

리 인류에게 살인을 일삼던 조상들의 긴 역사가 있음을 시사한다. 즉, 살인에 대한 잠재적인 성향이 우리의 유전자 속에 깊이 새겨져 있을 가능성이 있다는 것이다. —《전쟁과 죽음에 관한 생각》(1915)

■ 원시인은 오늘날 우리와 마찬가지로 자신의 죽음을 상상하거나 인식하지 않았다. 하지만 죽음에 대한 두 가지 상반된 태도가 충돌하여 중요한 결과를 초래하는 순간이 있었다. 그것은 원시인이 자신의 아내, 자식, 또는 친구처럼 사랑했던 사람이 죽는 것을 목격했을 때였다. 사랑은 살인에 대한 욕망보다 훨씬 오래된 감정일 것이기에 원시인은 그들의 죽음을 통해 자신도 언젠가는 죽을 수 있다는 사실을 고통스럽게 깨달았을 것이다. 이 사실은 그의 전(全) 존재가 거부할 만큼 충격적이었을 것이다. 왜냐하면 사랑하는 이들은 모두 그의 소중한 자아의 일부였기 때문이다. 그러나 동시에 그 죽음은 그에게 일종의 만족감을 주었을 수도 있다. 그 이유는 죽은 사람들 속에 이질적인 무언가가 존재했기 때문이다. 오늘날 우리가 사랑하는 사람들에게 느끼는 감정적 양면성, 즉 애증의 감정은 원시 시대에는 훨씬 더 광범위하게 적용되었을 것이다. 따라서 원시인은 죽은 이를 사랑하면서도 그들에 대해 적대감도 가졌을 것이다. —《전쟁과 죽음에 관한 생각》(1915)

■ 우리는 소설, 문학, 연극과 같은 허구의 세계에서 삶의 유한함으로 인한 상실감을 메우려는 욕구를 느낀다. 이곳에서는 죽음을 맞이하고 타인을 죽이는 경험을 간접적으로 하며 삶과 죽음의 경계를 넘나드는 극한의 감정을 체험할 수 있다. 마치 체스 게임에서 한 번의 실수로 모든 것을 잃을 수 있는 것처럼 삶 또한 예측할 수 없는 결과를 초래하기도 한다. 하지만 허구 속에서 우리는 다양한 삶을 살아볼 수 있는 무한한 가능성을 발견한다. 마치 한 사람의 삶으로는 경험할 수 없는 수많은 삶을 대리 체험하는 듯한 느낌을 받는다. 즉, 허구 속에서 우리는 다양한 인물과 동일시하며 그들의 삶을 간접적으로 경험함으로써 죽음을 넘어서는 경험을 할 수 있다. 즉, 허구 속에서 우리는 무한한 삶을 살아가고 죽음과 재생을 반복하며 삶의 의미를 탐구할 수 있는 것이다.
−《전쟁과 죽음에 관한 생각》(1915)

■ 지금까지 우리가 죽음에 대해 취해온 태도는 결코 단순하지 않았다. 우리의 말을 듣는 사람이라면 누구에게나 죽음은 삶의 필연적인 결과이며, 모든 사람은 자연에 죽음을 빚지고 있기 때문에 그 빚을 갚아야 한다는 것, 즉 죽음은 자연스럽고 부인할 수 없으며 피할 수 없는 것이라는 주장을 펼칠 준비가 되어 있어야 하는 것이다. 그러나 실제로 우리는 마치 죽음이 존재하지 않는

것처럼 행동하는 데 익숙해져 있었다. 우리는 죽음을 삶에서 밀어내고 외면하려는 강한 경향을 보였다. 심지어 독일어에는 "무언가를 마치 죽은 것처럼 생각하다"*라는 속담이 있을 정도로 우리는 죽음을 감추려고 애써왔다. 물론 여기서 죽음이란 우리 자신의 죽음을 의미한다.

우리 자신의 죽음을 상상하는 것은 사실상 불가능하며, 이를 시도할 때마다 우리는 마치 관찰자처럼 죽음을 지켜보는 입장에 놓여 있음을 깨닫게 된다. 이러한 이유로 정신분석학파는 근본적으로 아무도 자신의 죽음을 믿지 않는다고 주장할 수 있다. 다시 말해 우리 모두는 무의식적으로 자신이 불멸하다고 확신하고 있다는 것이다. 우리는 보통 죽음을 필연적인 결과가 아니라 사고, 질병, 감염, 노화와 같은 우연한 원인에 의한 사건으로 축소하려는 경향을 보인다. 특히 여러 사람이 동시에 죽는 상황은 우리에게 극도로 두려운 것으로 다가온다.

사망한 사람에 대해서는 매우 독특한 태도를 취하게 된다. 이는

---

*우리가 본능적으로 피하고 싶어하는 주제나 상황을 마주할 때 그것을 외면하거나 무시하려는 심리를 설명하는 표현. 결국 이는 '죽음에 관한 생각을 피하려는 시도'와 동일한 심리적 반응을 나타내는 것으로 해석된다.

그 사람이 매우 어려운 과업을 완수한 것에 대한 경외심과 비슷하다. 우리는 그에 대한 비판을 잠시 유보하고, 그의 잘못을 간과하며, "죽은 자에 대해서는 좋은 말만 하라"는 속담을 따른다. 또한 장례식 연설이나 묘비명에서도 그의 긍정적인 면만을 강조하는 것이 옳다고 여긴다. ─《전쟁과 죽음에 관한 생각》(1915)

■ 인간의 탐구 정신을 자극한 것은 지적인 호기심이나 특정한 죽음이 아니라 사랑하면서 동시에 낯설고 미워하는 복잡한 감정이 뒤섞인 죽음이었다.

이러한 감정적 갈등에서 심리학이 태동했다. 사람은 사랑하는 이의 죽음을 통해 더 이상 죽음을 외면할 수 없게 되었지만, 자신이 죽는다는 사실을 인정하고 싶지 않았다. 자신이 죽는 것을 상상할 수 없었기 때문이다. 이에 타협을 이루어 자신의 죽음을 숨기되 그것이 생명을 파괴한다는 의미는 부정했다. 그러나 적의 죽음에는 그러한 생각을 적용하지 않았다.

사랑하는 이의 시신을 바라보며 인간은 영혼이라는 개념을 만들어냈다. 슬픔 속에서 느낀 작은 만족감에 대한 죄책감은 이 영혼들을 사악한 악마로 변모시켜 두려움의 대상이 되게 했다. 죽음이 초래한 변화는 인간이 육체와 영혼으로 나뉘어 있다고 생각하게 했다. 처음에는 여러 개의 영혼이 있다고 생각하기도 했다. 이러한 사고의 흐름은 죽음이 초래하는 분해 과정과 일치했다. 죽은 자에 대한 지속적인 기억은 인간이 다른 형태의 존재를 가정하게 했고, 명백한 죽음 이후에도 미래의 삶이 있을 것이라는 생각을 심어주었다. ─《전쟁과 죽음에 관한 생각》(1915)

■ 우리의 의식은 원시인들과 마찬가지로 죽음을 삶의 파괴자로 인정하는 태도와 죽음의 현실을 부정하려는 태도, 이 두 가지 상반된 감정이 충돌하는 상황에 자주 놓인다. 특히 부모, 배우자, 형제자매, 자녀, 또는 친구와 같은 사랑하는 사람의 죽음 앞에서 이 갈등은 더욱 심화된다. 이들은 한편으로 우리 내면의 소중한 일부이지만 동시에 때때로 낯선 존재이거나 심지어 적대적인 감정을 불러일으키는 존재가 되기도 한다. 그래서 대부분의 경우 가장 다정하고 가까운 사랑 관계에도 무의식적으로 약간의 적대감이 존재하여 죽음을 바라는 소망을 불러일으킬 수 있다.

일반인은 사랑과 증오가 동시에 존재할 수 있다는 생각에 강한 거부감을 느끼고 이를 정신분석에 대한 불신의 근거로 삼곤 한다. 하지만 이는 오해이다. 사랑과 증오를 결합하는 것이 마치 사랑을 폄하하는 것처럼 느껴질 수 있지만, 이는 사랑을 더욱 깊고 풍요롭게 만들기 위한 방식이다. 사랑과 증오의 대비는 사랑을 항상 생생하게 유지하고 뒤에 숨은 증오로부터 보호하는 역할을 한다. 우리의 사랑이 가장 아름답게 꽃피는 것은 바로 이러한 내면의 갈등에 대한 반작용 덕분이다. ─《전쟁과 죽음에 관한 생각》(1915)

■ 인종 간의 생존 조건이 이렇게 다양한 한, 그리고 서로에 대한 반감이 이렇게 강한 한, 전쟁은 피할 수 없다. 그렇다면 우리는 이 현실에 굴복하고 적응해야 할까? 우리가 죽음에 대해 문명화된 태도를 가지고 있지만 심리적으로 우리의 능력 이상으로 살고 있는 것은 아닐까? 이제 우리는 돌아서서 진실을 받아들여야 하지 않을까? 죽음이 현실 속에서 그리고 우리의 생각 속에서 마땅히 차지해야 할 자리를 인정하고, 지금까지 억눌러왔던 죽음에 대한 무의식적 태도를 조금 더 드러내는 것이 더 낫지 않을까? 이것이 큰 성과처럼 보이지 않고 어떤 면에서는 후퇴이자 퇴행처럼 보일 수도 있지만, 적어도 진실을 조금 더 고려하게 되고 삶을 다시 견딜 만하게 만들 수 있는 이점이 있다. 결국 삶을 견디는 것은 살아 있는 사람들의 첫 번째 의무이다. 환상이 우리를 방해한다면 환상은 무의미해지는 것이다.

우리는 옛 격언을 기억한다.

"평화를 원한다면 전쟁을 준비하라. 삶을 원한다면 죽음을 준비하라." –《전쟁과 죽음에 관한 생각》(1915)

■ 사랑하는 이들을 먼저 떠나보내고 자신도 죽음을 맞이해야 할 때 사람들은 피할 수 없는 자연의 법칙에 의한 죽음을 단순한 사고사보다 더 선호하는 경향이 있다. 마치 숭고한 운명에 순응하는 듯한 느낌을 받기 때문이다. 하지만 이러한 믿음 역시 '존재의 무게'를 견디기 위해 우리가 만들어 낸 환상일 수 있다. '자연사'라는 개념은 원시 사회에는 존재하지 않았다. 그들은 모든 죽음을 외부의 힘, 즉 적이나 악령의 소행으로 여겼다. 따라서 우리는 이러한 믿음이 과연 과학적으로 타당한지 생물학을 통해 검증해야 한다. –《쾌락 원칙을 넘어서》(1920)

■ 모든 본능의 기능은 궁극적으로 죽음을 초래하는 데 목적이 있다. 이러한 관점에서 보면 자기 보존, 권력 추구, 지배 욕구와 같은 본능들의 이론적 중요성은 상대적으로 감소한다. 이는 이러한 본능들이 개체가 죽음으로 가는 길을 확보하기 위한 일부분에 불과하기 때문이다. 생명을 지키려는 본능조차도 근본적으로는 죽음이라는 필연적인 결말을 향해 나아가는 '죽음의 경호원'인 것

이다. ―《쾌락 원칙을 넘어서》(1920)

■ 유기체는 자신만의 방식으로 죽기를 원한다. ―《쾌락 원칙을 넘어서》(1920)

고흐가 바라본 세상

포기하지 않는 용기로 위대한 예술가가 된
고흐의 아포리즘!

평생 곁에 두고 읽어야 할
반 고흐의 처세실용 인생 명언 총정리!

"무엇이라도 시도할 용기가 없다면 인생이 어떻게 되겠는가?"
고흐 작품은 처음에는 인정받지 못했지만, 그는 포기하지 않고
자신의 길을 계속 걸어갔다. 이러한 용기 덕분에 그는 오늘날
많은 사람들에게 영감을 주는 위대한 예술가로 남아 있는 것이다

빈센트 반 고흐 지음 | 석필 편역 | 2도 인쇄 | 416쪽 | 값 19,800원

에머슨이 바라본 세상

미국이 가장 사랑하는 사상가이자 작가인
에머슨의 아포리즘!

평생 곁에 두고 읽어야 할
에머슨의 처세실용 인생 명언 총정리!

"에머슨을 처음부터 끝까지 사랑했다.
그의 책을 읽으면서 이토록 편안함을 느낀 적은 없었다.
금세기 들어 가장 풍부한 사상을 가진 작가이다."
– 프리드리히 빌헬름 니체

랠프 왈도 에머슨 지음 | 석필 편역 | 2도 인쇄 | 224쪽 | 값 17,000원

에머슨 베스트 선물용 세트

자기신뢰

세상을 밝히는
에머슨 명언 500

시대를 초월한 진정한 자기계발서
《자기신뢰》

힘들고 어려워도 다시 한 번 도전하고 싶어지는
《세상을 밝히는 에머슨 명언 500》

랠프 왈도 에머슨 지음 | 전미영·석필 엮음 | 4×6판 | 양장제본 | 400쪽 | 값 26,000원(전2권)

새우와 고래가 함께 숨 쉬는 바다

프로이트가 바라본 세상
– 인간과 세상의 심연을 파헤친 프로이트의 아포리즘

지은이 | 지그문트 프로이트
편역자 | 석필

펴낸이 | 황인원
펴낸곳 | 도서출판 창해

신고번호 | 제2019-000317호

초판 1쇄 인쇄 | 2025년 03월 24일
초판 1쇄 발행 | 2025년 03월 31일

우편번호 | 04037
주소 | 서울특별시 마포구 양화로 59, 601호(서교동)
전화 | (02)322-3333(代)
팩스 | (02)333-5678
E-mail | dachawon@daum.net

ISBN 979-11-7174-033-8 (03100)

값 · 19,800원